Morte e alteridade

Dados Internacionais de Catalogação na Publicação (CIP)
(Câmara Brasileira do Livro, SP, Brasil)

Han, Byung-Chul
　Morte e alteridade / Byung-Chul Han ; tradução de Lucas Machado. – Petrópolis, RJ : Vozes, 2020.

　Título original: Tod und Alterität.
　Bibliografia.

　5ª reimpressão, 2024.

　ISBN 978-85-326-6436-5

　1. Filosofia　2. Filosofia moderna　3. Filosofia ocidental
I. Título.

19-32359　　　　　　　　　　　　　　　　　　CDD-100

Índices para catálogo sistemático:
1. Filosofia　100

Iolanda Rodrigues Biode – Bibliotecária – CRB-8/10014

BYUNG-CHUL HAN
Morte e alteridade

Tradução de Lucas Machado

Petrópolis

© Wilhelm Fink Verlag, Paderborn, 2012
Wilhelm Fink é um selo de Brill Deutschland GmbH

Tradução do original em alemão intitulado *Tod und Alterität*

Direitos de publicação em língua portuguesa:
2020, Editora Vozes Ltda.
Rua Frei Luís, 100
25689-900 Petrópolis, RJ
www.vozes.com.br
Brasil

Todos os direitos reservados. Nenhuma parte desta obra poderá ser reproduzida ou transmitida por qualquer forma e/ou quaisquer meios (eletrônico ou mecânico, incluindo fotocópia e gravação) ou arquivada em qualquer sistema ou banco de dados sem permissão escrita da editora.

CONSELHO EDITORIAL

Diretor
Volney J. Berkenbrock

Editores
Aline dos Santos Carneiro
Edrian Josué Pasini
Marilac Loraine Oleniki
Welder Lancieri Marchini

Conselheiros
Elói Dionísio Piva
Francisco Morás
Gilberto Gonçalves Garcia
Ludovico Garmus
Teobaldo Heidemann

Secretário executivo
Leonardo A.R.T. dos Santos

PRODUÇÃO EDITORIAL

Aline L.R. de Barros
Jailson Scota
Marcelo Telles
Mirela de Oliveira
Natália França
Otaviano M. Cunha
Priscilla A.F. Alves
Rafael de Oliveira
Samuel Rezende
Vanessa Luz
Verônica M. Guedes

Editoração: Leonardo A.R.T. dos Santos
Diagramação: Sheilandre Desenv. Gráfico
Revisão gráfica: Alessandra Karl
Capa: Pierre Fauchau
Adaptação de capa: Editora Vozes

ISBN 978-85-326-6436-5 (Brasil)
ISBN 978-3-7705-3660-3 (Alemanha)

Este livro foi composto e impresso pela Editora Vozes Ltda.

Sumário

Introdução, 7

I – Intriga da sobrevivência, 31

    A – Estética da sobrevivência, 34

    B – Ética da sobrevivência, 67

II – Minha vida, 103

    A – Ser-com, 106

    B – O fim da morte, 151

III – Morte e infinitude, 171

    A – Solidão, 173

    B – Eros, 200

    C – Violência, 232

    D – A morte do outro, 250

    E – Refenidade e serenidade, 294

IV – Morte e transformação, 321

    A – Vísceras do ser, 328

    B – Paixão de transformação, 342

    C – Nudez da alma, 365

    D – Dialética da ferida, 380

Referências, 401

Introdução

> O sonho da minha morte nesta
> noite: até então eu era o herói do
> livro; depois de minha morte,
> serei apenas ainda seu leitor.
> HANDKE, P. *O peso do mundo.*

No drama de Ionesco *Le Roi se meurt* [O rei está morrendo], o rei moribundo invoca a morte em protesto: "Todos vocês incontáveis que morreram antes de mim: me ajudem. Digam-me como conseguiram morrer. Estar de acordo. [...] Ajudem-me a atravessar a onda que vocês atravessaram. [...] Ajudem-me! Vocês, que tiveram seu medo e não o quiseram ter. Como foi? O que lhes deu força? [...] E vocês, que com força e coragem, que com indiferença e alegria se entenderam com sua morte, me deem a indiferença, a alegria e a serenidade". Em vez de ceder, em vez de desistir, o rei se agarra desesperadamente a si mesmo. Em vista da morte, chega-se a um engrandecimento doentio do eu. Tudo que existe deve, segundo a estratégia da sobrevivência, tornar-se eu: "Oh, devem se lembrar de mim. [...] Todos têm de conhecer de cor a minha vida. Todos têm de seguir o meu exemplo. [...] Os outros reis, soldados, poetas, tenores e filósofos devem cair em esquecimento. Resta apenas eu ainda na consciência. Um único nome próprio e nome de família para todos! [...] Que todas as janelas iluminadas tenham as cores e a forma de meus olhos. Que os rios desenhem meu perfil em sua margem!" Frente à ameaça da morte, o rei reage com representações narcisistas delirantes. A morte lhe parece o inteiramente outro do eu, contra o qual ele engrandece o eu até o ponto da monstruosidade. O eu cobre inteiramente a tudo. "Eu me vejo. Eu estou por trás de tudo. Em todo lugar apenas eu. Eu sou a terra, eu sou o céu, eu sou o vento, eu sou o fogo." O medo da morte experimentada como o fim do eu se inverte em uma fúria cega contra tudo que não é o eu. Assim, o rei ordena à sua governanta: "Vá, rápido, e mate ambas as aranhas em meu quarto. Eu não quero que elas vivam mais do que eu. Não, não as mate! Talvez elas tenham algo de mim". Tudo que não é o eu deve ser aniquilado, de modo que nada e ninguém viva mais do que ele. O rei, porém, poupa ambas as aranhas, pois elas poderiam, por sua longa estadia em seu quarto, ter recebido algo do seu eu. Por causa de seu eu engrandecido doentiamente, o rei não é capaz de perceber o outro como tal. O outro é ou o espelho do eu, ou o não-eu que deve ser negado. A revolta contra a morte, a hipertrofia do eu e a negação cega do outro se condicionam e se fortalecem mutuamente.

Em vez de se desprender, o rei se agarra a tudo: "Se reis morrem, eles se agarram às paredes, às árvores, às fontes, à lua, eles se agarram..." O rei moribundo tenta segurar o mundo inteiro em sua mão. "A mão! [...] O rei *está indeciso*. Ele simplesmente não para. Não faça um punho, estique os dedos. O que você tem aí na mão? *Ele abre seus punhos*. Ele tem o seu reinado inteiro em sua mão. [...] eu o comando, abra as mãos, solte as margens, solte as montanhas. Tudo isso é pó." O aperto [*Umklammerung*] doentio do mundo aponta para a presilha [*Klammer*] do eu. Soltar essa presilha do eu seria um tipo de morte que seria inteiramente diferente do tipo de morte dos "reis".

A morte que se aproxima lança o rei em uma completa impotência. O seu ambiente se autonomiza. Tudo escapa ao seu poder. Nada e ninguém quer obedecer a seu comando. Desesperado, ele profere comandos: "Eu ordeno que árvores cresçam do chão. *Pausa*. Eu ordeno que o teto desapareça. *Pausa*. O que? Nada? Eu ordeno que chova! *Pausa*. *Ainda não acontece nada*. Eu ordeno que relampeje e que eu segure o relâmpago em minha mão. *Pausa*. Eu ordeno que as folhas cresçam novamente. O rei tenta recolher a morte, que seria um não-poder-poder, em um poder [*Können*]"[1]. A decisão de se entregar significa mais poder do que um sofrer passivo da morte: "Eu não quero morrer. [...] Reis deveriam ser imortais. [...] Prometeram-me que eu só morreria quando eu mesmo o tivesse decidido". A morte se anuncia como o outro do poder. A resistência contra a morte e o desejo por mais força se es-

---

1. Em determinados momentos, onde traduzimos *"können"* por *"poder"*, remetemos ao termo original em alemão entre colchetes, a fim de deixar claro que se trata do poder capacidade de fazer algo, e não do *Macht* enquanto poder ou força sobre o outro (embora, obviamente, o poder enquanto capacidade e o poder ou força sobre o outro estejam intimamente ligados na exposição de Han) [N.T.].

pelham reciprocamente. Mais de força é experimentado como menos de morte.

A Rainha Maria, a única que ama no drama, suplica ao rei moribundo que ele possa amar, amar despropositadamente. O amor é, segundo sua crença, tão forte quanto a morte: "Se você amar despropositadamente, se amar sem limites, a morte se retirará. Se você, se você me amar, se você amar a tudo, o medo será novamente absorvido. O amor carrega você. Entregue-se a ele, e o medo cede. O mundo é curado, tudo se torna novo, o vazio se torna pleno". O amor se torna uma estratégia de sobrevivência. Onde se passa para o outro, onde se é o outro, onde se ama de modo a desfazer-se *de si*, a *minha* morte não está mais lá. Quem ama não morre. O medo desaparece. Maria suplica ao rei: "Passe ao outro, seja o outro". Evidentemente, o rei não consegue amar de modo a desfazer o eu e o medo: "Eu tenho medo, eu morro".

A morte brilha no sentido do ser do outro. Um ser para a morte determinado caminha lado a lado com um ser para o outro determinado. Assim, a resistência contra a morte leva a uma hipertrofia do eu, cujo fardo oprime tudo que não é o eu. Em vista da morte, porém, também pode crescer um amor heroico, no qual o eu dá lugar ao outro. Ele corresponde, igualmente, a um sobreviver. Assim, surgem em torno da morte complexas linhas de tensão, que giram em torno do eu e do outro.

Também a dialética hegeliana do senhor e do escravo se deixa interpretar a partir da dimensão do outro que habita na morte. Segundo Hegel, habita no ser humano o desejo de se por como totalidade excludente na consciência do outro e ser reconhecido pelo outro como tal. Esse desejo não é a necessidade de incorporar aquilo que não é o eu. Antes, ele se dirige ao reconhecimento e à validação. Eu quero ser reconhecido pelo outro em meu direito exclusivo de satisfação. Esse desejo é constitutivo para a consciência de si enfática. Como, porém, o outro tem o mesmo desejo, chega-se necessariamente a uma "luta entre duas totalidades". Nesse estágio da consciência, todo ser humano seria, por assim dizer, um "rei", todavia um rei que não teme a morte, pois o objetivo da luta não é a autopreservação. Não se trata de se manter vivo. Antes, um deseja o reconhecimento pelo outro. Um quer se ver [*anschauen*] na consciência do outro como totalidade excludente. É-se exposto voluntariamente ao perigo da morte. "Arrisca--se" a vida. Sem o risco da morte, permanecer--se-ia preso em uma vida animalesca, à qual falta a consciência de si enfática.

A morte que é experimentada na luta pelo reconhecimento não é uma necessidade biológica. Ela está situada em uma esfera interpessoal. O outro está inscrito nela. Essa morte corresponde, por assim dizer, ao *entre*, que é, ao mesmo tempo, o campo de jogo do reconhecimento. Não se pode decidir pela morte natural. Ela é necessária, não permite nenhuma liberdade. No risco da morte, em contrapartida, se é livre.

Não é a superioridade física ou a destreza de uma das partes que determina o resultado da luta. O decisivo é, antes, a decisividade para a morte, ou seja, a "capacidade para a morte"[2]. A quem falta essa decisividade, este não vai ao extremo por temor pela perda da vida. Em vez de "ir" "consigo mesmo até a morte", ele "permanece em si mesmo

---

2. Cf. HEGEL, G.W.F. *Schriften zur Politik und Rechtsphilosophie* [Escritos sobre política e filosofia do direito]. Hamburgo, 1913, p. 370 [Sämtliche Werke, vol. VII, ed. por G. Lasson].

no interior da morte"[3]. Ele não se arrisca à morte. Ele não arrisca a vida. Ele prefere a servidão à possibilidade da morte. Ele se submete ao outro como ao [seu] senhor.

O senhor se eleva acima do ser natural. Ele *é* o "poder sobre esse ser". O escravo, em contrapartida, é dependente desse ser. Assim, o senhor tem "nesse desfecho [*Schlusse*] o outro (ou seja, o escravo) sob si"[4]. A liberdade como poder sobre o ser natural é constitutiva para a formação da consciência de si. O escravo chega à consciência de si por um outro caminho. Também aqui o poder desempenha um papel constitutivo. O trabalho ao qual ele é obrigado pelo senhor consiste, a saber, em apoderar-se da natureza. Ao ver a si mesmo no trabalho feito, na natureza trabalhada e dominada, ele se torna consciente de si mesmo. O trabalho no qual ele se torna senhor da natureza o capacita para a "intuição do ser autônomo *como [intuição] de si mesmo*"[5]. No domínio sobre a

---

3. HEGEL, G.W.F. *Jenenser Realphilosophie* [Filosofia real de Jena]. Vol. I. Leipzig, 1932, p. 229 [ed. de Hoffmeister].

4. *Phänomenologie des Geistes* [Fenomenologia do Espírito]. 6. ed. Hamburgo, 1952, p. 146 [ed. de V.J. Hoffmeister].

5. Ibid., p. 149.

natureza como o outro de si mesmo, ele chega a uma "consciência de si autônoma". O escravo *é*, agora, o poder sobre a natureza. Ele se liberta da "sua dependência da existência natural", na qual ele recuava diante da morte. Ele a "*trabalha* de modo a desfazê-la"[6]. Em ambos os casos, é o poder que produz o si enfático. E apenas ele domina a percepção do outro ser humano e da natureza.

A morte humana não é, para Hegel, uma morte natural. Antes, ela é inatural. O ser humano tem de *conseguir* a morte, ou seja, *poder* morrer. Sem o risco da morte, ele definha em um des-falecer [*Ab-leben*] ou en-cerrar [*Ver--Enden*] que não seria um *morrer* [*Sterben*]. Quem não "arrisca" a vida permanece animalesco, ou seja, preso à natureza.

Hegel fala da necessidade de um certo "suicídio"[7]. É preciso se expor voluntariamente ao risco da morte. Assim, também se poderia falar, em Hegel, de uma liberdade para a morte[8]. Por

---

6. Ibid., p. 148.

7. *Jenenser Realphilosophie* [Filosofia real de Jena]. Vol. II, p. 211.

8. Cf. KOJÈVE, A. *Introduction à la lecture de Hegel* [Introdução à leitura de Hegel]. Paris, 1947, p. 552ss.

causa do risco de morte, se é elevado para além da *decadência* [*Verfallenheit*]. A liberdade como liberdade para a morte seria essa elevação acima do "ser-aí natural". Ela promete a liberdade da consciência de si autônoma. Na luta hegeliana, não se tem um fim. *Morre*-se. O morrer é, aqui, um fenômeno interpessoal, que permanece fechado àquele que apenas tem um fim.

Também Heidegger limita a morte com a formação de um si enfático. Poder-morrer é, para Heidegger, "Poder-ser-si-mesmo". A "auto-subsistência" [*Selbst-ständigkeit*] do ser-aí pressupõe o "avançar a para a morte"[9]. A morte como "possibilidade extrema" de "entregar a si mesmo"[10] se inverte em um enfático *Eu-sou*: "Com a morte, que é sempre apenas como *minha* morte, tenho diante de mim *meu próprio ser*. O ser que serei no "último momento" de minha vida, que eu posso ser a cada instante, essa possibilidade é o meu mais próprio 'eu sou', ou seja, eu serei meu eu mais próprio"[11].

---

9. HEIDEGGER, M. *Sein und Zeit* [*Ser e tempo*]. 15. ed. Tübingen, 1979, p. 322.

10. Ibid., p. 264.

11. HEIDEGGER, M. *Prolegomena zur Geschichte des Zeitbegriffs* [Prolegômenos à história do conceito de tempo], p. 433 [*Gesamtausgabe*, vol. 20].

Em vista da morte, é-se assegurado de si mesmo, do "eu sou". A morte humana, ou seja, a morte que é própria apenas ao ser humano, que o caracteriza, é, para Heidegger, *minha morte*. A morte que seria, na verdade, o fim definitivo do si, traz consigo uma ênfase do si. A "liberdade para a morte" "que exige a angústia" ou "pronta para a angústia" e heroica se exterioriza como "liberdade de escolher e apanhar a si mesmo"[12]. Com a angústia cresce, por assim dizer, o si. O ser-aí "preparado pela angústia" *es*-tremece a "auto-subsistência". Poder-morrer como poder-ser-si-mesmo significa que o ser-aí "escolhe para si seus heróis"[13].

O "Se" [*Man*][14] "esquecido de si" de Heidegger, que, por medo, se esquiva da mor-

---

12. *Sein und Zeit* [Ser e tempo], p. 188.

13. Ibid., p. 385.

14. "*Man*", em alemão, é o pronome impessoal utilizado em sentenças de sujeito indeterminado, para o que, no português, usamos o "se". Optamos por traduzir, assim, o "*Man*", escrito em maiúsculo por Heidegger e por Han sempre em que se trata do conceito de "*Man*", ou seja, do sujeito impessoal e indeterminado da existência cotidiana, por "Se", igualmente sempre em maiúsculo, para distingui-lo de ocasiões de uso do "*man*" em que não se está se referindo ao conceito e também para distinguir, no português, dos usos de "se" que ou bem não se referem ao conceito, ou bem tem um sentido inteiramente

te, existe sem "liberdade" e "auto-subsistência". Ele não encontra aquele si enfático a que o ser-aí só chega na "liberdade para a morte" "passional". Assim, o "se" permanece uma espécie de escravo, um escravo, todavia, que não "trabalha", mas sim apenas "providencia", ou seja, reproduz o já existente sem [uma] apropriação originária. Assim, o "Se" se assemelha certamente àquele escravo "inautêntico" de Hegel, que, de fato, "passou por algum medo", mas que, porém, não conhece o "temor absoluto"[15]. A morte ainda é exterior ao escravo 'inautêntico'. Ele não é balançado pela negatividade da morte. O seu trabalho "inautêntico" leva apenas a uma "destreza"[16]. Ele não e-*labora* [*er-arbeitet*] a consciência de *si* autônoma, ou seja, ele não põe a *si mesmo* na natureza como o outro de si mesmo, ele não se apodera do outro. O escravo "autêntico", em contrapartida, vê *a si mesmo* no outro, ao, por meio de uma apropriação, *se* impor a ele.

---

diferente, como pronome reflexivo, por exemplo (que, em alemão, seria o *sich*) [N.T.].

15. *Phänomenologie des Geistes* [Fenomenologia do Espírito], p. 150.

16. Ibid.

Na luta, o escravo hegeliano toma parte de uma experiência especial da morte que permanece fechada ao senhor, que não apreendeu a morte interiormente. Ao servo, a morte aparece como um "senhor absoluto". Em vista da morte, ele "treme". "*Tudo fixo*" "estremeceu" nele. Ele experimentou o "tornar-se fluido absoluto de toda subsistência [*Bestehens*]"[17]. A morte é o *outro da identidade*, ou seja, a negatividade da transformação. A dialética hegeliana consiste, contudo, vista como um todo, em restaurar a identidade por meio da transformação. Assim, a transformação se apresenta como um *andar em círculos* proteico, que é uma outra fórmula para o retorno circular para si. O círculo fechado toma a forma de uma totalidade na qual não há nenhum outro efetivo. A morte não se apresenta onde se alcança uma interioridade absoluta, pois a morte *é* o outro. A dialética faz, certamente, a morte *trabalhar até a morte*. Heidegger certamente conheceu a economia hegeliana da morte: "A negatividade como a rasgadura e a separação é a 'morte' – *o senhor absoluto*, e '*vida* do espí-

---

17. Ibid., p. 148.

rito absoluto' não significa nada senão *suportar e disseminar a morte*. (Mas nunca se pode levar a sério essa 'morte'; nenhuma *catástrofe* é possível, nenhuma queda ou reviravolta; tudo capturado e equalizado. Tudo já está incondicionalmente assegurado e submetido.) A filosofia como *ab*-soluto [*ab-solute*], como *in*-condicionado [*un-bedingte*], tem de, de maneira própria, *incluir em si a negatividade*, e isso significa, porém, fundamentalmente *não a levar a sério*. O se *des-prender* [*Los-lösung*] como *segurar*, a completa restituição em tudo. – Não há de modo algum o nada"[18]. No interior da interioridade absoluta não há nenhuma despedida, nenhuma perda. Nenhuma reviravolta, nenhum ponto de virada, é possível. Gira-se em torno de si mesmo em círculos.

Na luta pelo reconhecimento, o vencedor não mata o vencido, pois o morto não é capaz de reconhecimento. Canetti aponta para uma outra luta, na qual o outro morto concede ao vencedor algo que está situado aquém do reconhecimento. A morte do outro é vivenciada pelo vencedor como um crescimento ime-

---

18. HEIDEGGER, M. *Hegel*, p. 24 [Gesamtausgabe, vol. 68].

diato do poder. O sobrevivente tira do morto, por assim dizer, capital. Repete-se a sobrevivência, a saber, essa negação do outro que leva à morte, para fazer com que o próprio poder cresça. Assim, a sobrevivência se torna uma "paixão". Segundo Canetti, essa cena originária da luta tem a seguinte aparência: "Ao ter matado, ele [o vencedor] se tornou mais forte [...]. É um tipo de bênção que ele arranca do inimigo, mas ele só pode consegui-la quando ele [o inimigo] estiver morto. A presença física do inimigo, vivo e então morto, é inadmissível. Ele precisa ser combatido e precisa ser morto; tudo se resume no ato próprio do matar. As partes manejáveis do corpo, das quais o vencedor se assegura, as quais ele incorpora, com as quais ele se adorna, o lembram sempre do crescimento de seu poder"[19]. A "vivência perigosamente acumulada da morte de outros seres humanos" é, segundo Canetti em uma conversa com Adorno, uma "semente inteiramente essencial do poder"[20]. Adorno relacio-

---

19. CANETTI, E. *Das Gewissen der Worte* [A consciência moral das palavras]. Munique, 1976, p. 27.

20. CANETTI, E. *Die gespaltene Zukunft* [O futuro dividido]. Munique, 1972, p. 67.

na essa paixão do sobreviver ao desejo da "razão". Canetti, que está de acordo, aponta para o fato de "que esse motivo da autopreservação, se ele se torna em certa medida "selvagem", se ele, portanto, perde as relações [...] aos outros, se transforma ele mesmo em uma força destrutiva, em um destruidor, e sempre também, ao mesmo tempo, em um autodestruidor"[21]. Assim, Adorno traz à fala aquela dialética fatal da sobrevivência, que faz com que essa se inverta no fatal.

É na interconexão essencial entre morte e poder que se apoia aquela economia da apropriação que impera naquela *auto*-preservação tornada selvagem, autonomizada em uma "paixão". A negação do outro, a saber daquilo que não é o eu, faz com que este, por assim dizer, cresça, eleve seu sentimento de poder. *Mais de poder e de eu* é, porém, experimentado, aí, como *menos de morte*. Assim, aquele desejo por poder pode ser interpretado como uma re-*ação* [*Re-aktion*] à morte. O capital-poder crescente é identificado com a capacidade crescente para a vida. Assim, a morte atua

---

21. Ibid., p. 67s.

como um fermento do poder. Acumula-se o poder contra a morte. O trabalho sobre o eu e o poder, que se eleva a uma paixão, é um traço essencial do trabalho de luto, que consiste em matar a morte. Ele produz uma aparência rígida, que ofusca a morte.

A resistência contra a morte desenvolve, além disso, uma compulsão por identidade. Proíbe-se a si mesmo qualquer transformação, como se qualquer ocasião para a transformação fosse uma expressão da morte. Contra a morte interpretada como perda-de-si, faz-se um esforço pela posse-de-si absoluta, que representa, igualmente, uma forma de poder. O esforço por uma posse-de-si total tem, porém, uma identidade rígida por consequência. Toda ocasião para a transformação deve ser impedida. Assim, aferra-se a si mesmo, até que se fique completamente enrijecido. Não se proíbe apenas a si mesmo, mas também ao outro toda transformação, pois ela dificulta a captura apropriadora. Obriga-se a si e ao outro a uma imobilidade fatal. A paixão do poder, que trabalha contra a morte, produz, paradoxalmente, uma rigidez mórbida. Essa dialética da sobrevivência toma à vida toda vivacidade.

O presente livro segue os rastros da complexa relação de tensão entre morte, poder, identidade e transformação, passando pela dimensão interpessoal e indo até os processos de conhecimento e de juízo. Voltar-nos-emos inicialmente a Kant. Não apenas a sua ética, mas também a sua estética será objeto de uma leitura profunda. De fato, a morte como tal é pouco tematizada por Kant. Quem, porém, examina mais minuciosamente o seu pensamento, reconhece que ele trabalha, às ocultas, contra a morte e contra a mortalidade. Deve-se traçar o contorno desse trabalho de luto de Kant. A morte pode ser interpretada como o inteiramente outro daquela "razão nunca *passiva*" que promete possede-si e poder. Também o sublime da natureza não consegue estremecer o sujeito kantiano. Diante da visão do sublime, a mente é "estimulada" a abandonar o sensível e se ocupar com as ideias da razão. Sublime não é a natureza. Sublimes são, antes as ideias da razão. Em vista do sublime, o sujeito se dá conta da sua própria sublimidade. O sublime é um sentimento de "respeito pela nossa própria determinação", ou seja, um tipo de *sentimento-de-si*. Projeta-se falsamente a sublimidade da razão na natureza.

Sobre essa postura espiritual, Adorno escreve: "O espírito se dá conta menos, como Kant gostaria, da sua própria superioridade frente à natureza, do que da sua própria naturalidade [*Naturhaftigkeit*]. Esse instante leva o sujeito a chorar diante do sublime. A incorporação pela natureza o libera da obstinação de sua autoposição [...]. Nisso o eu sai, espiritualmente, da sua prisão em si mesmo"[22]. A "razão jamais *passiva*" de Kant deve ser oposta a esse espírito mortal, natural. O "chorar" como movimento do sair-de-*si-mesmo* é a expressão da mortalidade, ou seja, da "naturalidade" [*Naturhaftigkeit*] do espírito. A mortalidade implica, portanto, um não-poder-ser-*si-mesmo*. Nem Hegel nem Kant conhecem essa experiência da morte que consegue estremecer a imagem enfática do si. O espírito de Hegel não teria sido capaz daquele "chorar", que livra o eu da sua prisão. Antes, ele fará com que as lágrimas *trabalhem*. Com elas, o espírito se endurece. As lágrimas de Adorno não giram em torno do eu, não firmam as suas fronteiras. Antes, elas fazem com que essas fronteiras fluam. Esse chorar singular

---

22. ADORNO, T.W. *Ästhetische Theorie* [Teoria estética], p. 410 [Gesammelte Schriften, vol. 7].

é o contramovimento daquele trabalho de luto que trabalha pela apropriação e incorporação do outro.

A ênfase no eu que leva a uma cegueira frente ao outro não é, como já se indicou, a única re-*ação* à morte. Em seu escrito de juventude *O tempo e o outro*, Lévinas concebe a morte como aquele "acontecimento" "do qual o sujeito não é senhor", "em relação ao qual o sujeito não é mais sujeito"[23]. Em vista da morte, que anuncia o inteiramente outro do eu, ocorre uma "inversão da atividade do sujeito em passividade". A sua expressão é "o sacudir infantil do soluço"[24]. Em vista da morte não se chega à hipertrofia do eu. Antes, ela faz com que o eu se solte em lágrimas. Mas, em meio a essa passividade, agita-se novamente uma resistência contra a morte. Ela desperta um amor heroico que deve ser forte como a morte[25]. Ele promete uma "vitória sobre a morte"[26].

---

23. LÉVINAS. E. *Die Zeit und der Andere* [O tempo e o outro]. Hamburgo, 1984, p. 43.

24. Ibid., p. 45.

25. Ibid., p. 48.

26. Ibid., p. 61.

Lévinas certamente interpretou a morte de várias maneiras muito diferentes. Em toda a variedade de abordagens, porém, sua atenção permanece sempre voltada para a dimensão interpessoal da morte. Em seus escritos tardios, Lévinas define a morte imediatamente como um acontecimento ético: "o amor pelo outro é a sensação da morte do outro. Não o medo diante da morte que me espera, mas sim meu sentir do outro constitui a referência à morte. Confrontamo-nos com a morte em vista do outro"[27]. Essa concepção de morte é oposta à tânato-ontologia de Heidegger, segundo a qual a morte propriamente dita é a *minha* morte. Um dos momentos estruturais da morte, segundo Heidegger, é a sua "irreferencialidade" [*Unbezüglichkeit*]. Em vista da morte "fracassa", a saber, "todo ser-com [*Mitsein*] com outros"[28]. Segundo a tânato-ética de Lévinas, em contrapartida, a morte produz na verdadeira relação com o outro. Desse modo, o traço fundamental da morte seria a *referencialidade*.

---

27. LÉVINAS, E. *Gott, der Tod und die Zeit* [Deus, a morte e o tempo]. Viena, 1996, p. 116.

28. *Sein und Zeit* [*Ser e tempo*], p. 263.

A tentativa de pensar a morte a partir do outro ou o outro a partir da morte representa, certamente, uma virada tânato-ontológica decisiva. A morte *é* o outro. Ela *significa* ser para o outro. Assim, Lévinas explica a morte do outro como a "primeira morte"[29]. A *minha* morte de Heidegger, que anda lado a lado com um si enfático, leva, segundo Lévinas, ao fracasso humano. No lugar da ênfase do si entra agora um ser para o outro, que, porém, é igualmente enfático. O heroísmo do si se inverte em um heroísmo do amor. Mais uma vez, Lévinas aponta para o Cântico dos Cânticos[30]: "Sim, o amor é forte como a morte". O amor promete um "sentido" infinito, "que emerge sobre a morte"[31]. Ama-se, por assim dizer, contra a morte. Do finito, porém, não parte, segundo Lévinas, nenhum poder ético.

À morte se re-*age* ou com a ênfase do eu ou com o amor heroico. Contra essas formas do *trabalho* de luto e do desejo, contra esse

---

29. *Gott, der Tod und die Zeit* [Deus, a morte e o tempo], p.53.

30. Trata-se do quarto livro da terceira seção da Bíblia hebraica e de um dos livros poéticos e sapienciais do Antigo Testamento ou da Bíblia cristã [N.T.].

31. Ibid., p. 115.

voltar-se contra a morte, o presente livro quer chamar a atenção para um outro ser para a morte, para um despertar para a mortalidade que leva à *serenidade*. Traz-se à fala uma experiência da finitude na qual um sentido especial para aquilo que não é o eu, [para] a *amabilidade* [*Freundlichkeit*][32], desperta.

---

32. Nesta tradução, optamos por traduzir *Freundlichkeit*, conceito central de Han que perpassa grande parte de sua obra, por "amabilidade". Apesar de tratar-se de um termo de difícil tradução, esta opção nos pareceu preferível a "amicabilidade", uma vez que esta palavra remete à ideia de amigo e, como Han aponta em outros livros, a *Freundlichkeit* não se dá entre seres que se relacionam ao modo da amizade pois a amizade, tal como Aristóteles a definiria, seria, justamente, ter o seu próprio eu duplicado no outro – modelo de relação para o qual a ideia de *Freundlichkeit*, justamente, viria servir de contramodelo. Por outro lado, nossa opção anterior de tradução por "afabilidade" em obras como *Filosofia do zen-budismo*, parece-nos ser muito mais difícil de captar em seu sentido do que "amabilidade", já que o adjetivo de que essa palavra é derivada, "amável", parece-nos ter um uso mais corrente e mais imediatamente compreensível no português – motivo pelo qual traduzimos todas as variantes relacionadas ao termo "*Freundlichkeit*" de maneira correspondente (p. ex., traduzindo "*freundlich*" por "amável") [N.T.].

I

Intriga da sobrevivência

O medo da morte, natural a todos os seres humanos, mesmo aos mais infelizes ou também aos mais sábios, não é, então, um pavor diante do *morrer*, mas sim, como Montaigne diz corretamente, diante do pensamento *de ter morrido* (ou seja, de estar morto) [...]. O engano, aqui, não pode ser desfeito; pois ele está na natureza do pensamento como um falar para e de si mesmo. O pensamento *eu não sou* não pode de modo algum *existir*; pois se não sou, também não posso, então, tornar-me consciente de que não sou.

KANT, I. *Antropologia de um ponto de vista pragmático.*

> Verbo para a razão: ela
> "aumenta"
> HANDKE, P. *Na manhã da*
> *janela rupestre.*

Durante toda a sua vida, Kant deve certamente ter tido um forte ressentimento contra a morte, contra a finitude humana. Em *O conflito das faculdades*, ele escreve, por exemplo: "A *idade*, portanto, não é vista como *algo de útil* por ela ser digna de uma veneração. Ou seja, não, por exemplo, porque os anos de maturidade trazem consigo uma *sabedoria* obtida por muita e longa experiência para a condução do mundo mais jovem, mas sim simplesmente porque [...] o homem que se preservou por tanto tempo, ou seja, que por tanto tempo escapou da morte como a sentença mais humilhante que pode se abater sobre um ser racional ('tu és pó e deves te tornar pó') e pôde, por assim dizer, obter a imortalidade, porque, digo eu, um tal homem se manteve vivo por tanto tempo e se fez de exemplo [para os outros]"[33]. A vida é em si mesma positiva. A morte, em contrapartida, é o em si mesmo negativo. A dignidade da idade consiste, assim, apenas em ter adiado por tanto tempo a morte, em ter resistido a ela por tanto tempo. Ser significaria ser contra a morte. A morte significa a derrota da vida. Nenhuma reconciliação, nenhuma troca entre a vida e a morte seria, aqui, pensável. A vida como o em-si-positivo se afirma contra o em-si-negativo da morte. Vitalidade e mortalidade se excluem inteiramente. A "razão" que "faz do ser humano primeiramente ser humano"[34], experimenta a morte como uma humilhação. Razão mortal seria, para Kant, uma expressão sem sentido. Segundo a sua essência, a razão *deseja* a imortalidade. Esse desejo da razão, que anda lado a lado com um trabalho de luto, será abordada nas considerações seguintes.

A morte também está presente, em Kant, lá onde não se fala propriamente dela. Como adversário da razão, ela se esgueira na camada profunda de seu discurso. Onde Kant, por

---

33. KANT, I. *Der Streit der Fakultäten* [O conflito das faculdades], p. 99 [Akad.-Ausg., vol. VII].

34. Ibid., p. 72.

exemplo, descredita a música, onde se fala do feio ou do nojento, a morte *fala*. Também o cálculo moral de Kant trabalha contra a negatividade da morte. Como o inteiramente outro da razão, a morte atormenta a Kant. Por causa de sua intervenção organizada poderio-economicamente, ele terá de repeli-la continuamente.

A – Estética da sobrevivência

> As pessoas picadas pelo escorpião amam [...] a música, principalmente a gaita de foles e o tambor.
> KANT, I.

> Você ouviu tanta música simplesmente para diminuir as vozes de pessoas completamente desconhecidas?
> CANETTI, E. *Notas de Hampstead.*

> Olhos muito bonitos são insuportáveis, é preciso vê--los sempre, afogar-se neles, perder-se neles, nunca mais encontra-se em lugar nenhum

verdadeiramente.

Você consiste ainda apenas de estruturas. Você nasceu geometricamente, ou tempo te empacotou e se forçou em suas formas irremediavelmente retas? Você não conhece mais o grande segredo? O segredo do *caminho mais longo*?

CANETTI, E. *A província do ser humano*.

Segundo Kant, o belo estimula o jogo harmônico ou o movimento circular interno das capacidades mentais [*Gemütskräfte*], ou seja, das faculdades de conhecimento [*Erkenntnisvermögen*]. O sentimento do belo não é nada mais do que o "prazer pela harmonia das faculdades de conhecimento"[35], ou seja, da "disposição" harmônica "das capacidades de conhecimento [*Erkenntniskräfte*]"[36]. O sujeito tem prazer *consigo mesmo* em vista do belo. O sentimento do belo não é um *sentimento-do-*

---

35. KANT, I. *Kritik der Urteilskraft* [Crítica da faculdade de juízo], p. 218 [Akad.-Ausg., vol. V].

36. Ibid., p. 238.

-*objeto*. O prazer estético com o belo é o prazer do sujeito *consigo mesmo*, ou seja, com sua própria conformidade a leis, que é espelhada de volta para ele pelo outro. Em *Teoria estética*, Adorno chama a atenção para esse traço autoerótico da estética kantiana: "O formal, obedecendo à conformidade a leis sem levar em conta o seu *outro*, mantém, sem ser estremecido por um tal outro, seu prazer: a subjetividade *desfruta* aí, inconscientemente, de *si mesma*, o sentimento de sua soberania"[37].

O traço fundamental autoerótico, autoafetivo de sua estética traz consigo [a consequência de] que, em Kant, sejam julgadas como negativas aquelas coisas que são nocivas ao desfrutar-de-si-mesmo do sujeito. Assim, por exemplo, a música tem menos "valor" do que as artes plásticas [*bildenden Künste*], pois ela "joga" "apenas com sensações", o que emaranha o sujeito no exterior, na heteronomia. Ela perturba o recolhimento autoerótico do sujeito. O assim chamado "ideal do belo", que, segundo Kant, só vale da "figura humana", seria, em contrapartida, livre de toda heteronomia. Como "ex-

---

37. ADORNO, T.W. *Ästhetische Theorie* [Teoria estética], p. 77 [destaque do autor].

pressão visível da ideia ética" ele é, a saber, um "efeito do interior", ou seja, da razão. "A correção de um tal ideal de beleza se prova no fato de que", segundo Kant, "não é permitido que nenhum estímulo dos sentidos se misture no prazer de seu objeto"[38]. O ideal do belo espelha, em última instância, a "'beleza' do sujeito autônomo que se refere apenas a si mesmo, a saber, a 'beleza' daquela 'razão' nunca *passiva*"[39].

Em vista de sua posição em relação à morte, é bem de se esperar que Kant venha a ligá-la com o feio. Na *Crítica da faculdade do juízo*, a morte surge, de fato, como um exemplo do feio: "Também a escultura, porque, em seus produtos, a arte é quase confundida com a natureza, exclui a representação imediata de objetos feios de suas formas, e assim também por exemplo, só permite representar a morte (em um gênio belo) [...] por meio de uma alegoria ou atributo que se extrai agradavelmente, e assim apenas indiretamente por meio de uma interpretação da razão, e não para a faculdade de juízo me-

---

38. *Kritik der Urteilskraft* [Crítica da faculdade de juízo], p. 236.

39. Ibid., p. 294.

ramente estética"[40]. De modo característico, Kant conta aqui a morte entre os "objetos feios". A morte não é, porém, na verdade, como tal, nem bela, nem feia. O juízo de gosto não pode se referir à morte como tal. Apenas um morto ou uma morte representada de uma determinada maneira *pode* ser julgada como feia. Em si feia, porém, a morte não é. Por que Kant experimenta, então, a morte imediatamente como feia? Como ele fundamentará essa feiura que, porém, não pode ser remetida a nenhum juízo estético? Com que tipo de projeção se está se lidando aqui? Aparecia a morte para Kant como algo assombroso [*Unheimlich*], como algo insuportável, contra o que o seu pensamento *trabalha* constantemente? Se anunciaria ela como o inteiramente outro da razão, como a contrafigura daquela "razão nunca *passiva*", como um *ideal negativo do feio*?

Resolve-se [o problema] da morte em si mesma feia apenas com a interpretação da razão. A morte tem de fazer a si mesma agradável por meio de alegorias e atributos que "se extrairiam agradavelmente". Neles, o sujeito

---

40. Ibid., p. 312.

sentiria, porém, a si mesmo. Vestida na aparência bela da razão ela perde o seu espanto e sua abissalidade. Se o trabalho de tradução ou, em outras palavras, o trabalho de luto falha, ela causa nojo[41]. Na *Crítica da faculdade do juízo*, Kant apresenta uma morte "bela": "Que saiamos da vida sem resmungar e sem lamentar algo, pois deixamos o mundo para trás preenchido com boas ações. Assim, o sol espalha, depois de que o curso o dia chegou a seu termo, ainda uma luz suave no céu; e os últimos raios que ele lança ao ar são seu último suspiro para o bem do mundo"[42]. De fato, não se espera, aqui, por nenhuma imortalidade. Mas a razão enquadra a morte, que, em sua nudeza, seria "feia", em uma aparência moral, a saber, em uma *aparência da razão* [*Schein der Vernunft*], que aqui, de modo característico, é representada como um belo brilho-do-sol [*Sonnen-Schein*].

Entre as belas-artes, Kant atribui à poesia a posição mais elevada. Uma economia do poder regula, aí, a hierarquia das artes. A

---

41. Cf. DERRIDA, J. "Economimesis". In: AGACINSKY, S. et al. *Mimesis des Artikulations* [Mimese da articulação]. Paris, 1975, p. 83s.

42. *Kritik der Urteilskraft*, p. 315s.

poesia permite, a saber, que a mente sinta a sua superioridade frente à determinação da natureza. Esse sentimento da força, ou seja, do poder, é vinculado à produção da "aparência": "ela [a poesia] fortalece a mente ao permiti-la sentir a sua faculdade livre, autossustentada e independente da determinação da natureza de considerar e julgar a natureza, como fenômeno, segundo perspectivas que ela não fornece por si mesma na experiência, nem para os sentidos, nem para o entendimento, e usá-la, portanto, para a finalidade e, por assim dizer, para o esquema do suprassensível. Ela joga com a *aparência*, que ela surte conforme lhe convém, sem, porém, desse modo, enganar [...]"[43]. A poesia joga com a "aparência". Ela seria, então, capaz de vestir a morte em si "feia" em uma "aparência" bela. Ela "surte" a "aparência" "conforme lhe convém". Assim, ela produz um sentimento de liberdade e de poder. Está a trabalho, aqui, um trabalho de luto. As lágrimas que permitem que o sujeito circule em sua interioridade se transformam em uma bela aparência.

---

43. Ibid., p. 326 [destaque do autor].

O "primor" nas belas-artes consiste, segundo Kant, em que ela "descreva belamente coisas que seriam feias ou desagradáveis". Assim, "as fúrias, doenças, desolações da guerra e outras coisas similares" podem, "como prejuízos, ser descritas de modo muito belo, sim, mesmo serem representadas em quadros". Apenas um tipo de feiura se remove inteiramente, segundo Kant, da exposição, a saber, uma feiura que "desperta *repulsa* [*Ekel*]". O repulsivo desmorona todo prazer estético e, assim, toda beleza artística, "pois nessa sensação estranha que se apoia em pura imaginação, o objeto é representado, por assim dizer, como se ele se impusesse para o desfrute, contra o qual, porém, resistimos com violência [...]"[44]. O repulsivo não se deixa traduzir em uma bela aparência que colocaria as faculdades de mente ou do conhecimento em uma "consonância" harmônica. Autonomização e proliferação da sensação *sem qualquer conceitualidade* produz uma heteronomia radical. O repulsivo resiste à estrutura autoerótica do sujeito. Ele é afetado pelo *inteiramente outro de si mesmo*. Essa hé-

---

44. Ibid., p. 312.

tero-afecção [*Hetero-Affektion*] o rouba de seu sentimento de liberdade ou de poder. Onde a resistência que o sujeito opõe a ele não dá conta, o sujeito vomita. Ele quer se livrar do estranho ameaçador pelo caminho mais curto. O que gera repulsa, como o *inteiramente outro*, falaria uma linguagem da morte. A sensação de repulsa na qual o sujeito não consegue *se recolher* é, a saber, aparentada com o sentimento de "impotência" que está situado na vizinhança da morte: "A *impotência* que se segue a uma vertigem (uma alternância de muitas sensações desiguais que retornam rapidamente em círculos e que ultrapassam a capacidade de apreensão) é um prólogo à morte"[45].

Entre os sentidos, o olfato teria a maior "distância" em relação à interioridade do sujeito ou à "razão nunca *passiva*". O odor dificilmente se deixa interiorizar, internalizar ou idealizar. Ele expõe o sujeito inteiramente ao externo ou ao estranho: "*Odor* é, por assim dizer, um sabor à distância, e outros são forçados a saboreá-lo conjuntamente, queiram ou não, e, por isso, ele, como resistente à liberda-

---

45. KANT, I. *Anthropologie in pragmatischer Hinsicht* [Antropologia de um ponto de vista pragmático], p. 166 [Akad.-Ausg., vol. VII].

de, é menos espiritual do que o paladar, onde, entre muitas tigelas ou pratos, o visitante pode escolher um segundo sua preferência, sem que outro seja forçado a saboreá-lo conjuntamente. – A sujeira não parece despertar repulsa tanto pelo avesso aos olhos e à língua, mas sim pelo fedor que se presume que ele tenha, pois a ingestão por meio do cheiro (nos pulmões) é ainda mais profunda do que por meio do recipiente engolidor da boca ou da goela"[46]. O cheiro, que penetra "mais profundamente" do que o sabor no interior do corpo, ataca o sentimento de liberdade ou a interioridade do sujeito massivamente. O que gera repulsa seria, para Kant, em última instância, não o fedor como tal, mas sim a passividade ou heteronomia com a qual o sujeito é confrontado aí. Ao vomitar, o sujeito *vomita o outro*.

Também a voz alta prejudica o sentimento de liberdade, o que é inadmissível para a "ocupação com pensamentos"[47]: "[...] uma voz es-

---

46. Ibid., p. 158.

47. Cf. *Kritik der Urteilskraft* [Crítica da faculdade de juízo], p. 330: "Aqueles que recomendaram, para os exercícios de oração domésticos, também o canto de canções espirituais, não consideraram que eles, por meio de uma oração *barulhenta como essa* (e por isso mesmo maldosamente farisaica) levam a reclamações,

tentoricamente forçada *paralisa* (oprime o pensamento)"[48]. A passividade na qual a voz alta coloca a mente é prejudicial ao "pensamento". Kant também descredita a música justamente no momento em que ele a percebe não no sentido do jogo harmônico das sensações de tons, mas sim da heteronomia. Em vista da afecção estranha, ela pouco se distingue do cheiro: "Além disso, adere à música uma certa falta de urbanidade, de modo que ela espalha a sua influência principalmente segundo a constituição de seus instrumentos para mais longe do que se exige dela (para a vizinhança) e desse modo, por assim dizer, se impõe, de modo que rompe a liberdade de outros fora da socialização musical: o que as artes que falam com os olhos não fazem, pois basta virar seus olhos para longe, se não se quer permitir a sua impressão"[49].

Em oposição à música, as artes plásticas "colocam" "a imaginação em um jogo livre e,

---

ao forçarem a vizinhança ou a cantar junto, ou a abandonar sua ocupação com pensamentos".

48. *Anthropologie in pragmatischer Hinsicht* [Antropologia de um ponto de vista pragmático], p. 158.

49. *Kritik der Urteilskraft* [Crítica da faculdade de juízo], p. 330.

contudo, ao mesmo tempo adequado ao entendimento". Assim "elas conduzem, ao mesmo tempo, um *negócio* no qual produzem um produto que serve aos conceitos do entendimento como um veículo duradouro e por si mesmo recomendável"[50]. A música, em contrapartida, é incapaz daquele *negócio-do-pensamento* [*Denk-Geschäft*], pois ela "joga" "meramente com sensações". Uma vez que ela "fala por meras sensações sem conceitos", ela produz um "enfado" depois de muitas repetições[51]. Esse sentimento do enfado é avizinhado do sentimento de repulsa: "Mas em todas as belas-artes o essencial consiste na forma que é conforme a fins para a observação e para o julgamento, onde o prazer é ao mesmo tempo cultura e dispõe o espírito para ideias, de modo que o faz receptível para mais prazer e entretenimento de tal tipo; não na matéria da sensação (no estímulo ou no contato), onde se está meramente disposto ao desfrute que não deixa nada para a ideia, embota o espírito, faz do objeto mais e mais *repulsivo* [*anekelnd*] e

---

50. Ibid., p. 329.

51. Ibid., p. 328.

da mente, por meio da consciência de sua disposição resistente a fins no juízo da razão, insatisfeita e mal-humorada consigo mesma"[52]. Livre do sentimento do enfado seria, em contrapartida, um eterno ouvir-a-si-mesmo-falar, no qual nenhuma voz do outro penetra. A razão promete essa autorreferência pura, autoerótica. Kant escreve ainda: "Se as belas-artes não são vinculadas próxima ou longinquamente com as ideias morais, unicamente as quais trazem consigo um bem-estar *autossuficiente*, o último é, [ainda] assim, o seu destino. Elas servem, então, apenas como distração, da qual nos tornamos então cada vez mais carentes quanto mais nos servimos dela, para afastar, assim, a insatisfação da mente consigo mesma, de modo que nos fazemos ainda mais inúteis e insatisfeitos com nós mesmos"[53].

O odor dificilmente pode ser trazido à vizinhança das ideias morais. Ele seria uma pura hétero-afecção. É impossível [aí] o agradável "prazer autossuficiente" ou auto-afetivo. Ele não consegue dispor o espírito para "ideias".

---

52. Ibid., p. 325s. [destaques do autor].

53. Ibid., p. 326.

Assim, ele é o sentido "mais ingrato" e "dispensável"[54]. A música é mais benéfica ao espírito do que o odor, pois ela aponta, uma vez que os tons "podem ser matematicamente trazidos sob uma regra"[55], para uma linguagem formal [*Formsprache*]. Ela "joga", a saber, não "com meras sensações", mas sim também "com os números"[56]. Uma aritmética faz dela passível de beleza, por enquadrar as sensações em uma forma: "Apenas a essa forma matemática, por mais que não representada por meio de conceitos determinados, adere o prazer que a mera reflexão sobre uma tal quantidade de sensações que acompanham ou que seguem umas às outras vincula com o jogo das mesmas como uma condição válida para todos de sua beleza [...]"[57]. O matemático na música devolveria à mente o sentimento de liberdade, pois a matemática é livre da hétero-afecção: "A matemática dá o exemplo reluzente de uma razão pura que se amplia alegremente por si

---

54. *Anthropologie in pragmatischer Hinsicht* [Antropologia de um ponto de vista pragmático], p. 158.

55. *Kritik der Urteilskraft* [Crítica da faculdade de juízo], p. 329.

56. Ibid., p. 263.

57. Ibid., p. 329.

mesma sem o auxílio da experiência"[58]. Para Kant, não haverá, então, nenhum *tormento musical* que estremeceria o sujeito interiormente. A música reduzida ao matemático não ameaça a interioridade autoerótica do sujeito. Nas formas matemáticas da música, o sujeito escuta a si mesmo falar. Ele não se entrega ao externo. Antes, ele gira em torno de si mesmo.

Apenas a matemática não consegue trazer a música inteiramente "para o entendimento". Assim, ela tem de ser subordinada à poesia. "A poesia, porém, não ganha o prêmio no lugar apenas da eloquência, mas também de toda bela arte: da pintura [...] e mesmo da música, pois a última é *bela* (e não meramente agradável) apenas porque ela tem a poesia como veículo. Também não há entre os poetas tantas cabeças rasas (inaptas para *negócios*) quando entre os artistas do tom: porque aqueles também falam para o entendimento, estes, porém, apenas para os sentidos. Um bom poema é o meio mais penetrante para a animação

---

58. KANT, I. *Kritik der reinen Vernunft* [Crítica da razão pura], p. 468 [Akad.-Ausg., vol. III].

da mente"[59]. Falta às "cabeças rasas" o "espírito" que fortalece a mente. Ele faz com que a mente sinta "sua faculdade autossustentada e independente da determinação da natureza": "*espírito*, em sentido estético, significa o princípio animador [*belebende*] na mente. Aquilo, porém, por meio de que esse princípio anima a alma, a matéria [*Stoff*] que ele usa para tanto é o que coloca as faculdades da mente em uma dinâmica conforme a fins, ou seja, em um jogo tal que se mantém por si mesmo e que por si mesmo fortalece as faculdades para tanto"[60]. A música é, em si, "incapaz" de "*negócios*". Falta a ela o sentido para os negócios. Em oposição a ela, a poesia é capaz de "negócios". Trata-se [aqui], porém, de um negócio singular, pois Kant proíbe à arte bela qualquer remuneração: "[...] [a] bela arte tem de ser [uma] arte livre em duplo sentido: tanto por não ser um trabalho como um trabalho remunerado [*Lohngeschäft*], cuja grandeza se deixaria julgar, extorquir ou pagar segundo uma medida determinada; como também pela mente se

---

59. *Anthropologie in pragmatischer Hinsicht* [Antropologia de um ponto de vista pragmático], p. 247 [destaque do autor].

60. *Kritik der Urteilskraft*, p. 313.

sentir ocupada de fato aí, mas sem visar a nenhum outro objetivo (independente de remuneração), [também] satisfeita e desperta"[61]. A poesia exerce um negócio muito promissor, sem, porém, dar a si mesma nenhuma remuneração ao fazê-lo. A renúncia à remuneração é, a saber, *recompensada* com o abastecimento de um singular sustento. Ela consegue "algo que é digno de um negócio, a saber, fornecer, jogando, sustento para o entendimento"[62]. Por mais que ela não conduza nenhum negócio remunerado, ela, porém, traz ganhos. O ganho ideal, com o qual esse negócio singular conta ao renunciar à remuneração real, é o sentimento de liberdade e de poder. Com esse "sustento" especial, ela fortalece a mente. A música, porém, é incapaz desse negócio de sustento singular. Ela enfraquece a mente, faz dela "embotada", ao tomar do entendimento o seu sustento. Como o canto das sirenes, o seu som nu seria fatal. Ele levaria para uma falência do negócio que sustenta a vida[63].

---

61. Ibid., p. 321.

62. Ibid.

63. A música nua seria, segundo Kant, destinada apenas ao animal no ser humano. O protagonista do conto kafkaniano *A*

O hábito, de acordo com Kant, interrompe a liberdade da mente. Não se trata, aí, de com que se está habituado. O hábito é concebido como sendo em si mesmo uma heteronomia. Assim, também o hábito do outro desperta uma "repulsa": "Mas o *hábito* (*assuetudo*) é uma coação física interior de proceder ainda da mesma maneira com que se procedeu até então. Ele tira justamente assim das boas ações o seu valor moral, pois ele interrompe a liberdade da mente e, além disso, leva à repetição desprovida de pensamento de justamente o mesmo ato (monotonia), tornando-se, desse modo, risível. [...] A causa da geração da repulsa que o hábito de um outro nos provoca é, que o animal, aqui, se sobressai demais do ser humano que, *conforme aos instintos*, é conduzido segundo a regra da habituação, igual a uma outra natureza (não humana) e, assim, corre o risco de cair em uma mesma

---

metaformose, Gregor Samsa, que, como um "representante mercantil", não teria "nada mais na cabeça do que negócios", descobre, depois de sua transformação, um "sustento desconhecido" na música: "Seria ele um animal, já que a música assim o tomava? Para ele era como se o caminho para o sustento desconhecido almejado. Ele estava decidido de avançar até a irmã, cutucá-la na saia e assim sugerir a ela que ela poderia ir com o seu violino em seu quarto, pois ninguém recompensaria aqui o jogo como ele o faria".

classe que o gado. [...] Via de regra, o hábito é abjeto"[64].

Segundo Kant, a criança recém-nascida já grita por liberdade. O nascimento não é uma experiência traumática de ser agora abandonado a si mesmo, não é um pressentimento obscuro da solidão. Não é o choque de ser lançado para fora da proteção e segurança materna. O angustiante não é a liberdade indesejada. A sua dor surge antes, para Kant, da falta de liberdade: "Sim, a criança, que acabou de se furtar ao útero materno, parece, em diferença de todos outros animais, apenas por isso entrar no mundo com altos gritos: porque ele vê sua incapacidade de se servir de seus membros como uma *coação*, e, assim, anuncia imediatamente uma demanda por liberdade (do que nenhum outro animal tem uma representação)"[65]. Suas lágrimas são, segundo Kant, uma expressão da amargura, a saber, a amargura pelo fato de que a sua demanda por liberdade permanece insatisfeita, que ocorre com ele uma "injustiça": "[...] que o sentimento de desagrado nele

---

64. *Anthropologie in pragmatischer Hinsicht* [Antropologia de um ponto de vista pragmático], p. 149.

65. Ibid., p. 268.

[ou seja, na criança recém-nascida] emane não da dor corporal, mas sim de uma ideia obscura (ou de uma representação análoga a ela) de liberdade e do impedimento da mesma, da *injustiça*, descobre-se pelas lágrimas, ligadas ao seu grito, alguns meses depois do nascimento: o que mostra uma espécie de amargura, quando ele se esforça em se aproximar de certos objetos ou simplesmente em mudar o seu estado em geral e, ao fazê-lo, se sente obstruído. – Esse impulso de ter a sua vontade e de perceber o impedimento disso como uma injúria se indica também especialmente por meio de seu tom, e faz com que se mostre um mau humor que a mãe se vê obrigada a punir, mas que é respondido com um grito ainda mais intenso"[66]. Suas lágrimas não surgem da falta da atenção, proteção e segurança maternas almejadas, mas sim do sentimento ferido de liberdade. Nascença significaria, para Kant, liberdade. Em sua "demanda por liberdade" incondicionada, em sua amargura sobre a sua passividade indesejada, a criança humana recém-nascida se distingue radicalmente do animal. O animal não sofre, não

---

66. Ibid., p. 269.

grita pela liberdade. Para Kant, o nascimento já seria o começo da revolta contra o *não-poder-poder* que seria um outro nome para a morte.

O "divertimento" [*Vergnügen*] é, segundo Kant, o "sentimento da promoção" das forças vitais, e, de fato, em oposição à "dor", que representa um obstáculo da vida. O apenas-divertimento não promete, porém, um aumento da vida. Antes, ele leva, como a apenas-dor, a uma morte rápida. A alegria extática, por exemplo, que faz com que se fique completamente fora de si, teria afinidade com aquela impotência como "prólogo da morte", na qual *se* perde a si mesmo. Kant fala de uma "morte rápida por alegria". Assim a vida se realiza entre dois tipos de morte. Kant imagina uma economia singular do (sobre)viver [(*Über-*)*Lebens*], que converte a dor, que seria, em si, um obstáculo à vida, em mais-vida: "*Assim, a dor deve preceder a qualquer prazer*; a dor é sempre o primeiro, pois o que mais poderia se seguir de uma constante promoção da força vital, que não se deixa, porém, aumentar para além de um certo grau, senão uma rápida *morte por alegria? Também nenhum prazer pode se seguir imediatamente ao outro*; mas sim se deve se encontrar a dor sempre entre um e outro. São pequenas supressões da força vital, com promoções da mesma acumuladas entre elas, que constituem a saúde que nós, erroneamente, tomamos por um bem-estar sentido continuamente; pois ela consiste apenas de sentimentos agradáveis que se seguem aos solavancos (com a dor sempre se inserindo entre eles) uns aos outros. A dor é a espora da atividade, e nessa atividade sentimos primeiramente a nossa vida; sem a dor, a ausência de vida tomaria lugar. *As dores que passam lentamente* (como o se recompor gradual de uma doença ou a lenta reobtenção de um capital perdido) *não tem por consequência um prazer vivaz* [...]"[67]. A dor estimula o indivíduo a uma "atividade". Uma economia da sobrevivência se apropria dela, faz uso dela. O sofrimento da dor se faz pago em relação à duração da vida como um todo. Ela serve ao "negócio da vida". Mais tarde será mostrado que uma economia singular da sobrevivência também ressarce de muitas maneiras a dor moral.

---

67. Ibid., p.231s.

À alegria extática, que seria fatal, deve-se preferir, segundo Kant, a "tristeza profunda" [*Gram*], pois essa "mata lentamente": "A *alegria jovial* (que não é contida pela preocupação com alguma dor) e a tristeza que afunda [*versinkende Traurigkeit*] (que não é aliviada por nenhuma esperança), a *tristeza profunda* [*Gram*], são afetos que ameaçam a vida. Mas se percebeu pelos obituários que, de fato, mais pessoas perderam a vida *repentinamente* por meio de uma do que pela outra; pois a *esperança*, como afeto pela abertura inesperada da visão de uma felicidade que não pode se medir, deixa a mente inteiramente entregue a si e, assim, aumenta o afeto até a asfixia; em contrapartida, a mente resiste de modo natural à tristeza profunda sempre temida, e ela, portanto, mata apenas lentamente"[68]. A tristeza profunda "mata lentamente", pois ela mantém, em oposição à alegria extática, a capacidade de defesa ou de resistência da mente de pé. Nela se agita, certamente, mais *eu*, mais interioridade do que na felicidade extática. Poder-se-ia dizer que a interioridade, o *si* prolonga a vida.

_____

68. Ibid., p. 254s.

A doutrina dos afetos de Kant é organizada como um todo por uma economia do poder. Essa economia determina a hierarquia kantiana dos afetos: "Todo afeto do *tipo corajoso* (que, a saber, faz despertar a consciência de nossas forças para superar qualquer resistência (*animi strenui*) é *esteticamente-sublime*, por exemplo a ira, mesmo o desespero (a saber o [desespero] *indignado*, mas não o [desespero] *desanimado*"[69]. É a decisividade para *si* que empresta ao afeto uma sublimidade. O afeto não deve ser, em contrapartida, extático. Caso contrário, ele não seria "nobre". Não se pode estar alheio *a si mesmo*; não se pode *se* perder inteiramente. É proibido um "arrebatamento [*Entrückung*] *contínuo*". Kant põe rédeas no afeto, "pois ele é aquele movimento da mente que a torna incapaz de *empreender* uma consideração *livre* dos princípios para [assim] se determinar posteriormente". O afeto não deve tocar a liberdade da mente. Sublime é apenas aquele afeto que surte a "tensão das forças por ideias". Mais sublime, ou seja, *mais benéfico* para a ampliação do poder é, porém, a "ausên-

---

69. *Kritik der Urteilskraft* [Crítica da faculdade de juízo], p. 272.

cia de afeto" da "mente que segue insistentemente seus princípios imutáveis"[70], na qual se estaria *inteiramente consigo mesmo*.

Seria preciso apenas estar presente nas cenas dramáticas do sublime para tornar visível a inteira intriga da sobrevivência. O sublime estremece o jogo despreocupado do sujeito com as belas formas. O sujeito que, em vista do belo, sente a si mesmo, desfruta de si mesmo, não pode agora, diante da visão do sublime, se entregar sem mais a esse jogo autoerótico. Não o jogo, mas sim a "seriedade" e a "tensão" caracteriza a constituição da alma kantiana em vista do sublime. Seria necessário um certo esforço para restaurar a autorreferência autoerótica por um outro caminho.

Não é sublime, na verdade, nenhum "objeto da natureza". O "amplo oceano revolto por tempestades", por exemplo, é, segundo Kant, simplesmente "atroz"[71]. A alma exerce [sua] força com os fenômenos naturais violentos. Eles elevam as "forças da alma" para além de sua "média habitual", e fazem com "que se des-

---

70. Ibid.

71. Ibid., p. 245.

cubra uma faculdade para resistir de um tipo inteiramente diferente em nós", "que nos dá coragem de nos medirmos com o poder aparentemente absoluto da natureza"[72]. Diante da visão do fenômeno natural violento, o sujeito se sente, primeiramente, impotente, teme se perder em um abismo. Mas ele se apanha novamente, e, de fato, por causa de uma "autopreservação de um tipo inteiramente diferente". Ele se salva ao se retirar para a interioridade da razão, frente à qual "tudo na natureza [é] pequeno". Ela promete mais si, mais suporte [*Stand*], mais auto-subsistência. Nenhum poder absoluto da natureza consegue estremecer essa "razão autossubsistente", na qual o sujeito, livre do outro, ouve apenas a si mesmo falar. A razão não sofre nada. Ela, a saber, "nunca" é "passiva". O medo da morte, a "supressão das forças vitais" é apenas de curta duração. Aquela faculdade especial de autopreservação faz com que ela se inverta rapidamente em [um] sentimento de prazer: "[...] (o belo) ao trazer consigo diretamente um sentimento da promoção da vida e, por isso, ser uni-

---

72. Ibid., p. 261.

ficável com estímulos e com uma imaginação lúdica; aquele, porém (o sentimento do sublime) é um prazer que surge apenas indiretamente, a saber, de modo tal que ele é produzido por meio do sentimento de uma supressão momentânea das forças vitais e de uma vazão delas que se segue imediatamente a isso e é, por isso mesmo, mais forte, de modo que, como comoção, não parece ser um jogo, mas sim seriedade na ocupação da imaginação"[73]. O sentimento de impotência dá lugar, novamente, ao poder. O sublime promete mais poder: "O prazer do sublime da natureza é, por isso, também apenas *negativo* (em vez daquele que é *positivo* no belo), a saber um sentimento da privação da liberdade da imaginação por si mesma ao ser determinada conforme a fins por uma outra lei do que a do uso empírico. Assim, ela recebe uma ampliação e [um] poder que é maior do que aquele que ela sacrifica [...]"[74]. Mais poder significa mais interioridade. Ela protege diante da invasão do outro.

---

73. Ibid., p. 244s.

74. Ibid., p. 269.

No sentimento do sublime, o sujeito não é movido pelo *outro* de si mesmo, mas sim *auto-movido* [*selbst-bewegt*]. O olhar [*Schau*] vira olhar para o próprio umbigo [*Nabelschau*]. Em vista do fenômeno violento da natureza, o sujeito percebe a *sua* faculdade para suprassensível. Sublime não é a natureza, mas sim a *disposição do espírito* na qual o sujeito se eleva para além do sensível, para além da natureza. Assim, o sentimento do sublime vale, em última instância, para a "superioridade da determinação da razão de nossas faculdades de conhecimento sobre a maior faculdade da sensibilidade"[75]. No sentimento do sublime, o sujeito sente a si mesmo elevado para além da natureza sensível. O sublime é, em última instância, um sentimento do "respeito pela nossa própria determinação", assim, portanto, um tipo de *auto-sentimento*: "Assim, o amplo oceano revolto por tempestades não pode ser chamado de sublime. Sua visão é atroz; e é preciso já ter preenchido a mente com algumas ideias se por meio de uma tal intuição se deve ser disposto para um sentimento que é ele mesmo

---

75. Ibid., p. 257.

sublime, pela mente ser estimulada a abandonar a sensibilidade e se ocupar com ideias que contém uma conformidade a fins superior. [...] Vemos com isso que o conceito do sublime da natureza não é tão importante e rico em consequências como o [conceito] de belo na mesma; e que ele não mostra nada conforme a fins na natureza mesma, mas sim apenas no *uso* possível de suas intuições, a fim de fazer passível de ser sentida uma conformidade a fins completamente independente da natureza"[76]. Assim, o sublime é, para o "ser humano bruto", cuja mente seria sem ideia, apenas "pavoroso". A "cultura", como cultura da "razão nunca *passiva*", é um fenômeno do poder, baseia-se no fantasma da "superioridade sobre a natureza mesma em sua desmesura".

Apesar de seu distanciamento da explicação fisiológica-empírica do sublime em Burke, Kant se mantém preso, em sua analítica transcendental do sublime, ao modelo da autopreservação. Segundo Burke, o sentimento do sublime estaria fundado "no impulso para a autopreservação e no *temor*, ou seja, na dor". A

---

76. Ibid., p. 245s.

dor, ou seja, um tipo de desprazer, produz, "por não ir até a ruína efetiva das partes do corpo", os "movimentos" "que, por purificarem os vaso refinados ou grosseiros de entupimentos perigosos ou danos, estão em condição de estimular sensações agradáveis, não prazer, de fato, mas sim um tipo de aguaceiro agradável, uma certa paz misturada com temor"[77]. O negócio da vida organizado pelo impulso de autopreservação faz uso da dor. A dor deve estimular a circulação interna ao *purificar* os vasos de materiais *estranhos*, livrando, assim, de "entupimentos" que, segundo Kant, seriam uma "heteronomia". Assim, o sentimento de sublime é, em última instância, mais saudável do que o do belo, que leva a um "amolecimento, desprendimento, enfraquecimento, afundamento, falecimento, derretimento frente ao prazer".

Para Kant, o fechamento do sujeito que gira em torno de si mesmo fornece o modelo da autopreservação. Deve ser barrada qualquer invasão do *outro* no andar em círculos autoerótico do sujeito. A autopreservação é,

---

77. Ibid., p. 277.

então, ligada a um *processo de purificação*. No sentimento do sublime, o sujeito se purifica do sensível. Ele se eleva para além do externo ameaçador ao se retirar para a "razão *pura*, autônoma". Essa "decisividade"[78] para o suprassensível é uma decisividade para *si*, para o *si verdadeiro*, que não pode ser estremecido por nenhum *outro*.

A analítica do sublime é um "mero anexo ao julgamento estético da conformidade a fins da natureza". Mas, de uma outra perspectiva, o sublime é, para Kant, muito mais atraente do que o belo. O sentimento do sublime contém, por assim dizer, mais *si* e mais *poder* do que o belo. Em ligação com o conceito do dever, Kant escreve: "A majestade da lei [...] infunde veneração (não receio, que repele, também não encanto, que convida à familiaridade), que desperta *respeito* do súdito frente ao seu soberano, nesse caso porém, como esse soberano reside em si mesmo, desperta um *sentimento do sublime* de nossa própria determinação, o que nos entusiasma mais do que tudo que é belo"[79]. A

---

78. Ibid., p. 273.

79. KANT, I. *Die Religion innerhalb der Grenzen der blossen Vernunft* [A religião nos limites da mera razão], p. 23 [Akad.-Ausg., vol. VI].

razão para essa admiração residiria no fato de que o sentimento do sublime representa um *"sentimento espiritual"*[80] livre de qualquer heteronomia, que surge do voltar-se para a "razão pura, autônoma". Esse sentimento-do-espírito ou sentimento-de-si é, por assim dizer, um sentimento de poder: "Assim, a sublimidade não está contida em nenhuma coisa da natureza, mas sim em nossa mente, na medida em que podemos estar conscientes de sermos superiores à natureza em nós e, desse modo, também à natureza [...] fora de nós"[81].

Em vista do fenômeno natural violento, o sujeito não se torna ciente de sua finitude, mas sim de sua superioridade e "independência". Ele dispõe a mente não para um *sentimento da natureza*, mas sim para um sentimento do espírito ou, em outras palavras, para um sentimento de poder. Em *Teoria estética*, Adorno aponta, em contrapartida, para uma experiência inteiramente outra do sublime: "O espírito se torna menos ciente diante da natureza de sua

---

80. *Kritik der Urteilskraft* [Crítica da faculdade do juízo], p. 192.

81. Ibid., p. 264.

própria superioridade, como Kant gostaria, do que de sua própria naturalidade [*Naturhaftigkeit*]. Esse instante leva o sujeito diante do sublime a chorar. A incorporação pela natureza o libera da obstinação de sua autoposição: 'As lágrimas jorram, terra me tem novamente!' Com isso, o eu sai, espiritualmente da prisão em si mesmo"[82]. A "razão nunca *passiva*" de Kant, que não consegue chorar, é, por assim dizer, o polo oposto do "pó" [*Erde*]. Kant experimenta a "mortalidade", como já se indicou, como "a sentença mais humilhante que pode recair sobre um ser *mortal* ('tu és pó [*Erde*] e deves voltar ao pó [*Erde*]')". O *sentimento de natureza* que o espírito adorniano sente diante do sublime é, certamente, um *sentimento de mortalidade*. Ele não é nem sentimento do eu, nem sentimento de poder. O espírito é disposto, diante do sublime, àquilo que não é [o] *eu*. As lágrimas libertam o eu da "prisão em si". Chorando, o eu afasta a sua interioridade fechada em si mesma. Esse "chorar" singular representa o movimento contrário daquele

---

82. *Ästhetische Theorie* [Teoria Estética], p. 410.

trabalho de luto que por assim dizer, *agarra o eu com os dentes*.

B – Ética da sobrevivência

> O amor é uma "inclinação"?
> Não. Ele é uma condição, uma
> condição do espírito, a condição
> do espírito, a *posição* do espírito,
> ele é a condição abrangente
> do espírito: "condição", que
> simultaneamente "abrange".
> HANDKE, P. *Na manhã da
> janela rupestre*.

> Alguém que inventa as próprias
> ordens para poder fugir delas:
> Ele acumula mais e mais ordens,
> age segundo elas, vive segundo
> elas, pensa apenas nelas e *se
> sufoca*.
> CANETTI, E. *Notas de
> Hampstead*.

O respeito como sentimento moral é diferente dos outros sentimentos pelo fato de que ele surge de uma auto-afecção. Ele é um sentimento *puro*, feito por si mesmo e livre de toda heteronomia: "Só que, se o respeito é certamente um sentimento, ele, porém, não é um sentimento *sentido* por meio de nenhuma influência, mas sim um sentimento *autoproduzido* [*selbstgewirktes*] por um conceito da razão e, por isso, especificamente diferente de todos os sentimentos do primeiro tipo, que se deixam remeter à inclinação ou ao temor"[83]. O respeito é *autoproduzido*. Ele é um sentimento de si mesmo. Aqui, o sujeito gira em torno apenas de si mesmo, pois o objeto do respeito é idêntico com o sujeito do respeito: "E agora a lei do dever encontra, por meio do valor positivo que o cumprimento da mesmo faz com que sintamos, entrada fácil, por meio do *respeito por nós mesmos*, nas consciência de nossa liberdade"[84]. O sujeito ouve apenas a si mesmo falar ao se afundar na sua própria voz, a saber, na "voz de ferro"[85] da razão. O sujeito não é, aqui, perturbado pelo *outro*, enquanto aquela

---

83. KANT, I. *Grundlegung zur Metaphysik der Sitten* [*Fundamentação da metafísica dos costumes*], p. 401 [Akad.-Ausg., vol. IV].

84. KANT, I. *Kritik der praktischen Vernunft* [Crítica da razão prática], p. 161 [Akad.-Ausg., vol. V].

85. KANT, I. *Von einem neuerdings erhobenen vornehmen Ton in der Philosophie* [Sobre um recentemente enaltecido tom de distinção na filosofia], p. 402 [Akad.-Ausg., vol. VIII].

"voz estentoricamente forçada"[86] o emaranha em uma radical heterenomia.

O traço fundamental da razão é a "pura autoatividade" ou a "pura espontaneidade"[87]. Essa autoatividade é *pura*, pois ela não é afetada pelo *outro*. A auto-afecção é a constituição daquele "*si verdadeiro*" que, para Kant, representa o portador da moralidade. A moral pressupõe um trabalho de purificação. O "ser humano" se torna sujeito moral ao se purificar até o "si verdadeiro". É preciso se livrar da "sensibilidade", que é "em si populacho"[88]: "Por se isso chega ao ponto de que o ser humano se adeque a uma vontade que não permite que seja levado em conta nada que pertença apenas aos seus desejos e inclinações, e pense, em contrapartida, como possíveis, sim, mesmo como necessárias, ações que só podem ocorrer com a remoção de todo desejo e estímulo sensível. A causalidade das mesmas reside nele

---

86. *Anthropologie in pragmatischer hinsicht* [Antropologia de um ponto de vista pragmático], p. 158.

87. *Grundlegung zur Metaphysik der Sitten* [Fundamentação da metafísica dos costumes], p. 452.

88. *Anthropologie in pragmatischer Hinsicht* [Antropologia de um ponto de vista pragmático], p. 144.

como inteligência e nas leis dos efeitos e ações segundo princípios de um mundo inteligível, do qual ele certamente nada sabe, senão que apenas a razão e, de fato, pura, independente da sensibilidade ditaria as leis aí, do mesmo modo que ele mesmo, apenas como inteligência, é o *si verdadeiro* (como ser humano, em contrapartida, apenas fenômeno do mesmo) [...]"[89]. O ser humano é, como ser humano, "apenas fenômeno de si mesmo". O portador da moralidade é buscado por trás desse "fenômeno". Depois do processo de purificação moral, que se livra do "fenômeno", "resta" "um algo"[90]. Esse *puro resto*, esse produto sagrado do trabalho de luto é o "si verdadeiro", que se imagina na beatitude [*Seligkeit*] da absoluta posse de si. Ele não sofre, a saber, nada, toca apenas a si mesmo. O ser humano como "fenômeno", em contrapartida, é "sofredor", o que faz dele *mortal*.

A moralidade se exterioriza como ato, como "ação". Ela não pode permitir nenhuma "rea-

---

89. *Grundlegung zur Metaphysik der Sitten* [Fundamentação da metafísica dos costumes], p. 457 [destaques do autor].

90. Ibid., p. 462.

ção"[91]. Em sua passividade, a "reação" seria uma heteronomia, interromperia o sentimento de poder e liberdade. Mesmo a "caridade", na medida em que surge de uma paixão, é *"pragmaticamente* prejudicial" e *"moralmente* abjeta". Ela não é mais um fazer moral, pois a paixão, como "afeto", "faz uma interrupção momentânea da liberdade e do domínio sobre si mesmo"[92]. A moral não pode ser nenhuma *paixão*. Também a compaixão passiva é, para Kant, "irrisória e infantil": "[...] a participação passiva de seu sentimento, consonar o seu sentimento empaticamente o seu sentimento com o dos outros e se deixar afetar meramente passivamente (é) irrisório e infantil"[93]. O oscilar conjunta e sentimentalmente com o outro, a sim-patia não é, justamente, um ato, uma realização [*Vollzug*], [e] não tem, por isso, nenhuma qualidade moral. Toda forma de compaixão é, para Kant, "sofredora", e, assim, não é uma "ação". Ela emaranha o sujeito em uma heteronomia.

---

91. *Der Streit der Fakultäten* [O conflito das faculdades], p. 72.

92. *Anthropologie in pragmatischer Hinsicht* [Antropologia de um ponto de vista pragmático], p. 267.

93. Ibid., p. 236.

Nenhum sentimento anterior à lei moral pode influenciar a ação: "Aqui, não teria *precedência* nenhum sentimento no sujeito que seria disposto à moralidade, pois isso é impossível, porque todo sentimento é sensível: a mola propulsora da disposição ética, porém, tem de ser livre de toda condição sensível"[94]. A sensibilidade à qual o sentimento remete é sofredora [*leidend*]. Em oposição à razão "autoativa" e "autônoma", ela é passiva. A moralidade não é compatível como nenhuma passividade, com nenhuma paixão. A supressão do sentimento ligado a "inclinações" e a "impulsos sensíveis" não leva, todavia, a uma ausência de sentimento. Antes, ela traz dor consigo, que, porém, se distingue do sentimento comum: "Por conseguinte podemos compreender *a priori* que a lei moral, como fundamento de determinação da vontade, pelo fato de trazer prejuízo a todas as nossas inclinações, tem de produzir um sentimento que pode ser chamado de dor, e aqui temos o primeiro, talvez o único caso, em que poderíamos, de conceitos *a priori,* determinar a relação de um conheci-

---

94. *Kritik der praktischer Vernunft* [Crítica da razão prática], p. 75.

mento (aqui, ele é [o conhecimento] de uma razão prática pura) com um sentimento de prazer ou desprazer"[95]. Em oposição ao sentimento "patológico", essa dor tem uma qualidade moral. Ela deve, portanto, ser distinguida daquela dor passiva que significa uma heteronomia: "De fato, se outro sofre e eu também me deixo contagiar (por meio da imaginação) pela sua dor, sobre a qual não posso fazer nada, assim sofrem os dois; por mais que o mal na verdade só diga respeito (na natureza) a um. É impossível, porém, que seja dever aumentar o mal no mundo [...]"[96]. Assim, a ética do dever recorre, interessantemente, ao cálculo utilitário-hedonista. A dor ativa, que o sujeito inflige em si mesmo, promete um ganho poderio-econômico. Corta-se a si mesmo, a saber, em sua própria carne, para endurecer o "si verdadeiro" contra o "si patologicamente determinável"[97]. O sujeito exerce força em sua própria ferida. A dor progressiva é teste-

---

95. Ibid., p. 73.

96. KANT, I. *Metaphysik der Sitten* [Metafísica dos costumes], p. 457 [Akad.-Ausg., vol. VI].

97. *Kritik der praktischen Vernunft* [Crítica da razão prática], p. 74.

munho do progresso moral. Esse caminho de formação moral é caracterizado pela dor.

Segundo Kant, a natureza humana não é capaz do bem por si mesma. A "disposição da mente para a sensação moral" tem de ser forçada por meio de uma "violência"[98]. Assim, também a benevolência não teria nenhum valor moral genuíno. A moral kantiana não se deixa vincular com nenhuma *naturalidade* [*Naturlichkeit*]. As "almas dispostas à participação" agem, segundo Kant, em última instância, a partir de um "prazer interior". Ela se "regozija" com a "satisfação de outros"[99]. Elas permanecem, assim, presas à "sensibilidade", ou seja, ao "amor próprio". É estranho a Kant um *a-ssentimento* [*Zu-Stimmung*] *ao outro* que não se situe, justamente, no âmbito da "sensibilidade" ou da "inclinação", que, antes, se deva

---

98. Cf. *Kritik der Urteilskraft* [Crítica da faculdade de juízo], p. 271: "Disso se segue: que o bem (moral) intelectual, em si mesmo conforme a fins, esteticamente julgado, não tem de ser representado como belo, mas sim, muito antes, como sublime, de modo que desperta mais o sentimento de respeito (que despreza o estímulo) do que o sentimento do amor e da inclinação familiar; pois a natureza humana não tanto por si mesma, mas sim apenas por meio da violência que a razão faz à sensibilidade pode se harmonizar com aquele bem".

99. *Grundlegung zur Metaphysik der Sitten* [Fundamentação da metafísica dos costumes], p. 398.

entender como uma *constituição espiritual*, como uma *disposição espiritual* [*geistige Stimmung*][100] [101].

---

100. Na mente kantiana se pode encontrar algo que não seria nem "sensível" nem "suprassensível", a saber, a "disposição da mente" [*Stimmung des Gemüts*]. Essa disposição caracteriza o estar em um estado [*Zuständlichkeit*] ou o estado mental, a saber, o ser-disposto [*Gestimmt-sein*] da mente. Ele é mais "passiva" do que "ativa", sem, todavia, ser "sensível" ou "patológica". Ela diz respeito à *relação* das próprias faculdades do conhecimento: "Se conhecimentos devem se poder comunicar, assim, também o estado da mente, ou seja, a disposição das faculdades do conhecimento em relação a um conhecimento em geral, deve se deixar comunicar universalmente, e de fato naquela proporção que se cobra de uma representação (por meio da qual nos é dado um objeto) para fazer dela um conhecimento: pois sem essa [disposição] como condição subjetiva do conhecimento o conhecimento não poderia surgir como efeito. Isso ocorre também realmente a todo momento, se um objeto dado por meio dos sentidos traz a imaginação à composição do múltiplo, essa, porém, traz o entendimento à unidade do mesmo em conceitos em atividade. Mas essa disposição das faculdades do conhecimento tem, segundo a diferença dos objetos que são dados, uma proporção diferente. Igualmente, porém, deve haver uma proporção na qual essa relação interior com o avivamento (de uma por meio da outra) é a mais saudável para ambas as faculdades mentais tendo em vista o conhecimento (de objetos dados) em geral; e essa disposição não pode ser determinada de nenhuma outra forma senão por meio do sentimento (não segundo conceitos)" (*Kritik der Urteilskraft* [Crítica da faculdade de juízo], p. 238s.). A disposição não pode, então "ser determinada senão por meio do sentimento (não segundo conceitos)". A fala sobre sentimento aqui, é problemática, pois a disposição não tem seu lugar na sensibilidade. Ela habita, muito antes, o *entre* das faculdades do conhecimento. Ela de-*fine* [be-*stimmt*] a *relação*. O "sentimento", em contrapartida, não é um fenômeno da relação. Kant usa, então, o "sentimento" de maneira problemática para a caracterização de algo que é constitutivo para uma proporção de-*finida* [be-*stimmte*] das faculdades do conhecimento. Esse "sentimento" não sentimental, não sensível, explode a dicotomia sensível/inteligível. Assim, a "disposição para a moral", como a "disposição para a ordem" não é uma sensação meramente sensível. Antes, ela *afina* [*stimmt*] a mente, faz dela receptiva para um "objeto" de-finido [*be-stimmtes*].

101. Aqui, o autor faz um jogo de palavras com as palavras "*Zustimmung*" (assentimento ou consentimento) e "*Stimmung*" (disposição ou estado de ânimo, mas também afinação), sugerin-

Esse *impulso pré-moral para o outro* é o conteúdo da *amabilidade*.

Em *A religião nos limites da simples razão*, Kant faz em uma nota de rodapé a seguinte confissão: "Confesso de bom grado: que não posso atrelar ao *conceito do dever*, justamente por sua dignidade, nenhuma graça, pois ele contém uma coerção incondicionada, com a qual a graça, justamente, se encontra em contradição"[102]. A moral, portanto, que se baseia na coerção ou dever, não pode ser graciosa. A moral graciosa seria uma contradição. Kant tenta, porém, integrar na sua teoria moral a graça [*Anmut*], que, como ele "confessa", falta claramente a ela. A "virtude", a saber, a "disposição firmemente fundada de cumprir exata-

---

do, justamente, que a *disposição*, a *Stimmung* da amabilidade, é uma *Zu-Stimmung*, ou seja, literalmente, uma disposição-para, ou, mais especificamente, uma disposição *para* o outro, um *estar disposto ao outro* e, nesse sentido, assentir ou consentir a ele. O autor continua esse jogo de palavras na nota anterior, sempre usando palavras que são derivadas do verbo "*stimmen*", para lembrar que tais palavras sempre estão associadas a uma ideia de afinação sonora, de estar afinado com algo ou ser afinado de acordo com uma determinada coisa ou tom (daí que optamos, na nota, por traduzir *be-stimmen* [escrito separado pelo próprio autor] como de-finir, uma vez que isso aproxima a tradução do jogo com a ideia de "afinação") [N.T.].

102. *Die Religion innerhalb der Grenzen der blossen Vernunft* [A religião nos limites da simples razão], p. 23.

mente o seu dever", é, assim se diz mais a frente na nota de rodapé, "em suas consequências, também beneficente". E a "imagem majestosa da humanidade disposta nessa figura aceita muito bem o acompanhamento das *graças* [*Grazien*], que, porém, quando estamos falando apenas de dever, se mantêm a uma distância honrosa". "Se se observa, porém", continua Kant, "as consequências graciosas que a virtude, se ela tivesse entrada em todo lugar, espalharia pelo mundo, a razão direcionada à moral inclui, assim, a sensibilidade (por meio da imaginação) no jogo". A graça é, então, apenas um fenômeno secundário, um acessório da virtude, uma aparência bela que, porém, não deve se sobrepor ao ser verdadeiro ou à essência da moral, a saber, a "determinação--do-dever". A graça permanece limitada à sensibilidade ou à imaginação. Não há, portanto, nenhuma razão *graciosa, amável*.

A "bondade" da "alma disposta à participação"[103] é, segundo Kant, apenas uma virtude "adotada". Essa, portanto é sem fundamento e sem pai. Falta a ela a verdadeira paternidade

---

103. *Grundlegung zur Metaphysik der Sitten* [Fundamentação da metafísica dos costumes], p. 398.

que se baseia na "razão autônoma", ou seja, nos "princípios morais". A virtude sem pai não tem nenhum valor ético verdadeiro. Ela pertence, no máximo, aos "trabalhos externos" ou "acessórios", a saber, às "parergas"[104], que produzem apenas uma *aparência bela, semelhante à virtude*". Kant declara, de fato, que as *parergas* (p. ex., o "amor e respeito recíprocos") são *externas* ("trabalhos externos") à virtude efetiva. Mas elas contrabalanceiam uma das faltas inerentes à moral kantiana. Como um belo quadro ou uma bela veste, que são acessórios estéticos, essas "parergas" devolvem as "graças"[105] à moral. Sem elas, o portador da moral se enrijece em uma fortaleza de princípios. Além disso, as "parergas" fazem da virtude "amada". Assim, a sua bela aparência

---

104. *Metaphysik der Sitten* [Metafísica dos costumes], p. 473. Também na *Crítica da faculdade do juízo* se fala de parerga. Cf. *Kritik der Urteilskraft*, p. 226: "Mesmo o que se chama de *ornamentos* (Parerga), ou seja, aquilo que não pertence interiormente à representação inteira do objeto como componente, mas sim exteriormente como acréscimo, e que aumenta o bem-estar do gosto, o fazendo, porém, apenas por meio de sua forma: como as molduras de quadros, ou trajes em estátuas, ou colunatas em edifícios esplendorosos". Em *Die Wahrheit in der Malerei* [A verdade nas pinturas] (Viena, 1992), Derrida investiga a lógica dessa "parerga" (ibid., p. 56-104).

105. *Metaphysik der Sitten* [*Metafísica dos costumes*], p. 473.

seria *necessária* para a criação, sem a qual nenhuma comunidade moral, a saber, nenhuma efetivação do *ergon* [função] seria possível.

A economia do poder que domina a moral kantiana toma dela toda graça. Poder e graça contradizem um ao outro. A virtude verdadeira, não "adotada", a saber, a virtude sancionada pelo pai como "virtude" é, segundo Kant, "masculina". A alma "disposta à participação" é, em contrapartida, capaz apenas de uma "virtude feminina"[106]. A moral de Kant é, como a analítica do ser-aí de Heidegger, animada por um heroísmo da "decisividade vigorosa"[107]: "A verdadeira força da virtude é trazer a *mente em repouso* ao exercício com uma resolução considerada e firme de sua lei.

---

106. *Anthropologie in pragmatischer Hinsicht* [Antropologia de um ponto de vista pragmático], p. 307. Schiller tenta, de fato, contra Kant, reabilitar a "graça". Mas ele a degrada, porém, a uma "virtude feminina": "Raramente o caráter feminino se elevará à ideia suprema da pureza ética, e ainda mais raramente levará a ações que não ações *afeccionadas* [*affektionirten*]. Ele resistirá frequentemente à sensibilidade com forças heroicas, mas apenas por meio da sensibilidade. Porque a moral da fêmea geralmente está do lado da inclinação, se terá no fenômeno justamente a impressão de que a inclinação estivesse ao lado da moral. 'Graça', portanto, será a expressão para a virtude feminina, à qual pode frequentemente faltar a [virtude] masculina" (*Über Anmuth und Würde* [Sobre graça e dignidade]. Weimar, 1962, p. 289 [*Werke*, vol. 20].

107. *Kritik der Urteilskraft* [Crítica da faculdade do juízo], p. 273.

Essa é a condição da *saúde* na vida moral; o afeto, em contrapartida, mesmo quando ele é estimulado pela representação do bem, é um fenômeno momentaneamente reluzente, que deixa a fraqueza para trás [como seu resultado]"[108]. O coração feminino não promove o negócio moral da razão. Antes, ele inflige um dano à "saúde" (*status salubritatis*) da razão. O feminino adoece.

A filosofia tem de "funcionar (terapeuticamente) como um *remédio* (*materia medica*), para o uso do qual, então, farmacopeias e médicos (os últimos dos quais, contudo, são os únicos que têm a prerrogativa de *prescrever* esse uso) são necessários [...]"[109]. Para o controle dessa prática de cura filosófica, Kant exige, além disso, uma "polícia", que "deve ser vigilante para que médicos certificados e

---

108. *Metaphysik der Sitten* [Metafísica dos costumes], p. 409.

109. KANT, I. *Verkündigung des nahen Abschlusses eines Traktats zum ewigen Frieden in der Philosophie* [Anúncio da próxima assinatura de um tratado para a paz perpétua na filosofia], p. 414 [Akad.-Ausg., VIII]. Como exemplo do efeito físico da filosofia, Kant traz o filósofo estoico Posidônio: "[...] pelo fato de que ele (Posidônio) subjugou, por meio de uma vigorosa contestação da escola epicurista, um caso de gota, a limitou aos seus pés, não a deixou chegar ao coração e à cabeça e, assim, deu prova dos *efeitos físicos* imediatos da filosofia, aos quais a natureza visa por meio dela (a saúde corporal) [...]" (p. 414s.).

não meros amadores suponham poder *aconselhar sobre qual filosofia se deve estudar*". Os "médicos certificados" vigiados pela "polícia" filosófica determinam o que é ou deve ser remédio e veneno. Eles vigiam constantemente as fronteiras, demarcadas por eles, que correm entre a vida e a morte. A "filosofia" seria, ela mesma, essa práxis da demarcação e do traçar fronteiras. Uma filosofia do sentimento seria certamente, um veneno a ser apreendido pela "polícia" kantiana, veneno que traria uma morte prematura consigo. A filosofia, em contrapartida, que "tem o seu interesse no todo do fim último da razão (que é uma unidade absoluta)", "traz" "um sentimento de *força* consigo" e "compensa" as "fraquezas corporais da *idade*"[110]. Segundo a práxis de cura de Kant, parte da unidade, identidade e totalidade uma força de cura. Ela prolonga a vida, obtém para o sujeito um sentimento de força. A morte seria, em contrapartida, o princípio da pluralidade ou do fragmento. A "carência inevitável da razão humana", "que encontra satisfação apenas em uma unidade inteiramente sistemática de

---

110. *Der Streit der Fakultäten* [O conflito das faculdades], p. 102 [destaques do autor].

seus conhecimentos"[111] nutre o trabalho de luto kantiano. Ele trabalha constantemente aquela aparência que se sobrepõe à negatividade da morte[112].

Kant terá sempre experimentado o mais de poder como um menos de morte. Mas esse desejo por poder tira da vida a vivacidade, produz uma rigidez mórbida. O trabalho de luto resseca a mente. Para Kant, o sentimento seria uma marca da mortalidade. Segundo a sua doutrina dos afetos, a "apatia" fortalece a mente mais do que aquele "afeto vigoroso" que foi mais bem avaliado moralmente do que o "afeto amolecedor": "O *dom da natureza* de uma *apatia* com suficiente força da alma é, como dito, a *fleuma* feliz (no sentido moral). Quem é dela dotada, de fato, ainda não é só por isso um sábio, mas tem, porém, uma vantagem da natureza, de modo que é mais fácil para ele do que para outros tornar-se sábio"[113]. Em oposi-

---

111. *Kritik der praktischen Vernunft* [Crítica da razão prática], p. 91.

112. Cf. ADORNO, T.W. *Ästhetische Theorie* [Teoria Estética], p. 537: "O fragmento é a infiltração da morte na obra. Por ele destruí-la, ele toma dela a mácula da *aparência*".

113. *Anthropologie in pragmatischer Hinsicht* [Antropologia de um ponto de vista pragmático], p. 254.

ção à fleuma como fraqueza, que leva apenas à "saturação e [ao] sono", a fleuma como força, a saber, a "frieza de sangue" faz jus à vigilância moral do "homem corajoso". A "frieza de sangue" é, por fim, uma propriedade essencial do filósofo: "Seu [de alguém de sangue frio] temperamento feliz ocupa nele o lugar da sabedoria, e se chama a ele, mesmo, na vida comum, de filósofo. Por meio desse temperamento, ele é superior aos outros [...]. Se o chama frequentemente também de *astuto*; pois todas as balistas e catapultas lançadas contra ele ricocheteiam nele como em um saco de algodão"[114].

---

114. Ibid., p. 290. Para Kant, a filosofia claramente não é compatível com a paixão [*Passion*] ou a passionalidade [*Leidenschaft*]. Segundo Nietzsche ou Heidegger, em contrapartida, nenhuma filosofia poderia alcançar ou ultrapassar a "afetividade", pois "sob todo pensamento se esconde um afeto" (NIETZSCHE, F. *KGW*, VIII-1, p. 22). Desse modo, também a filosofia de Kant teria a sua própria camada afetiva. Paradoxalmente, se eleva uma ausência de passionalidade [*Leidenschaftslosigkeit*] a uma *paixão* [*Passion*]. Cf. HEIDEGGER, M. Was ist das – die Philosophie? [O que é isso – a filosofia?]. 9. ed. Pfullingen, 1988, p. 28s.: "Frequentemente e amplamente se tem a impressão de que o pensamento do tipo da representação e do cálculo raciocinante seria livre de toda disposição. Mas também o cálculo frio, também a prosaica sobriedade do plano são marcas de um ser-disposto [*Gestimmtheit*]. Não só isso; mesmo a razão que se mantém livre da influência de toda paixão, é, como razão, disposta para a confiança na compreensibilidade lógico-matemática de seus princípios e regras". Sobre o fenômeno da disposição, cf. HAN, B.-C. *Heideggers Herz* – Zum Begriff der Stimmung bei Martin

O trabalho de luto kantiano se realiza como uma "ginástica ética". Essa ginástica promete saúde e mais vida. Ela consiste não apenas no "combate aos impulsos naturais que alcança o ponto de poder se tornar mestre deles nos casos que ameaçam à moralidade"[115]. Como um exercício de força contra a morte ela consistira, antes, no combate à *natureza em geral*. Essa "ginástica ética" deve fazer do sujeito sofredor "contente na consciência de sua liberdade recuperada". Ela deve endurecer o coração. Kant fala frequentemente de "estar contente" [*Frohsein*], "sentido de contentamento" [*Frohsinn*] ou "contentamento" [*Fröhlichkeit*]: "A regra do exercício na virtude (*exercitorium virtutis*) se dirigem às duas disposições da mente de ser [uma] mente *corajosa* e *contente* (*animus strenuus et hilaris*) no cumprimento do dever"[116]. Ou: "[...] o coração contente no *cumprimento* de seu dever [...] é um signo da autenticidade

---

Heidegger [O coração de Heidegger – Sobre o conceito de disposição em Martin Heidegger]. Munique, 1996.

115. *Metaphysik der Sitten* [Metafísica dos costumes], p. 485.

116. Ibid., p. 484.

da disposição virtuosa [...]"[117]. Atrela-se, porém, ao contentamento do coração kantiano, uma estranha *rigidez*. Falta a ele toda naturalidade, toda graça. Ela não dá a perceber nenhuma alegria, nenhuma serenidade alegre. Antes, reluz através do contentamento forçado o luto reprimido ou o ressentimento ocultado.

O contentamento é "saudável". A ética é, para Kant, uma "dietética": "É um tipo de *dietética* para o ser humano se manter moralmente saudável. A *saúde*, porém, é apenas um bem-estar negativo, ela não pode ser ela mesma sentida. É preciso acrescer a isso algo que forneça um agradável prazer vital e, contudo, seja meramente moral. Esse é o coração sempre contente na ideia do virtuoso *Epicuro*"[118]. A "filosofia prática" se mostra como uma "arte medicinal" que prolonga a vida, pois "o poder da razão no ser humano, de ser mestre de seus sentimentos sensíveis por meio de um princípio dado por si mesmo, determina o modo

---

117. *Die Religion innerhalb der Grenzen der blossen Vernunft* [A religião nos limites da simples razão], p. 24.

118. *Metaphysik der Sitten* [Metafísica dos costumes], p. 485.

de vida"[119]. O poder da razão, a sua autonomia e liberdade tornam possíveis uma vida longa e saudável. A heteronomia, em contrapartida, adoece. Em sua homenagem ao escrito de um professor de nome Hufeland, "Sobre a arte de prolongar a vida humana", Kant define a "filosofia moral-prática" como uma "medicina universal", que deve servir para *deter* doenças"[120]. A "tarefa dietética mais elevada" consiste em *se tornar "mestre de sentimentos doentios por meio do mero firme propósito"*[121]. A "força [moral] da mente" adia a morte. Essa "ética aplicada" deve garantir uma vida longa. A "arte de prolongar a vida humana" é um retrato alegórico de um trabalho de luto que atualiza o discurso kantiano.

Tanto o rir quanto o chorar dispõem a mente de maneira contente, efetuam assim, segundo Kant, uma libertação do "impedimento da força vital por meio do desaguar"[122]. Mas o

---

119. *Der Streit der Fakultäten* [O conflito das faculdades], p. 100s.

120. Ibid., p. 98.

121. Ibid.

122. *Anthropologie in pragmatischer Hinsicht* [Antropologia de um ponto de vista pragmático], p. 255.

"homem" [*Mann*] não deveria, por princípio, chorar, a não ser "pela participação generosa, mas impotente no sofrimento do outro". Mas, também nesse caso, as lágrimas devem apenas "brilhar" nos olhos. Elas não podem "pingar". No brilho das lágrimas contidas, o sujeito vê o seu próprio brilho, o brilho do seu poder e liberdade. A proibição de não permitir que as lágrimas pinguem equivale à coação para o si. O "soluço" é, para Kant, uma "música repugnante"[123]. Como aquele canto na oração, que perturba o "negócio dos pensamentos", o soluço gera repulsa. Ele obrigaria ao outro a, contra a sua vontade, chorar junto. Kant diria que falta ao soluço, assim como à música, "urbanidade". Essa exteriorização afetiva, que seria a expressão de da passividade extrema, seria inadequada à cultura da "razão nunca passiva". O homem heroico não pode deixar as lágrimas correrem. As lágrimas contidas, vistas apenas brilhando nos olhos, faz com que sua "razão nunca *passiva*" reluza.

Interessantemente, um vocabulário fortemente marcado pela economia domina o

---

123. Ibid., p. 256.

discurso kantiano. Nisso, ele não é meramente exterior a esse discurso. Antes, esse discurso se organiza segundo matrizes econômicas. Tudo que se relaciona a inclinações e a carências tem, segundo Kant, um *"preço de mercado"*. E "aquilo que, sem se pressupor uma carência, é conforme a um certo gosto, ou seja, a um prazer no mero jogo sem finalidade de nossas faculdades mentais", tem, em contrapartida, um *"preço de afecção"*. A moralidade, em contrapartida, "não [tem] um valor meramente relativo, ou seja, um preço, mas sim um valor, ou seja, *dignidade*"[124]. Todo preço relativo tem um valor de troca: "Daquilo que se tem um preço pode-se, em seu lugar, por também alguma outra coisa como *equivalente*; o que, em contrapartida, está acima de todo preço, de modo a não admitir equivalente, isso tem uma dignidade"[125]. A decisão sobre se uma ação é ou não moral não é tomada segundo o critério de uma lei do mercado comum: "[...] também aqui a virtude só vale tanto porque ela custa

---

124. *Grundlegung zur Metaphysik der Sitten* [Fundamentação da metafísica dos costumes], p. 434s.

125. Ibid., p. 434.

tanto, e não porque ela traz algo"[126]. O negócio moral não é uma atividade lucrativa. Ele não traz, a saber, nada. A moral se furta à lei mercantil-econômica comum, e é nisso que consiste a sua santidade: "Essa avaliação dá a conhecer, então, o valor de um tal tipo de pensamento como a dignidade, e a coloca infinitamente acima de todo preço, com o qual ela não pode de modo algum ser posto em embate ou comparação, sem que se deixe escapar, por assim dizer, a santidade da mesma"[127]. Apenas àqueles que tem uma "mente selvagem" ou "inculta" deve um estímulo econômico levar à ação moral: "De fato, não se pode contestar que, para trazer uma mente ainda inculta ou também primitiva primeiramente nos trilhos do bem moral seriam necessárias algumas instruções preparatórias de prendê-la para a sua própria vantagem ou assustá-la por meio do dano; só que, assim que essa máquina, essa andadeira tiver feito apenas algum efeito, então o fundamento puro moral do movimento

---

126. *Kritik der praktischen Vernunft* [Crítica da razão prática], p. 156.

127. *Grundlegung zur Metaphysik der Sitten* [Fundamentação da metafísica dos costumes], p. 435.

tem de ser trazido inteiramente à alma [...]"[128]. Kant tenta, de fato, purificar a moral da economia, do "preço". Mas ela sempre recai novamente no econômico. Ou ele se vale de um cálculo econômico no impulso de fundamentação. Assim, uma economia de troca impurifica a sua reflexão moral: "Ainda pensa um *quarto*, que vai bem, ao ver que outro tem de lutar com grande esforço (e a quem ele poderia muito bem ajudar): o que eu tenho a ver com isso? Que cada um seja tão feliz quanto o céu quiser ou quanto ele mesmo se puder fazer, eu não posso tirar nada dele, sim, nem mesmo invejar; apenas não tenho vontade alguma de contribuir para o seu bem-estar ou para o seu estado de necessidade! [...] Mas por mais que seja possível que pudesse existir uma lei natural universal segundo aquela máxima: ainda assim, é impossível *querer* que tal princípio valha como lei da natureza. Pois uma vontade que decidisse isso conflitaria consigo mesmo, pelo fato de que poderiam ocorrer de fato casos onde ele precisaria do amor e participação de outros, e nos quais ele, por meio de

---

128. *Kritik der praktischen Vernunft*, p. 152.

uma tal lei da natureza surgida de sua própria vontade, furtaria de si mesmo a esperança de auxílio que ele desejaria [ter]"[129].

Para Kant, apenas ao amor por dever se pode atribuir um valor moral: "Porque o amor por inclinação não pode ser oferecido, mas fazer o bem pelo próprio dever, se nenhuma inclinação leva a isso, sim, se [uma] aversão completamente natural e incoercível resiste [a isso], é amor *prático* e não *patológico*, que reside na vontade e não na encosta da sensação, em princípios da ação e não na participação amolecedora; apenas aquele, porém, pode ser oferecido"[130]. Kant mantém a expressão amor, por mais que o amor por dever não seja mais, na prática, amor. O amor por inclinação é "nebuloso". Falta a ele a estabilidade que seria um dos critérios mais importantes da valoração econômica. Primeiramente, é preciso ter amado a "lei" e o "verdadeiro si" que dá a lei, antes de se voltar ao outro. O amor como inclinação é uma mera "encosta da sensação". O amante sem "princípio" é, para Kant, um "mau san-

---

129. *Grundlegung zur Metaphysik der Sitten* [Fundamentação da metafísica dos costumes], p. 423.

130. Ibid., p. 399.

to"[131]. O amor "*prático* e não *patológico*" não tem nem "preço de mercado" nem "preço de afecção". *Ele não está, porém, acima de toda economia, acima de toda categoria de preço.* Ocultamente, Kant mantém registro de ganhos e perdas. Como toda ação moral, ele [o amor] estará emaranhado em uma economia: "[...] Esse juízo é, de fato, apenas o efeito da importância já pressuposta das leis morais (se no separamos do interesse empírico por meio da ideia da liberdade); mas que nos separemos desse [interesse empírico], ou seja, que nos consideremos como livres no agir e assim, devamos nos considerar, todavia, submetidos a certas leis, a fim de encontrar um valor meramente em nossa pessoa que nos poderia *compensar* de toda perda daquilo que dá a nossa condição um valor [...]"[132]. A moral deve se dar para além da economia. Mas ela se manifesta, contudo, como um negócio. Na renúncia ao prêmio finito, o negócio moral ou sagrado espera por um prêmio ou ganho *infinito*. Continua-

---

131. *Beobachtungen über das Gefühl des Schönen und Erhabenen* [Observações sobre o sentimento do belo e do sublime], p. 222.

132. *Grundlegung zur Metaphysik der Sitten* [Fundamentação da metafísica dos costumes], p. 450 [destaque do autor].

-se a negociar, então, em um mercado sagrado. Por desvios, a economia é restaurada. A economia da compensação, da equivalência, da acumulação e da posse organiza o negócio sagrado da moral. O sujeito que suporta pacientemente a dor moral espera, secretamente, por uma "compensação". A renúncia à economia do uso [*Nutzens*] promete um uso infinito: "[...] tão logo essa maquinaria, essa andadeira tenha tido apenas algum efeito, então o fundamento puro e moral do movimento tem de ser inteiramente trazido à alma, fundamento que não apenas pelo fato de que ele é o único que fundamenta um caráter (tipo de pensamento prático e consequente segundo máximas imutáveis), mas também porque ele ensina ao ser humano a sentir sua própria dignidade, dá à mente uma força por ela mesma inesperada de se desvincular de toda afeição sensível, na medida em que ela quiser ser dominante, e encontra, na independência de sua natureza inteligível e na grandeza de alma para a qual ele se vê destinado, *rica compensação* para o *sacrifício* que ele oferece"[133]. A moral kantiana,

---

133. *Kritik der praktischen Vernunft* [Crítica da razão prática], p. 152 [destaque do autor].

que se imagina livre de toda economia, segue, porém, a uma *economia do sacrifício*. Não se trata, aqui, de um doar sem fundamento, sem-fundo [*ab-gründigen*]. Antes, a essa economia se liga uma promessa de compensação ou recompensa. O negócio moral kantiano não sofre a menor perda. Ele trabalha sempre de modo a obter ganhos. Ele fornece à mente não apenas o sentimento de força e de poder. Além disso, ele adquire bem-aventurança [*Glückseligkeit*] e imortalidade.

A economia da equivalência é determinante para o bem supremo: "Nessa medida, agora, virtude e bem-aventurança conjuntamente constituem a posse do bem supremo em uma pessoa, aqui porém constituem também a bem-aventurança distribuída exatamente na proporção da moralidade (como valor da pessoa e do seu merecimento de ser feliz), o *bem supremo* de um mundo possível [...]"[134]. É interessante a ênfase na expressão "exatamente na proporção". Ela espelha a rigorosidade do negócio de luto kantiano. A bem-aventurança deve ser "distribuída" "exatamente na proporção da

---

134. Ibid., p. 110.

moralidade". Um "Deus" da moral deve contar as lágrimas e convertê-las em bem-aventurança. A dor que anda lado a lado com o esforço pela moralidade é, porém, compensada. Aquela moeda sagrada deve, porém, ser distinta da moeda comum, à qual se renuncia. Investe-se para um ganho posterior. O bem tem, então, um *preço especulativo*, que deve ser maior do que o "preço de mercado" atual.

O "querer completo de um ser racional" se manifesta como desejo por uma totalidade. O negócio moral deseja, a saber, o bem como um todo, que abrange mais do que o "mais elevado", ou seja, do que o mais valioso de todos os bens. O *desejo da razão* se direciona à *posse* do todo: "O primeiro [o mais elevado, *supremum*] é aquela condição que é ela mesma incondicionada, ou seja, que não está subordinada a nenhuma outra (*originarium*); o segundo [ou seja o completo, *consummatum*] aquele todo que não é uma parte de nenhum todo maior do mesmo gênero (*perfectissimum*)"[135]. A virtude é, de fato, segundo Kant, como "merecimento de ser feliz", o "bem *mais elevado*", mas

---

135. Ibid.

ainda não é o "bem inteiro e completo". Apenas virtude *e* bem-aventurança prometem o "todo", a "*posse* do bem supremo".

Uma das condições para a "efetivação do bem supremo" é uma "existência que perdura ao *infinito*", a saber, a "imortalidade da alma". Nenhum "ser racional do mundo dos sentidos" é capaz, "em nenhum instante de sua existência", da "*completa adequação* das disposições à lei moral", da "santidade". A *paz* completa, que não seria perturbada pela voz do *outro*, o instante afortunado do *recolhimento* infinito, da absoluta *posse-de-si*, onde não se escutaria mais nada fora a voz do "si verdadeiro", é impossível para "seres dependentes dos objetos da sensibilidade". O objeto impossível do desejo faz jus ao "esforço incessante" "mesmo para além desta vida"[136]. São inclinações e desejos, a saber, a hétero-afecção que impede a vontade de alcançar uma adequação completa à lei moral. A completude moral, a saber, a "santidade" é, porém, "exigida como praticamente necessária". Assim, torna-se necessário um "progresso ao infinito". Para que o discur-

---

136. Ibid., p. 123.

so sobre o "progresso" "para além desta vida" permaneça dotado de sentido, é preciso postular um curso do tempo duradouro, sucessivo, que não se distingue essencialmente da temporalidade "desta vida". O *progressus* pressupõe, além disso, a sensibilidade *contra a qual* se volta o "esforço" moral em nome da "santidade". Ou seja, o "esforço incessante" da alma é dependente da temporalidade e da sensibilidade. A morte, ou seja, o fim "desta vida" não pode, então, produzir nenhuma censura decisiva. A condição dominante antes da morte, que é responsável pelo desvio da vontade da lei moral, precisaria continuar a existir, a fim de que um "esforço" moral fosse possível. Ou terá a alma de continuar o trabalho de purificação depois da morte, e, de fato, infinitamente, pois ela não pode desfazer as ações imorais feitas no "mundo dos sentidos", pois não há, a saber, nenhum *perdão*? Seria preciso então, rem-iniscentemente [*er-innernd*], continuar infinitamente o trabalho de luto ou, em outras palavras, o trabalho de purificação?

Segundo o "Fédon", a alma que "fugiu do corpo" em vida, consegue, na morte, uma libertação do corpo, que distrai. Ela "se livra puramente", "não traz nada do corpo consigo". "Livre do erro e da ignorância, medo e amor selvagem e de todos os outros males humanos", lhe é concedida uma bem-aventurança[137]. Para essa alma feliz, que se unifica com o infinito na morte, torna-se supérfluo o *progresso* que vai ao *infinito*", pois já a morte sela o casamento com o infinito. A nenhuma alma seria concedida, segundo Kant, essa felicidade. A alma imortal permanece *finita* até o infinito. Permanece-lhe recusado o recolhimento absoluto. Para que um "esforço incessante" seja, porém, possível, a alma terá, ainda, de arrastar o corpo consigo, como aquela alma infeliz de Platão que apenas "se separa do corpo manchada e impura". Do "progresso ao infinito" deve participar não apenas a alma, mas também o corpo em uma "existência que perdura ao infinito". A infinitude ou a imortalidade corpo perpetuaria, de fato, o esforço moral. Mas a sua existência que perdura ao infinito distrairia infinitamente, ao mesmo tempo, a alma, a desviaria da lei moral. Seria impossível um recolhimento absoluto da alma. A esperança

---

137. PLATÃO. *Fédon*, 80e ss.

terá de ser direcionada, então, não à perduração, que simplesmente prolongaria a constituição do ser *antes* da morte ao infinito, mas sim a um *ser constituído de modo inteiramente diferente*. Isso não pressupõe necessariamente, porém, o infinito per-durar [*Fort-Dauer*], a "imortalidade da alma" a que Kant se aferra.

Lévinas interpreta o postulado da imortalidade da alma de Kant de modo muito obstinado. A esperança de Kant se dirige, segundo Lévinas, não ao "prolongamento da vida", como "extensão do tempo antes da morte depois da morte"[138], a "nenhum além que prolongaria o tempo"[139], mas sim a uma "dimensão da originalidade [*Ursprunglichkeit*]", que "não representa um desmentir do tempo finito, mas sim um outro sentido do que o tempo finito *ou* infinito"[140], a saber, a uma "*outra* temporalidade": "Depois da morte o tempo não continua [tal] como ele chegou à morte"[141]. Assim, a esperança de Kant por uma "imorta-

---

138. LÉVINAS, E. *Gott, der Tod und die Zeit* [Deus, a morte e o tempo], p. 70.

139. Ibid., p. 73.

140. Ibid., p. 73s.

141. Ibid., p. 75.

lidade da alma" pressupõe, para Lévinas, uma ruptura radical ou uma "descontinuidade" em relação ao tempo. Ela não vai, segundo Lévinas, ao encontro de uma "necessidade de sobreviver". Essa interpretação não deixa de ser problemática. A contra-fórmula de Kant para a morte, a saber, a posse-de-si infinita vai, certamente, além do mero "sobreviver". Mas o postulado da imortalidade da alma não pressupõe nenhuma experiência do tempo inteiramente "outra". A leitura de Kant de Lévinas não leva em conta, a saber, aquela estratégia econômica ou poderio-econômica que organiza inteiramente a teoria moral kantiana. Determinante para sua economia não é a "descontinuidade", mas sim uma acumulação ou ampliação *contínua*. Kant fala do "crescimento" da "completude da natureza"[142]. Assim, a "duração" [*Dauer*] se mostra como uma *per-duração* [*Fort-Dauer*] sem fim, contínua: "[...] eu *quero* [...] que minha duração seja sem fim, persisto nisso e não deixo que me tirem essa crença; pois é unicamente nisso que meu interesse, pois não me é *permitido* diminuir nada no

---

142. *Kritik der praktischen Vernunft* [Crítica da razão prática], p. 123.

mesmo, determina inevitavelmente meu juízo [...]"[143]. O tremendo "interesse" de Kant porta o luto. Ele é nutrido pelo trabalho de luto que consiste em matar a morte.

A duração que deve ser "sem fim" não marca nenhuma transcendência. Ela não transcende, a saber, a temporalidade *antes* da morte em uma "outra temporalidade". Não se espera, em Kant, nenhum *tempo do outro* para além do *tempo do si*. A "*minha* duração" não pode ser aproximada daquela "duração" de Lévinas "que se furta a todo o querer do eu, residindo absolutamente fora da atividade do eu", uma "duração", portanto, que temporaliza, como *tempo do outro*, uma pura "passividade"[144]. A "duração que continua ao infinito" de Kant promete, antes, um sustento infinito para uma *atividade* pura, na qual o sujeito não é afetado por nada estranho, para uma absoluta interioridade, que não *envelhece*, já que não *sofre* nada. A alma kantiana não quer apenas "ser-aí" [*dasein*] "infinitamente", mas sim *ser* [*sein*] *o infinito*. O infinito para o qual a ética de Lévinas

---

143. Ibid., p. 143.

144. LÉVINAS, E. *Wenn Gott ins Denken einfällt* [Do Deus que vem à ideia]. Freiburg/Munique, 1985, p. 246.

se dirige deve em Kant, porém, ser alcançado não por meio de uma descontinuidade, mas sim por meio de uma continuidade. A expressão de fato prosaica "sem fim" enfatiza a continuidade da perduração, e a constância do *trabalho* infinito; Paradoxalmente, Kant, em seu desejo pelo infinito, tem em conta a finitude da existência humana.

Para Kant, aquele *envelhecimento*, que caracteriza, em Lévinas, a fórmula do tempo da "passividade" que não pode ser incorporada na atividade do eu[145], seria uma humilhação para a "razão", cujo ideal seria um *actus purus* [ato puro], pois a "razão nunca *passiva*" não *envelhece*. De uma maneira muito sutil, a teoria moral kantiana trabalha na *eliminação da morte*. O *negócio moral* deve *gerar* a vida infinita que seria o *fim da morte*. Por meio da "esperança" kantiana reluz o ressentimento contra a mortalidade humana. Em seu fundamento se encontra aquele desejo de *matar a morte*.

---

145. Ibid., p. 246. Cf. tb. LÉVINAS, E. *Jenseits des Seins oder anders als Sein geschiet* [Outro que o ser ou além da essência]. Freiburg/Munique, 1992, p. 125.

II
Minha vida

> Quando me angustio não estou bem (em qualquer sentido).
> HANDKE, P. *Fantasias da repetição.*

> Movo-me de preferência em outras pessoas e por muito tempo não encontro o caminho para fora.
> CANETTI, E. *Notas de Hampstead.*

Um heroísmo do si domina a análise heideggeriana da angústia e da morte. O ser-aí faz um uso heroico da angústia. Ela retém aquele "instante" "*do salto*"[146], no qual o ser-aí, por assim dizer faz *saltar* o "si verdadeiro" ou a "au-

---

146. *Sein und Zeit* [Ser e tempo], p. 344.

to-subsistência"[147]. Em vista da morte, desperta uma "decisividade oculta, que demanda a angústia", para *si*[148]. Na morte ou na angústia o ser-aí exerce poder. Como na analítica kantiana do sublime, uma sutil economia do poder estrutura o lugar da angústia e da morte. Um ser heroico para a morte faz com que a "impotência" se converta no "predomínio do *se* projetar oculto, pronto para a angústia"[149]. Em vista da "possibilidade da impossibilidade *desmedida* da existência"[150], o ser-aí apanha o seu "si verdadeiro" como a instância doadora de *medida*. À "possibilidade extrema" de "entregar *a si mesmo*", ele responde com uma ênfase do si. A morte como possibilidade extrema da "entrega de si"[151] é interiorizada pela possibilidade do poder-ser-*si-mesmo*. Ela é "um modo de ser", a saber, a possibilidade extraordinária de ser o si: A morte *é* o si. Morrer, significa, portanto; "'Eu sou', ou seja,

---

147. Ibid., p. 322: "*Auto-subsistência* significa, existencialmente, nada senão a decisividade que avança (para a morte)".

148. Ibid.

149. Ibid., p. 385 [destaque do autor].

150. Ibid., p. 262 [destaque do autor].

151. Ibid., p. 264.

eu seria meu eu mais próprio"[152]. Heidegger poderia, então, ter formulado cartesianamente: *morior ergo sum* [morro, logo existo].

A única morte *humana* é, para Heidegger, *minha* morte, cujo traço fundamental é a "irreferencialidade" [*Unbezüglichkeit*]. Em vista da morte, o ser-aí "recusa", a saber, "todo ser-com com outros", pois ele "*demanda*" o ser-aí "*como singular*"[153], "singulariza o ser-aí nele mesmo"[154]. Nessa "irreferencialidade" são "dissolvidas todas as referências a outros seres-aí"[155]. Inere no *meu* o esforço pela posse de si. Em certo sentido, aquele "se" do qual o ser-aí se afasta explicitamente no "avanço para a morte", na decisividade para si, encarna a heteronomia. Ela é contraposta à "auto-subsistência" [*Selbst-Ständigkeit*]. Apesar de todas as diferenças, essa "auto-subsistência" se assemelha, em sua estrutura profunda, à constituição da "razão autônoma" ou do "si verdadeiro" em Kant. A "decisividade

---

152. HEIDEGGER, M. *Prolegomena zur Geschichte des Zeitbegriffs* [Prolegômenos à história do conceito de tempo], p. 433 [Gesamtausgabe, vol. 20].

153. *Sein und Zeit* [Ser e tempo], p. 263.

154. Ibid.

155. Ibid., p. 250.

que avança" "obriga" o ser-aí "a tomar de si mesmo a possibilidade de seu si mais próprio a partir de si mesmo"[156]. Essa retirada para o "si mais próprio" não significa, certamente nenhum "estrangulamento" do ser-com do ser-aí. Mas *minha* morte reduz massivamente o ser-com. Ele é apenas um dos tipos de morte possíveis. Heidegger absolutiza, porém, esse tipo de morte como a única morte humana "autêntica". Um tipo inteiramente outro de morte seria aquele que levaria não para a "irreferencialidade", mas sim à *referencialidade*, não ao si, mas ao outro, a saber, a morte que consegue romper no sentido do outro o nó endurecido do si.

A – Ser-com

> Desespero dos heróis sobre a eliminação da morte.
> A morte é múltipla, mas ela se porta de bom grado como se ela fosse simples.
> CANETTI, E. *O sofrimento das moscas.*

---

156. Ibid., p. 264.

O assim chamado "Se" [*Man*][157] não é, na verdade nem "esquecido de si" nem "perdido de si", pois um antagonismo que não seria possível sem o interesse do si marca o ser-com cotidiano: "O [ser] um com o outro no Se não é absolutamente e de modo algum um [estar] um ao lado do outro fechado e indiferente, mas sim um tomar-cuidado-um-com-o-outro tenso e ambivalente, um secreto se-escutar-às-escondidas--recíproco. Sob a máscara do para o outro atua um contra o outro"[158]. Essa conta o outro hostil não seria, assim continua Heidegger, "provocado" primeiramente pelo ser-aí individual; ele não teria surgido da "intenção de dissimulação e distorção"[159]. Ele reside "já no ser-um-com--o-outro como o ser-um-com-o-outro *lançado* em um mundo"[160]. No fundamento do contra o outro não se encontra, então, nenhuma disposição explícita. A hostilidade não é propriamente intencionada. Ela pertence, por assim dizer, à *natureza*, às *inclinações naturais* do ser-

---

157. Cf. nota 14 [N.T.].

158. Ibid., p. 175.

159. Ibid.

160. Ibid.

-aí. A *natureza* na qual o ser-aí é, evidentemente, *"lançado"*, seria, assim, situada não na amabilidade, mas sim no hostil contra o outro. Heidegger acrescenta, então, que *se* defender-se-ia contra essa "interpretação do modo de ser do ser exposto [*Ausgelegtheit*] do Se": "Seria um mal-entendido, caso se quisesse sustentar a explicação desse fenômeno por meio da concordância do Se"[161]. O filósofo que especula aqui não se volta para a aprovação "pública", pois o espaço público é povoado pelo Se. Sua interpretação não "se sustenta" por meio da confirmação do Se. Ele é ignorante. O espaço público do Se não pode colocar em questão o saber do filósofo. Ele nem sequer toma nota dessa ignorância. Heidegger sabe, porém, que é assim que as coisas são com o modo de ser do Se. O filósofo é em seu discurso, portanto, *solitário*. Ele não é um Se. Ele, no mínimo, não terá sido sempre [um] Se. O filósofo que reflete sobre o modo de ser do Se é dispensado do espaço público. Ele sabe o que não *se* sabe, sim, mesmo o que se contestaria. Sua fala *solitária descobre*, traz à fala o que permanece escondido para a

---

161. Ibid.

maioria. O filósofo solitário demanda a "verdade". A solidão seria, para Heidegger, o traço essencial da "verdade".

O contra o outro antagonista pressupõe necessariamente um si que está *interessado* no poder e na sobrevivência. Mas nem o poder nem a sobrevivência pertencem à categoria da análise heideggeriana do ser-aí. No cuidado do Se se agita, porém, um si que a análise do ser aí não consegue descrever. Do contra o outro Heidegger fala apenas de passagem. O Se como portador do contra o outro não é, sem mais, idêntico com aquele Se que surge, em amplos trechos da análise do ser-aí, como uma massa pública: "No uso dos meios públicos de transporte, no uso do ser de notícias (jornal) todos são outro como o outro. Esse ser-um--com-o-outro dissolve o ser-aí próprio inteiramente no modo de ser "dos outros", e de fato de modo que o outro desaparece ainda mais em sua distinção e expressividade. Em sua discrição e não-constatabilidade, o Se desenvolve a sua ditadura própria. Regozijamo-nos e nos deleitamos, como *se* se regozija; lemos, vemos e julgamos sobre literatura e arte, como *se* vê e julga [...]. O Se, que é não é [algo ou alguém] determinado e que todos são, por mais que não como soma, prescreve o modo de ser do cotidiano"[162]. Esse Se como massa pública não pode, porém, explicar o antagonismo do contra o outro cotidiano. Problematicamente, Heidegger não distingue entre o Se como um indivíduo e o Se como uma massa coletiva.

O "ser-com cotidiano, médio" é, segundo Heidegger, marcado pelos modos deficientes de "cuidado", a saber, pelo "ser-contra, ser-sem-o--outro, o passar-ao-lado-um-do-outro, o não--abordar-um-ao-outro": "O cuidado como organização social fática, por exemplo, fundamenta a constituição do ser-aí como ser-com. A sua penetração fática está motivada no fato de que o ser-aí primeira e geralmente se detém em modos deficientes do cuidado"[163]. Não é colocada por Heidegger, porém, a pergunta sobre por que *se* é "primeiramente e geralmente" hostil ou indiferente em relação ao outro. Segundo Heidegger, ela remeteria simplesmente à "natureza" do Se, contra a qual o "cuidado" como organização *social* se dirigiria. Quem, porém, é

---

162. Ibid., p. 126s.

163. Ibid., p. 121.

aquele si, que estaria, evidentemente, no fundamento da natureza "hostil"?

Segundo Heidegger, o "ser-com cotidiano, mediano" não se esgotaria nos modos deficientes de cuidado. Haveria, a saber, também modos positivos de cuidado. A primeira forma deles, a saber, o cuidado "contribuinte-dominador" tira a preocupação do outro: "Esse cuidado assume aquilo que deve ser cuidado para o outro. Esse é, nisso, tirado de sua posição, ele se retira para, posteriormente, apropriar-se do cuidado como prontamente disponível, ou seja, para se desonerar inteiramente disso"[164]. Essa representação, porém, não ocorre em nome do outro, pois o outro se torna, assim, "dependente" e "dominado". Assim, ela é uma forma de "domínio". Se se apodera do outro ao torná-lo dependente de si. Inere a ele, então, um esforço-[pelo]-eu. Ela é marcada por um interesse de poder e de domínio. É pressuposto, portanto, um si como portador do interesse de poder. Além disso, aquele "'cuidado' como organização social fática" não pode ser remetido nem ao cuidado "contribuinte-dominador"

---

164. Ibid., p. 122.

[*einspringend-behersschende*] nem à segunda forma do cuidado positivo, a saber, o cuidado "saltador-libertador" [*vorspringend-befreiende*], que, em vez de tirar a "preocupação" do outro, tenta "na verdade devolvê-la como tal": "Esse cuidado, que diz respeito essencialmente à preocupação autêntica – ou seja, à existência do outro, e não a um *algo* de que ele cuida, auxilia o outro a se tornar transparente *em* sua preocupação e tornar-se *livre para* ela"[165]. Essa forma de cuidado não é, porém, o objetivo do cuidado "social". Ele certamente escapa à análise heideggeriana do ser-aí.

O ser-aí é, segundo Heidegger, desde sempre um ser-com, e, de fato, "primeiramente" "no conhecer entendedor daquilo que o ser-aí encontra e cuida ambiental e cautelosamente com os outros"[166]. Por causa da "compreensão do outro"[167] pré-temática, a mão que cuida sabe sempre sobre o outro. Mas ela é "primeira e geralmente" direcionada contra o outro. *Quem*, porém, é esse ser-aí que se volta contra o ou-

---

165. Ibid.

166. Ibid., p. 124.

167. Ibid., p. 123.

tro, que engana, espreita e tem "encontros invejosos"? Ele não pode ser aquele Se anônimo, que representa a média, a massa pública-coletiva. Sobre o Se, Heidegger escreve: "Todos são o outro e nenhum é ele mesmo. O *Se*, com que se responde a pergunta pelo *quem* do ser-aí cotidiano, é o *ninguém*, ao qual todo o ser-aí no estar-entre-outros já se entregou"[168]. O ser-aí não é "si mesmo no nascer no mundo [que é] cuidado, ou seja, ao mesmo tempo no ser-com com os outros"[169]. Ele é "primeira e geralmente" um "ninguém": "*Primeiramente* não 'sou' 'eu' no sentido do si autêntico, mas os outros no modo do Se"[170]. Quem seria, então, contra quem? Que sentido teria a fala sobre o "contra o outro", se todos fossem o outro? A "ditadura" do Se, se ela existisse de algum modo, suspenderia certamente a singular mesmidade [*Selbstheit*] de todo ser-aí. Mas a "ditadura" da *terceira* pessoa não explica o interesse-em-si-mesmo da *primeira* pessoa. Todo Se seria, primeiramente, um *para-si*. O mero "Eu-Eu"

---

168. Ibid., p. 128.

169. Ibid., p. 125.

170. Ibid., p. 129.

do Se[171] não aponta simplesmente para o fato de que o Se "foge do autêntico poder-ser", para o fato de que a média pública seria degenerada. Fala a partir do "Eu-Eu", justamente, um *interesse no si*. Pelo "Eu-Eu" fala, justamente, o *interesse no si*. Aquele "contra o outro" certamente se remeteria a esse eu que *se* [*sich*] quer. Nenhuma solidariedade, nenhuma amabilidade determina o "espaço público do Se". O si do Se nunca toma a decisão pelos outros. Antes, um cálculo voltado ao *meu* ganho determina *minha* decisão. O Se que se esforça pela maximização do ganho e do sucesso não seria "ninguém". A sociedade do Se seria aquela que funciona segundo a economia da apropriação, do poder e da sobrevivência. Para se fazer trocas comerciais [*Handel*] no mercado público *se* terá, certamente, de se falar uma língua que é *moeda comum de troca* [*handelsüblich*], a saber, a língua mediana do Se. Mas essa comunidade pública e a sua língua são portadas pelo si, pelo Eu que *se* quer.

---

171. Ibid., p. 322: "O Se-mesmo diz o mais alto e frequentemente Eu-Eu, pois ele, fundamentalmente, *não é autenticamente* ele mesmo e foge do autêntico poder-ser".

O mundo do Se de Heidegger, no qual se vê e julga, como *se* vê e julga é, certamente, um mundo imaginário. Não a concórdia, mas sim o conflito de interesses e opiniões reproduz o "espaço público" "cotidiano" mais adequadamente. Evidentemente, Heidegger não tem nenhuma sensibilidade para o conflito. E, aquém da "ditadura" da terceira pessoa, do Se, move-se o si da primeira pessoa. Traria consigo a "existência autêntica", que se deve ao "avanço para a morte", também uma relação radicalmente mudada do ser-aí com o outro? Conseguiria ela transformar aquele contra o outro em para o outro, na amabilidade?

"Primeira e geralmente" o ser-aí se comporta em relação à morte na indiferença do "se morre": "A análise do 'se morre' desvela inequivocamente o modo de ser do ser cotidiano para a morte. Ela é entendida em tal discurso como um algo indeterminado, que deve incidir em algum momento inevitavelmente a todos, primeiramente, porém, *ainda não existe* para um si e, por isso, é inofensiva. O 'se morre' difunde a opinião de que a morte atingiria, por assim dizer, o Se. A interpretação do ser-aí pública diz: 'morre-se', pois, assim, pode-se incluir a todos os outros e não a si mesmo: não justamente eu; pois esse Se é o *ninguém*. O 'morrer' é nivelado a um incidente que, de fato, atinge o ser-aí, mas não pertence propriamente a ninguém"[172]. A "fuga" ou o "esquivar-se" determina a relação do Se com a morte. Ao mesmo tempo, porém, Heidegger constata no Se o "medo do falecimento"[173]. Pode ser que o "domínio do ser exposto público do Se" perceba a morte na indiferença do "se morre". *Quem*, porém, é o "indivíduo", que *se* apavora diante da morte?

O temente é, para Heidegger, esquecido-de-*si*. No exemplo da "casa pegando fogo" ele torna concreto o esquecimento de si do morador: "A saída esquecida diante de um poder ser fático, decidido, se detém nas possibilidades do se salvar e escapar que já foram cautelosamente descobertas anteriormente. O cuidado que teme a si mesmo pula, pois é esquecido de si e, por isso, não *apanha* nenhuma possibilidade *determinada*, da próxima [possibilidade] à próxima [possibilidade]. [...] Ao esquecer de

---

172. Ibid., p. 253.

173. Ibid., p. 251.

si no temor pertence esse *presentificar confuso* do próximo-melhor. É conhecido que, por exemplo, o morador de uma casa em chamas frequentemente 'salva' o mais indiferente, [por ser] o mais próximo ao seu alcance"[174]. Nota-se primeiramente que o temente, apesar de seu esquecimento de si e de sua "confusão", apanha a possibilidade mais próxima do salvar e do *se*-salvar. Ele salva, de fato, *a si* e a *seu* "instrumento". Como esse *se* [*Sich*] se deixaria determinar mais exatamente? Em que medida esse si se distingue daquele si que o temente supostamente "esquece"? O temente está preocupado *consigo*, com a *sua sobrevivência*. Ele *se* [*sich*] atemoriza diante da morte. O temente pode ser "esquecido de si", permanece, porém, referido a si. Sua camada intencional profunda não é essencialmente distinta daquela de um agente consciente. Em uma remissão consciente ao si se poderá, certamente, apanhar a salvação de coisas "mais importantes" como a sua possibilidade mais própria. Moveria, porém, a decisividade, que supostamente falta inteiramente ao temente, o ser-aí a, por exemplo,

---

174. Ibid., p. 342.

arriscar a sua vida a fim de salvar o outro, que se encontraria na "casa em chamas", mas que ele, caso contrário, teria esquecido inteiramente? Apenas quem, em seu temor diante da morte do outro, conseguisse esquecer inteiramente *a si mesmo* seria capaz dessa ausência de si. Claramente, Heidegger não conhece essa *decisividade para o outro* esquecida de si.

Heidegger conhecia, todavia, um "temer por...": "Temer por [...] é um modo do se-encontrar-com [*Mitbefindlichkeit*] com o outro, mas não necessariamente um se-atemorizar--com [*Sich-mitfürchten*] ou mesmo um temer-um-com-o-outro [*Miteinanderfürchten*]. Pode-se temer por [...] sem se atemorizar. Visto exatamente, porém, o temer por [...] é, sim, um *se*-atemorizar. 'Temido' aí é o ser-com com o outro que poderia ser arrancado de alguém"[175]. É prenhe de consequências essa observação de Heidegger sobre o "Temer por..." Se teme pela morte do outro, pois isso poderia significar a *minha* perda. É desconhecido para Heidegger um temer *intransitivo* pela morte do outro, que, porém, não precisa ser um

---

175. Ibid., p. 142.

se-atemorizar. O si ainda regula esse "Temer por..." No temer pelo outro se está, segundo Heidegger, preocupado primeiramente consigo mesmo. Do seu ponto de vista, o temer não seria, por fim, nenhuma "confusão" "desprovida de si" ou "esquecida de si". Antes, inere a ele um *se*-querer, um interesse por *si*. Sua intencionalidade permanece um direcionado--a-*si*. Não o "esquecimento" do si "constitutivo para o temor"; mas, antes, um esforço-eu "selvagem", "sem consideração" faria com que o ser-aí "ande de um lado para o outro" entre "possibilidades 'mundanas'"[176]. O temente *se* atemoriza. Quem é esse *se* [*Sich*] ou esse si "esquecido de si" que conduz a intencionalidade do temor? E quem é o "si" que o temente deve ter "esquecido"?

Trata-se, aqui, claramente de duas formas do si, que se correlacionam com dois tipos de morte. A morte que é acessível ao temor é o "falecer", ou seja, o fim da vida. Permanece fechado ao temor aquele tipo de morte que se abre à angústia. A morte acessível à angústia não é o "falecer", mas o "morrer", que Hei-

---

176. Ibid., p. 344.

degger compreende como a possibilidade do "poder-ser-si-mesmo". A morte como morrer não é o mero fim da vida. O "temor diante do falecer" é, segundo Heidegger, uma "disposição 'fraca'"[177]. Ela não é *heroica*. A "existência autêntica", em contrapartida, se volta heroicamente para a angústia. Ela seria uma disposição "forte", que comunicaria [*vermittelt*] primeiramente ao ser-aí o seu "si mais próprio". O si que inere ao se-apavorar seria não-mediado [*un-vermitteltes*], um [si] natural. Ele não teria ainda, para falar com Hegel, nenhuma "verdade". Seria primeiramente o *risco de morte* que abriria o ser-aí ao verdadeiro si. O temente, porém, não *consegue* a morte. Falta a ele a liberdade para a morte. O ser-aí encontraria [o caminho para] o si autêntico, para o autêntico *eu sou* apenas pelo fato de que ele *consegue* a morte. A morte como objeto da capacidade não é o "falecer" que é sofrido, mas sim um "modo de ser", a saber, a possibilidade extraordinária, que deve ser apropriada intimamente, de ser si mesmo. A "angústia" é a disposição heroica na qual a morte se abre como aquela

---

177. Ibid., p. 251.

possibilidade de escolher explicitamente a si mesmo. O ser-aí que se atemoriza existe, em contrapartida, *diante de si*, e não a partir de *si mesmo*. O temor seria, assim, uma "heteronomia". Nela, o ser-aí sofre a "morte". "Autônomo" ou "livre" é, em contrapartida, o ser-aí heroico, "que se volta para a angústia", que é capaz da morte. O risco de morte promete a liberdade.

A ênfase heroica do si domina a análise existencial de Heidegger da morte. A morte não é simplesmente sofrida. Ela não é determinada pela passividade, mas sim pela atividade. Não se *é* morto. A morte é a "possibilidade extrema" de "*entregar a si mesmo*". Em vista da possibilidade da "entrega de si", o ser-aí apanha a "liberdade do escolher-e-apanhar-a-si-mesmo"[178]. A possibilidade extrema da "entrega de si" não leva a que o ser-aí afrouxe as presilhas do si. O ser-aí, "que escolhe para si seus heróis"[179], não mostra, diante da morte, nenhum apego [*Ergriffenheit*]. Esse apego seria, para falar com Kant, uma heteronomia.

---

178. Ibid., p. 188.

179. Ibid., p. 385.

Antes, ele apanha explicitamente a si mesmo. Heidegger se distancia, de fato, de Kant. Mas, sob muitos aspectos, o ser-aí é aparentado ao sujeito kantiano. A "liberdade do escolher-e--apanhar-a-si-mesmo" tem uma semelhança de família com a concepção de liberdade de Kant. A ênfase heideggeriana da "autenticidade" se correlaciona com o mandamento de pureza de Kant. Tanto a "auto-atividade", purificada de toda afecção estranha, da "razão" kantiana como também a "auto-subsistência" ou a "subsistência do si"[180] apontam para a estrutura da posse-de-si[181]. O "ser-lançado"

---

180. Ibid., p. 322.

181. A posse-de-si estrutura também toda a vida sentimental do ser-aí heideggeriano. Em *Ser e tempo*, a constituição afetiva, ou seja, não-racional do ser é, de fato, reconhecida. Mas as "disposições" aí analisadas são fortemente ligadas ao si. Assim, também a alegria que deixaria alguém inteiramente *fora de si* também é trazida para as proximidades da angústia que singulariza o ser-aí em si mesmo: "Com a angústia sóbria, que traz para diante do poder ser singularizado, caminha juntamente a alegria preparada para essa possibilidade" (*Sein und Zeit*, p. 310). Para o que a alegria é "preparada"? Contra o que se *prepara*? Na "alegria preparada" o ser-aí está, segundo Heidegger, *preparado* para a decisividade. O *preparo* caminha lado a lado com uma *resistência*. Não é a decisividade para si uma *armadura pré-reflexiva contra a morte* que traria consigo uma perda absoluta do si? Também pelo conceito de "arrebatamento *contido*" (ibid., p. 388) transluz um cuidado enfático como si. No arrebatamento se arrebata, na verdade, de *si mesmo*. Como a alegria, o arrebatamento traria o ser-aí para fora de *si*. Heidegger quer envolver o ser-arrebatado no ser-si-mesmo. O quadro inteiro do si *prepara* o ser-aí contra

[*Geworfenheit*] faz da liberdade, de fato, uma "liberdade finita". Mas, no interior da finitude, desperta o desejo por uma posse-de-si. Em *Ser e tempo* a finitude ainda não é liberta para uma serenidade no não-querer. A "liberdade para a morte" ainda não significa uma serenidade para a morte. A morte não se apresenta ao ser como um "poder-não-*querer*". O "poder-ser--si-mesmo" aponta ainda, para uma estrutura de vontade.

Segundo Heidegger, a morte, "na medida em que ela 'é', é, de modo correspondente à [sua] essência, a minha"[182]. Ela é, a saber, "indelegável" [*unvertretbar*]. Essa indelegabilidade faz da morte a *minha* morte. A morte, porém, não é o único fenômeno que é indelegável. Antes, a vida como tal é indelegável. Ninguém pode viver por mim. Alguém pode, de fato, fazer as compras para mim, mas ninguém pode comer por mim. Realmente delegáveis seriam apenas poucas possibilidades de ação. A indelegabilidade da morte é, portanto,

---

a perda definitiva do si. Em sua "auto-subsistência" o ser-aí *permanece* firme diante da morte. A morte meramente *sofrida* traria apenas um *jazer* passivo consigo.

182. *Sein und Zeit* [Ser e tempo], p. 240.

em si mesma banal. Assim, apenas a indelegabilidade da minha morte não levaria à ênfase
do *meu*. Para que esse *meu* em "*minha* morte"
seja possível, é preciso já estar pré-formada
uma imagem enfática do si. Um si pré-mar-
cado estampa a morte com um Meu enfático.
Minha morte fortalece também, por sua vez, a
ênfase do si. Chega-se a uma reação em cadeia
fatídica do si.

A "existência autêntica" se esforça por unidade e totalidade. Essa, porém, segundo Heidegger, antecede a toda construção posterior.
Apenas o "Se" *se* "reúne" primeiramente depois de uma "distração" ao "criar" para si uma
"unidade abrangente"[183]. Estranhamente, também o Se está interessado na unidade e totalidade que promove a identidade *de si mesmo*. A "unidade abrangente" que o Se *se* conta
é a *sua* história. Nesse sentido, o Se não é um
mero "ninguém". O "ninguém" não teria nada
para contar. Como explica Heidegger o seu interesse na "unidade da interligação" que promove a identidade? O que leva o Se à narração da identidade na qual ele *se* reúne ou se *re-*

---

183. Ibid., p. 390.

colhe contra a "distração"? Por que o Se quer contar uma história que promove a identidade? A identidade do Se consiste em acontecimentos que são reunidos posteriormente em uma unidade. Ela seria, assim, uma "heteronomia". Falta a ela a "subsistência estendida" do si que, como uma unidade *anterior*, precederia à interligação posterior.

O Se se conta uma "história", faz com que imagens narrativas passem diante de si. Mas essas imagens não têm nenhum "quadro" fixo. Heidegger procura por um quadro *pré-narrativo*, que enquadre *de antemão* as imagens narrativas: "O ser-aí existe não como soma das efetividades momentâneas de vivências que se seguem umas às outras e desaparecem. Esse seguir um ao outro também não preencher gradualmente um quadro, pois como ele deveria existir onde, porém, só a vivência 'atual' é 'efetiva' e faltam as margens do quadro, nascimento e morte, como passado e porvir primeiro da efetividade?"[184] É primeiramente o si estendido que fornece o quadro. O ser-aí "estende *a si mesmo* de tal modo que seu próprio ser é cons-

---

184. Ibid., p. 374.

tituído de antemão como extensão"[185]. O quadro-do-eu pré-narrativo que, porém, como tal, é vazio "de conteúdo", deve possibilitar uma "unidade da interligação", uma "extensão originária, não-perdida de toda a existência, que não carece de uma interligação"[186]. O ser-aí apanha *a si mesmo*, antes e enquanto ele apanha uma possibilidade determinada de ser. Ele se antecipa, assim, a qualquer "heteronomia". Esse se-apanhar é uma forma de *auto-afecção*, que também caracteriza aquela mão "autêntica" que, antes de tudo, toca a *si mesma*, sente a *si mesma* por meio do tocado. O ser-aí seria, como Se, para falar com Kant, apenas o *fenômeno de si mesmo*. O importante seria, então, avançar para além desse fenômeno até o *si autêntico*.

Aprender-a-morrer seria, para Heidegger, *aprender-a-ficar-de-pé* em vista da morte ou apesar da morte. A *posição ereta* [*Stand*] é fornecido ao ser-aí pelo si enfático: "o fenômeno do autêntico poder ser abre a vista também, porém, para a *subsistência do si* no sentido do ter-ganhado-posicionamento. *A subsistên-*

---

185. Ibid.

186. Ibid., p. 390.

cia do si [*Ständigkeit des Selbst*] no duplo sentido da constante firmeza de posição [*beständigen Standfestigkeit*] é a *autêntica* contrapossibilidade à subsistência do não-si [*Unselbst--ständigkeit*] da decadência indecisa. A *autosubsistência* [*Selbst-ständigkeit*] significa, existencialmente, nada mais do que a decisividade que avança"[187]. A morte que teria por consequência o *jazer* [*liegen*] é experimentada como uma demanda por "firmeza de posição". A "liberdade para a morte" seria a capacidade de *ficar de pé* [*stehen*]. É preciso *ficar de pé* [*stehen*], e, de fato, *constantemente* [*ständig*]. O ser para a morte de Heidegger é um ficar de pé heroico para a morte. A sua demanda pro auto-subsistência é avizinhada da demanda kantiana pela "razão autossubsistente"[188].

---

187. Ibid., p. 322.

188. Aqui, Heidegger faz um jogo de palavras em que todos os termos utilizados contêm o termo *Stand* e com o verbo de que ele deriva, *stehen*, de difícil tradução para o português, uma vez que ambos os termos trazem a ideia não apenas de uma posição ou de um posicionar-se mas, igualmente, de uma posição de pé, erguida, ereta, de um *ficar de pé* que é equivalente a uma tomada firme de posição (motivo pelo qual Heidegger também joga com os adjetivos "*beständig*" e "*ständig*", que significam, precisamente, "contínuo" ou "constante", no sentido de não ser abalado, de uma condição que não se interrompe e se mantém firme) [N.T.].

A fórmula fundamental da análise heideggeriana da morte enuncia: a morte *é* o si. A morte *é* a "*confiança* da existência em seu si próprio"[189]. A morte humana é, segundo Heidegger, não o mero fim da vida, não o "falecer" que *se* teme. O Se não *consegue* a morte. A existência "que se volta para a angústia" se *posiciona* [*standhalten*] firmemente frente à morte, faz com que a "impossibilidade por excelência do ser-aí" se inverta na "possibilidade" do "poder-ser-si-mesmo". Essa dialética da morte unifica morte e si ou [morte e] liberdade. A Espinosa, em contrapartida, é ainda estranha essa dialética da morte. Assim, o seu heroísmo da liberdade se distingue do [heroísmo da liberdade] heideggeriano. Ele consiste na negação simples da morte: "O ser humano livre não pensa menos em nada do que a morte; e a sua sabedoria não é uma meditação sobre a morte, mas sim uma meditação sobre a vida"[190]. No "meditar sobre a vida" já se insere desde sempre, porém, a morte. A ênfase no

---

189. Ibid., p. 391.

190. SPINOZA, B. *Die Ethik nach geometrischer Methode dargestellt* [Ética demonstrada segundo a ordem geométrica]. Hamburgo, 1994, p. 247.

apenas-viver já é uma reação à morte. A morte *fala em todo o caso*.

A morte é *certa*. Mas a certeza da morte se relaciona, para Heidegger, não ao fato de que se *tem de* morrer em algum momento. Essa certeza é a certeza do "falecer", que Heidegger distingue do "morrer". De modo correspondente à fórmula "*A morte é o si*", o ser-aí se assegura, em frente da morte, *de si mesmo*: "O tomar-por-verdadeiro da morte – a morte *é* apenas a própria [morte] – mostra um outro tipo de certeza e é mais originária do que qualquer certeza que diga respeito a um ente intramundano que se encontra ou aos objetos formais; pois ele tem certeza do ser-no--mundo. [...] É no avançar que o ser-aí pode primeiramente assegurar seu ser mais próprio em uma totalidade intransponível"[191]. Parte da morte um impulso para a posse-de-si. Essa posse-de-si deve conseguir uma transparência de si: "Quanto mais autenticamente o ser-aí decide, ou seja, inequivocamente se entende a partir da sua possibilidade mais própria e extraordinária no avanço para morte, tão mais

---

191. *Sein und Zeit* [Ser e tempo], p. 265.

unívoco e não-casual é o encontrar eletivo da possibilidade de sua existência"[192]. No ser para a morte, o ser-aí de Heidegger certamente não pensa poder se apoderar inteiramente do seu ser. O ser-aí não tem esse poder. Sua existência é uma existência finita, lançada [ao mundo]. Mas, em sua ênfase do si, ele se dirige contra a negatividade da morte. O impulso-para-o-eu que domina o ser para a morte é, em última instância, um contra-impulso, um reflexo-do--eu contra a morte experimentada como o fim definitivo do eu.

O ser-aí não consegue se representar o fim de si mesmo: "Tão mais penetrante é, porém, a morte de outros. O término do ser-aí se torna, desse modo, acessível 'objetivamente'"[193]. A morte de outros ganha peso porque ela possibilita uma experiência objetiva da morte: "O ser-aí pode, especialmente por ser essencialmente no ser-com com outros, obter uma experiência da morte"[194]. O que significa exatamente: "ser-com essencial"? Para uma

---

192. Ibid., p. 384.

193. Ibid., p. 237.

194. Ibid.

experiência objetiva do fim do ser-aí, bastaria um estar ao lado, observando a morte do outro. Por que a ênfase desnecessária no "essencial ser-com com outros"? Heidegger não chega à conclusão de que a morte, já que o ser-aí é "essencialmente ser-com com outros", deve ser interpretada como um fenômeno interpessoal, que a morte contém em si uma referência originária ao outro. Se "essencialmente ser-com com outros" significasse mais do que estar ao lado observando, assim, também a experiência da morte do outro não se esgotaria na constatação objetiva do fim do ser-aí. A analítica de Heidegger da morte não consegue descrever, justamente, aquela experiência da morte que surgiria de uma referência essencial ao outro, por exemplo, de um ser-com que ama. Essa morte do outro não é o "término" objetivável "do ser-aí", que deveria, então, ser interiorizado em um "avanço" para a *minha* morte. Antes, ela tomaria do ser-aí toda possibilidade de andar e de se posicionar.

Deve ser retomada agora a pergunta sobre em que medida *minha* morte transforma o ser-com. As manifestações de todo modo breves de Heidegger sobre o ser-com dão pouco a saber sobre o ser para o outro modificado por meio do "avançar para a morte". Heidegger escreve, por exemplo: "Essa decisividade *autêntica* modifica, porém, então, de maneira igualmente originária a descoberta fundada nela do 'mundo' e a abertura do ser-aí-com dos outros. O 'mundo' à mão não se torna 'no que diz respeito ao conteúdo' um outro, o círculo dos outros não é substituído, mas o ser entendedor e cuidador para o à mão [*Zuhandenen*] e o ser-com cuidador com os outros são agora determinados a partir de seu poder-ser-si-mesmo mais próprio. [...] A decisividade traz o si justamente ao ser cuidador correspondente no à mão e o lança no ser-com cuidador com os outros. [...] A decisividade para si mesmo traz o ser-aí primeiramente para a possibilidade de deixar os outros que são-com "serem" em seu poder ser mais próprio e coabri-lo no cuidado saltador-libertador. O ser-aí decidido pode se tornar a 'consciência moral' [*Gewissen*] dos outros. Do ser si mesmo autêntico da decisividade surge primeiramente o autêntico um-com-o-outro, não, porém, dos ambivalentes e invejosos encontros e das fraternizações loquazes no Se e daquilo que se quer empreender"[195]. O mundo, então, "não [se torna] um outro do ponto de vista do conteúdo". O "círculo dos outros" permanece o mesmo. O que se muda então, faticamente, por meio do "avançar para a morte"? Em que medida a decisividade que avança modifica, por exemplo, a relação com o "'mundo' à mão"? A mão decidida, apanharia, por exemplo, o "à mão", ou seja, as coisas a serem cuidadas, de um modo diferente? Ou tudo permaneceria como antes a não ser pela diferença de que a mão que apanha sentiria e apanharia antes de tudo, por meio do segurado, propriamente a si mesma?[196] Como seria mais exatamente aquele "autêntico um-com-o-outro" que deveria crescer do "ser-si-mesmo autêntico da decisividade"? O *si* atua, aqui, como uma palavra mágica que desencanta o ser-com cotidiano marca-

---

195. Ibid., p. 297s.

196. A morte ou a existência autêntica não traz consigo nenhuma relação radicalmente alterada com as coisas. As coisas permanecem "ferramentas", ou seja, "coisas de uso" (cf. HAN, B.-C. *Todesarten* [Tipos de morte], p. 172-202). Uma *mão decidida* não poderá construir nenhuma outra relação com a coisa senão o estar-à-*mão*-idade [*Zu-hand-enheit*] ou a ante-*mão*-idade [*Vor-hand-enheit*]. Assim, a coisa permaneceria inalteradamente [como] a *refém da mão que se quer*.

do pelos "encontros ambivalentes e invejosos e fraternidades loquazes".

A decisividade que avança influencia, segundo Heidegger, evidentemente a escolha das possibilidades de ser: "O decidido não conhece nenhum temor, entende, porém, justamente a possibilidade da angústia como disposição que não o inibe ou confunde. Ela livra *de* possibilidades 'nulas' e faz com que se torne livre *para* o autêntico"[197]. Uma renovação radical das possibilidades de ser não passaria, porém, despercebida no "círculo dos outros". O "círculo dos outros" não permaneceria, então, o mesmo. Permanece indeterminado, além disso, o que conta como possibilidade nula e o que conta como possibilidade autêntica. Como que elas são medidas? O "decidido" apresenta-se com uma determinidade inteiramente determinada, a saber, com uma determinidade enfática do si. Isso deve ser o que dá a medida, o determinante. Mas o si que vem à fala, por exemplo, na expressão "*tomar de si mesmo, a partir de si mesmo o seu ser mais próprio*" é inteiramente vazio "de conteúdo". Seu único "con-

---

197. *Sein und Zeit* [Ser e tempo], p. 344.

teúdo" seria a decisividade para si. Em vista da morte, o ser-aí apanha, de fato, *a si mesmo* expressivamente. Mas, no instante de uma decisão fática, ele teria de apanhar no vazio. Dessa perspectiva, a decisividade faz fronteira paradoxalmente, em referência à escolha de possibilidades, com uma *indecisividade*, que só poderia ser suavizada por meio de uma instância de determinação *adicional*.

A decisividade "lança" o ser-aí "no ser-com cuidador com os outros". Esse *impulso* da "decisividade" não cria, porém, nenhuma forma nova de "cuidado", pois já se falava do "cuidado saltador-libertador" no contexto do "ser-com cotidiano": "Entre ambos os extremos do cuidado positivo – o contribuidor-dominador e o saltador-libertador – se detém o ser um com o outro *cotidiano* e mostra variadas formas mistas, cuja descrição e classificação estariam além dos limites desta investigação"[198]. Heidegger relaciona, agora, esse "cuidado saltador-libertador", de modo problemático, ao "um com o outro autêntico", *como se ele não conhecesse outra forma de ser com*. A

---

198. Ibid., p. 122 [destaque do autor].

análise do ser-aí de Heidegger reduz a complexidade do [ser] um com o outro humano, que vai além de toda a suposta pluralidade de "formas mistas" entre dominar e deixar-ser. Muitas formas do ser-com escapam à rede conceitual da análise do ser-aí de Heidegger.

O "autêntico um com o outro" consiste em deixar os outros "serem" em seu poder ser mais próprio, em vez de fazer deles "dependentes" e "dominados". Seria a *minha* morte ou, em outras palavras, o "ser si mesmo autêntico da decisividade", capaz de desenvolver a partir de si mesma uma demanda pela renúncia à apropriação e dominação do outro? O ser-aí decidido *para si mesmo* poderá, a saber, se esforçar, sem contradição interna, a se apoderar "propriamente" do outro. Infiltra-se, então, uma vaga, não-exprimida representação moral na análise do ser-aí? O ser-aí decidido se torna ainda, segundo Heidegger, "a 'consciência moral' do outro" ao abrir ao outro o "poder ser si mesmo mais próprio". Mas também essa, por assim dizer, virada *missionária* para o outro não resultaria necessariamente da estrutura interna do "si mais próprio". Não inere ao "*Eu sou*" enfático, a saber, nenhuma *consciência de missão* [*Sendungsbewusstsein*].

O ser-aí não pode *transpor* [*überholen*] o fim de si mesmo. Essa morte intransponível é, porém, "*incorporada*" [*eingeholt*] no *ser*[199]. A morte é, de fato, intransponível, mas não não-incorporável. Aí, ela é incorporada no ser, de modo que o ser, por assim dizer, se torna mais pesado de "si mais próprio". Essa, porém, não é a única possibilidade de incorporar a morte no ser. Pode-se, a saber, incorporar a morte no ser de tal modo que o ser se torna *mais leve* de posse-de-si ou de vontade. Nesse caso, a morte seria um poder-não-ser-si-mesmo, que, porém, se distinguiria da perdição-de-si do Se. Heidegger tenta, agora, por à vista o ser-com a partir da intransponibilidade da morte: "Livre para o mais próprio, determinado a partir do *fim*, ou seja, entendido como possibilidades *finitas*, o ser-aí bane o perigo de, a partir de sua compreensão existencial finita, desconhecer as possibilidades de existência do outro que superam a ela, ou, porém, obrigá-las de volta, equivocadamente, à [sua] própria [possi-

---

199. Cf. Ibid., p. 307.

bilidade] – para, assim, se dirigir à existência fática mais própria. Como possibilidade irreferencial a morte singulariza, porém, apenas para, como intransponível, fazer o ser-aí compreensível como ser-com para o poder-ser dos outros"[200]. A intransponibilidade da morte é, aqui, projetada ou transmitida para a intransponibilidade das possibilidades de existência do outro que "*transpõem*" o próprio o poder ser. A finitude da minha existência consiste na intransponibilidade das possibilidades de existência do outro. Não se é permitido tentar "obrigá-las de volta à própria [possibilidade]". Caso contrário, renuncia-se à "existência fática mais própria". Deixa-se, então, os outros *serem*, a fim de que não se passe ao largo da sua própria existência. Minhas possibilidades de ser e as possibilidades dos outros não caminham sempre, porém, "paralelamente". Apenas sob a suposição de um paralelismo seria, sem mais, possível renunciar a "obrigar de volta" a possibilidade de ser do outro à minha. Essa coação não está, além disso, ligada a uma "interpretação equivocada". Obrigar a

200. Ibid., p. 264.

possibilidade de ser do outro de volta à minha é, antes, um ato de apropriação. Como as possibilidades de ser próprias e as do outro não têm faticamente nenhum curso paralelo, elas caem, frequentemente, em conflito. Assim, a efetivação das próprias possibilidades de ser terá de tanger necessariamente as do outro, e, sob certas circunstâncias, mesmo negá-las. Heidegger não tem, como já foi mencionado, nenhuma sensibilidade para a constelação do conflito. Sua concepção de finitude não poderá resolver nenhuma situação de conflito.

O ser-com de Heidegger é muito pobre de referências. Entre as ilhas do si afundadas "no silêncio de si mesmo" impera uma certa *ausência de fala*. Heidegger idealizaria essa ausência em um "silenciamento mais próprio", que faltaria inteiramente às "fraternidades loquazes". A morte faria com que aquele silêncio se tornasse ainda mais silencioso. Para que o um com o outro não se enrijeça em um mudo um ao lado do outro, algo que vá para além da ênfase do si terá de *mediar* entre os portadores do "si mais autêntico". Heidegger fantasia visivelmente uma comunidade da convicção: "Um ser um com o outro que surge do fato de que o mesmo pratica o mesmo se mantém geralmente não apenas em limites externos, mas vem sob o modo da distância e da reserva. O ser um com o outro daqueles que se inclinam às mesmas coisas se nutre frequentemente apenas de desconfiança. Inversamente, o se empenhar comum pela mesma coisa é determinado a partir do ser-aí apanhado propriamente. Essa ligação *autêntica* possibilita primeiramente o estado de coisas que libera o outro para si mesmo em sua liberdade"[201]. O um com o outro autêntico pressupõe, então, uma sincronia dos projetos. O ser-aí tem de, para que uma "ligação *autêntica*" seja possível, ter se desenvolvido, a partir do si apanhado propriamente, para as possibilidades de ser para as quais os outros também se desenvolveram. Essa sincronia só seria possível no interior de uma comunidade da convicção. Apenas o si enfático não conduz, porém, a uma "ligação autêntica". Ela surge primeiramente de uma possibilidade de ser concordante ou da "coisa" comum. Essa comunidade não pode ser obtida do *si* como tal.

---

201. Ibid., p. 122.

Em uma sociedade real, que é determinada por diferentes interesses e opiniões, minhas possibilidades de ser tangenciam necessariamente as do outro. Heidegger não leva em conta, porém, como já se apontou, a possibilidade de um conflito. O "se empenhar comum pela mesma coisa" impede, certamente, o antagonismo no interior da comunidade correspondente. Há, porém, comunidades diversas, cujas possibilidades de ser estariam em conflito. Já no cotidiano ninguém é um mero "ninguém". Cada um defende o seu próprio interesse. Forma-se, então, uma comunidade de interesse, na qual nos empenhamos por uma coisa como ou, em outras palavras, fugimos do outro. A comunidade de interesse já é uma comunidade da sobrevivência, que busca se afirmar no plural dos interesses. Não há o "ser exposto público", não há a possibilidade de ser do Se. *O Se é plural.* Justamente essa pluralidade é condição do antagonismo do contra o outro. O espaço público não é tão unitário quanto Heidegger quer fazer acreditar que seja. Talvez seja justamente a pluralidade de ideologias e interesses que Heidegger busca reprimir por meio de uma unidade imaginária. Uma comunidade da convicção terá, no caso de um conflito, de lutar com um outro, que, por sua vez, defende enfaticamente a sua "coisa". O si, assim que se articula, se manifesta *pluralmente*.

Heidegger diria que uma comunidade de interesse não consegue produzir nenhum um com o outro autêntico. O "interesse" seria certamente, para Heidegger, *particular* demais. Não inere a ele aquele *impulso para a unidade*. A expressão "interessidade" [*Interessiertheit*] é, ademais, uma propriedade do Se[202]. Também a "coisa" comum seria para Heidegger, em última instância, *objetiva* [*sachlich*][203] demais para promover uma unidade enfática, abrangente. Assim, já em *Ser e tempo*, Heidegger abandona essa objet-ividade [*Sach-lichkeit*] em nome de um "poder do destino" sincronizador: "Se [...] o ser-aí dotado de destino como essencialmente ser-no-mundo existe no ser-com com outros, o seu acontecimento é um co-acontecimento e determinado como *destino*. Assim caracterizamos o acontecimento da comunidade, do povo.

---

202. Cf. ibid., p. 34.

203. Ser objetivo, aqui, deve ser entendido sobretudo no sentido de ser "pragmático", ou seja, de voltar-se diretamente à finalidade em questão [N.T.].

O destino não se compõe de destinos individuais, tampouco quanto o ser um com o outro pode ser compreendido como um se reunir de vários sujeitos. No um com o outro no mesmo mundo e na decisividade para determinadas possibilidades os destinos já são conduzidos de antemão. É na comunicação e no combate que o poder do destino se torna primeiramente livre"[204]. O discurso sobre "acontecimento" ou "co-acontecimento" inscreve no "ser-com", certamente, o caráter de um *evento* [*Ereignisses*] que *governa*. A comunidade de trabalho ou de interesse dá lugar a uma *comunidade de destino*. O "co-acontecimento" é o acontecimento de uma comunidade de destino. A uma comunidade de interesse ou de trabalho, em contrapartida, faltaria, segundo Heidegger, a ênfase ou a virulência do "destino". No "combate", no risco da morte, no ser heroico para morte se encontraria uma comunidade do destino *para si mesmo*. Também na esfera da comunidade valeria a fórmula: *a morte é o si.*

A singularização do ser-aí dificulta, na verdade, a passagem para um ser-com que vá para

---

204. Ibid., p. 384.

além do um ao lado do outro. De modo correspondente, a mediação entre o ser-aí singularizado em si e o outro ocorre de maneira demasiado sem mediação. O "poder do destino", que levaria a uma sincronia, que surgiria *nas margens* da análise do ser-aí ou reluziria muito brevemente, soa como um *Deus ex machina*, que solda o ser-aí singularizado, tornado monológico, no outro. A análise do ser-aí de Heidegger certamente não se devota ao "individualismo". A particularidade do indivíduo não corresponde à "singularização" do ser-aí heideggeriano. Em *Ser e tempo* se fala apenas em algumas passagens de "individualidade", todavia, em uma citação. Heidegger evoca aí, Yorck: "A tarefa pedagógica do estado seria desintegrar a opinião pública elementar e, se possível, possibilitar a individualidade do ver e do considerar"[205]. Por um lado, Heidegger se volta contra os lugares comuns do Se ou do "espaço público". Por outro lado, Heidegger também se mantém distante da ideia de "individualismo". Liberar o ver individual, que levaria a uma pluralidade de veres, certamente não é a intenção de Heidegger. Heidegger não

---

205. Ibid., p. 403.

liga a singularidade, à qual Heidegger certamente não seria antipático, a um "individualismo". Nem a individualidade nem a pluralidade ligada a ela é compatível com o *espírito* de Heidegger. A ênfase do si que acompanha a *minha* morte é transmitida imediatamente a um si coletivo, que deve se distinguir, porém, do Se. O "poder do destino" permanece fechado ao Se. O *Se* é incapaz de formar uma *comunidade*. Ele vive em uma "*sociedade*" a que falta a ênfase do "destino".

Heidegger reconheceu claramente que o si enfático do ser-aí singularizado em si dificulta a condução para a comunidade. Assim, o Heidegger tardio tenta, inversamente, determinar o indivíduo a partir do universal: "Essa comunidade originária não surge primeiramente por meio da incorporação da relação recíproca – assim surge apenas sociedade –, mas sim a comunidade *é* determinada por meio do vínculo prévio de *todo indivíduo* com aquilo que determina e vincula, de modo alteado, todos os indivíduos"[206]. O caráter do um com o ou-

---

206. HEIDEGGER, M. H*ölderlins Hymnen "Germanien" und "Der Rhein"* [Os hinos de Hölderlin "Germânia" e "O Reno"], p. 72 [Gesamtausgabe, vol. 39].

tro permanece inalterado. Todos veem primeiramente um acontecimento *transpessoal*, sem verem ou chamarem uns aos outros, de modo que não se pode falar de uma relação pessoal. Heidegger não conhece nenhum Tu, nenhum rosto do outro, mas sim apenas o grande *Isso* [*Es*], ao qual também o indivíduo deve o seu si. [O] *isso dá* [*Es gibt*] o um com o outro[207]. Um poder do destino "anterior", que transcende ao indivíduo, é a condição para a possibilidade da comunidade, a saber, para a "unidade crescida por meio do outro", "na qual nenhum membro toma o destino de um outro membro como um destino estranho a ele"[208]. A "simplicidade do destino", que antes era fundada no "*Eu sou*", agora é produzida por aquele *Isso dá*.

---

207. Aqui, temos um jogo de palavras de difícil tradução, uma vez que, em alemão, "*Es gibt*" é a expressão utilizada para indicar existência, que traduziríamos mais correntemente simplesmente como "há", mas que também poderia ser traduzida, mais literalmente, como "isso dá", de modo que, no jogo de palavras em questão, o grande "Isso" (*Es*) a que se refere anteriormente seria, ao mesmo tempo, o responsável por que exista o "um com o outro", o que *daria* esse "um com o outro", e, portanto, o sujeito da sentença que começa com "*Es gibt*", o "*Es*" que "dá" ou confere existência a esse "um com o outro" [N.T.].

208. Apud OTT, H. *Martin Heidegger*: Unterwegs zu seiner Biographie [Martin Heidegger: a caminho de sua biografia]. Frankfurt a.M., p. 1988, p. 152.

A "unidade crescida pelo outro" não pode se tornar a ligação *de todos*. A pluralidade fática do destino traria um conflito consigo. O si que se eleva ao *nosso* se veria diante, então, do si de uma outra comunidade de destino. Cada um invoca, aí, o poder do destino. A comunicação ou a apresentação de si mesmo de uma massa de destino leva necessariamente ao combate. Assim, ela toma a forma de uma *comunidade de guerra*. Um risco de morte daria a ela a imagem enfática do si (consciência de si). É preciso arriscar a morte ou, em outras palavras, conseguir a morte, a fim de encontrar um si o mais próprio. O risco da morte na luta amarra o nó do si enfático. Tanto o meu como o nosso aponta para traços fundamentais do sujeito, cuja intencionalidade se articula como o direcionado-para-si [*Auf-sich-zu*], como querer, como *se*-querer. Eles não são amáveis.

Em oposição ao "cotidiano" "*Se* morre" sem-*sentido*, o morrer por [...] dá à morte um *sentido*. Ela se torna uma morte de sacrifício ou uma morte heroica: "A camaradagem dos soldados do fronte não tem o seu fundamento no fato de que foi preciso se encontrarem juntos, pois faltavam outros seres humanos dos quais se estava longe, nem no fato de que se encontre primeiramente em uma admiração comum, mas sim no fundo e unicamente no fato de que a proximidade da morte como um sacrifício diante de todos os colocou na mesma nulidade, de modo que ela se tornou a fonte do pertencer um ao outro incondicionado. Justamente a morte que todo ser humano tem de morrer por si, que singulariza todo indivíduo do modo mais extremo, justamente a morte e prontidão para o seu sacrifício cria primeiramente o espaço da comunidade da qual surge a camaradagem"[209]. A morte se torna um acontecimento interpessoal. A morte *é* [o] nós. Na experiência da "nulidade", o indivíduo *se* suspende para um si coletivo que é absolutamente hostil ao outro. A camaradagem é a outra face da hostilidade. Heidegger se esforça visivelmente aqui a fazer justiça à ideia de "singularização" na qual ele trabalhou em *Ser e tempo*. A morte de sacrifício não é, porém, singularizadora. Ela não é a *minha* morte. Pode-se, certamente, *se* decidir pelo sacrifício. Mas esse si sem si da decisividade heroica não

---

209. *Hölderlins Hymnen "Germanien" und "Der Rhein"* [Os hinos de Hölderlin "Germânia" e "O Reno", p. 72s.

pressupõe nenhuma singularização, nenhuma "irreferencialidade".

No interior da análise do ser-aí não se atribuiu ao "morrer por..." como "se sacrificar" nenhum significado central. Ele foi oposto à indelegabilidade de *minha* morte: "*Ninguém pode tirar do outro a sua morte*. Alguém pode, certamente, 'vir a morrer por um outro'. Isso ainda diz, todavia: se sacrificar pelo outro '*em uma coisa determinada*'. Esse morrer por... não pode, porém, nunca significar que se tira do outro a sua morte no menor sentido que seja. Todo ser-aí tem de tomar a morte para si mesmo. A morte é, na medida em que ela 'é', em conformidade à essência, sempre *a minha* [morte]"[210]. O "morrer por..." é erguido agora, à condição de morte de sacrifício. Aqui, porém, não se morre para o outro. Cada um morre por uma comunidade de destino, ou seja, para o todo. O olhar distante do herói moribundo olha para além do outro.

Não seria primeiramente a ideologia do sacrifício, mas sim já a vontade de sobrevivência coletiva que daria à massa de guerra o

---

210. *Sein und Zeit* [Ser e tempo], p. 240 [destaque do autor].

sentimento de um "pertencimento incondicionado". A morte como uma ameaça sentida em conjunto funde, a saber, o indivíduo em uma massa. Essa ligação não expressa, porém, nenhuma solidariedade de todos os mortais em vista da possibilidade da morte. Trata-se, antes, da ligação de uma massa de guerra. Em *Massa e poder*, escreve Canetti: "A erupção de uma guerra e, antes de tudo, a erupção de *duas massas*. Assim que elas tiverem se constituído, a intenção mais elevada de toda massa é se *preservar* como atitude e ação. Renunciar a ela seria renunciar à própria vida. A massa belicosa age sempre como se tudo *fora* dela fosse a *morte* [...]"[211]. A proximidade da morte e o interesse comum na sobrevivência possibilitam, certamente, uma ligação singular. A ameaça mortal que parte de outra massa de guerra dá a cada indivíduo o seu pertencimento à sua própria massa. Todos se fundem, por assim dizer, em um único corpo vivo [*Leib*] que quer sobreviver. Aqui, não se quer sobreviver como indivíduo, mas sim como massa. A própria morte tomaria lugar, aqui, sem a ênfase da

---

211. CANETTI, E. *Masse und Macht* [Massa e poder]. Hamburgo, 1960, p. 78.

mesmidade. Mas essa massa de guerra *sem heróis* seria, para Heidegger, a portadora de uma *guerra inautêntica*, que se deveria distinguir da *guerra autêntica*, a saber, do "combate" no qual se morreria *autenticamente*, ou seja, com herói.

B – O fim da morte

> "Bunin mal podia manter o passo com o velho homem, que começara a correr e dizia repetidamente, com uma voz rouca e rasgada: 'não há morte! Não há morte!'" – Sobre Tolstói. CANETTI, E. *Notas de Hampstead.*

O "se morre" é, segundo Heidegger, o "modo de ser cotidiano do ser para a morte"[212]. Esse "Se", porém, não é "ninguém". No cotidiano, portanto, ninguém é atingido pela morte. Heidegger invoca Tolstói: "L.N. Tolstói expôs, em seu conto *A morte de Ivan Ilitch*, o fenô-

---

212. *Sein und Zeit* [Ser e tempo], p. 253.

meno do estremecimento e o colapso desse 'se morre'"[213]. No conto citado, o protagonista experimenta de fato, em vista da morte, um certo estremecimento. Mas ele acaba em um tipo de morte que não pode ser incorporado à análise do ser-aí de Heidegger. A morte não evoca, a saber, nenhuma "decisividade silenciosa, que se volta para a angústia", mas uma *decisividade para o outro* livre de angústia. Em vez de um heroísmo do si, inflama-se, em vista da morte, um *heroísmo do amor*.

Em certos aspectos, o "cotidiano" em *A morte de Ivan Ilitch* se afasta do mundo do Se. Ele é dominado pela *sobrevivência*. Diante das notícias sobre a morte de Ivan Ilitch, os seus colegas especulam, primeiramente, sobre o cargo que se desocupou. Não está morto simplesmente um "Se", não um "ninguém", mas sim o detentor de um posto de trabalho cobiçado. Sua morte é convertida imediatamente em um ganho possível: "Sua morte liberou um posto. [...] Eu receberei agora certamente o posto do Stable ou do Winnikow, pensou Fjodor Wassiljewitsch, ele me foi a muito tempo prome-

---

213. Ibid., p. 254.

tido, e essa promoção significa, para mim, um abono de 800 rublos, sem contar o dinheiro de cancelaria"[214]. A morte de Ivan Ilitch desencadeia nos vivos, antes de tudo, uma satisfação oculta, que, porém, não se deixa reduzir à especulação sobre o ganho. Antes, ela surge do mero fato de que eles *sobreviveram* à morte de Ivan Ilitch. Não morreu simplesmente um "Se" que seria um "ninguém", mas sim *o outro*: "Fora essas considerações sobre as transformações e possíveis promoções no serviço que essa morte teria por consequência, o fato mesmo de que um conhecido morrer evocava em todos que ouviam dela, como sempre, o sentimento de satisfação de que o outro morreu, e *não eu*"[215]. Esse "eu" expresso enfaticamente não é idêntico com o eu na expressão: "Morre-se, mas não justamente eu". Aquele eu que, em vista da morte do outro, sente uma satisfação oculta, é o *sobrevivente*. Ele não conhece a indiferença do "se morre". Em *Massa e poder* escreve Canetti, sobre a sobrevivência: "O instante da *sobrevivência* é o instante do

---

214. *Der Tod des Iwan Iljitsch* [A morte de Ivan Ilitch]. Jena 1911, p. 7 [Gesammelte Werke, vol. 5].

215. Ibid. p. 8.

poder. O choque diante da vista da morte se dissolve na satisfação, pois não se é si mesmo o morto. Esse jaz deitado, o sobrevivente fica de pé. É como se houvesse ocorrido um combate e como se se tivesse abatido o morto com as próprias mãos"[216].

Também os tipos de morte que são expostos no conto *Três mortos*, de Tolstói, ocorrem todas sob o signo da sobrevivência. Mesmo por meio do luto pela morte do outro se percebe o germe de uma satisfação que, porém, ninguém consegue confessar abertamente. O terceiro tipo de morte deixa clara a ligação entre morte, sobrevivência e poder. Um jovem cocheiro pressiona um homem idoso, que está morrendo, a entregar as suas botas. Dá-se a entender ao idoso que ele não seria enterrado com as suas botas. Röchelnd propõe ao velho uma troca – as botas pela lápide. O jovem cocheiro concorda com a troca. Depois da morte do velho, porém, não cumpre a sua promessa. A cozinheira da taverna, que foi testemunha do acordo, pressiona o cocheiro posteriormente a por pelo menos uma cruz diante da cova do velho. Ao nascer do sol, o cocheiro

---

216. *Masse und Macht* [Massa e poder], p. 259.

derruba, na floresta, uma árvore, para fazer com ela uma cruz para a cova. Na queda da árvore, espalha-se um júbilo sob as árvores. As que não caíram, ou seja, as árvores *sobreviventes*, que escaparam da morte, se entregam ao sentimento de poder, como se elas tivessem elas mesmas a derrubado. Os seus galhos se sacodem "lenta e majestosamente" sobre a [árvore] caída, como os trajes de um detentor do poder: "Os sons do machado e dos passos se emudeceram. [...] As árvores estenderam os seus galhos desregrados ainda mais felizes no espaço recém-aberto. Os primeiros brilhos do sol, que penetravam pelas nuvens que passavam, brilharam no céu e esgueiraram-se pelo céu e pela terra. A neblina borbulhava nos vales, o orvalho brincava reluzente no verde, as nuvenzinhas transparentes e brancas se distribuíam apressadamente no horizonte. No mato, os pássaros gazeavam algo feliz e alheio ao mundo; felizes e tranquilas cochichavam as pétalas cheias de seiva nas coroas, e os galhos das árvores sobreviventes se sacodem lenta e majestosamente sobre a morte da [árvore] *caída*"[217].

---

217. TOLSTOI, L. *Drei Tode* [Três mortes]. Berlim, 1928, p. 288s. [Gesamtausgabe [Obras completas] ed. por Erich Boehme, vol. 10] [destaque do autor].

Em vista da morte, Ivan Ilitch se torna ciente da unicidade de seu eu. Essa percepção do si aumenta, porém, o medo da morte, faz com que a morte apareça como uma catástrofe: "O exemplo para o silogismo que ele aprendeu da lógica de Kiesewetter: Caio é um ser humano; os seres humanos são mortais; logo, Caio é mortal – só tinha aparecido de verdade em toda a sua vida apenas em referência a Caio, nunca em referência à sua própria pessoa. Essa era o ser humano Caio, o ser humano em geral, e lá isso também estava completamente justificado; ele, porém, não era Caio, não o ser humano em geral, ele era, sim, sempre um ser que se distinguia completa e inteiramente de todos; ele foi o Wanja, o que tinha tido sua mãe, seu pai, sua Mitja, sua Woldoja, seus brinquedos, seu cocheiro, seu guardião – que mais tarde teve seu Katinka, o Wanja com todos os seus amigos, com todo corpo, toda a admiração da infância, da mocidade, dos anos de juventude. Teria Caio conhecido o cheiro das bolas coloridas de couro, de que Wanja gostava tanto? Teria Caio beijado a mão da mãe, teria cheirado de tal modo para Caio a seda do vestido cheio de fios de sua mãe? Teria

Caio brigado na faculdade de direito por causa da cozinha? Teria Caio se apaixonado assim? [...] Certamente, Caio é mortal; que ele morre é completamente aceitável. Mas eu, Wanja, Ivan Ilitch, com todas as minhas sensações e pensamento, *eu* – isso é uma outra coisa. Parece-me completamente impossível morrer. Isso seria pavoroso de mais! Esses eram seus sentimentos"[218]. Toda lembrança, que se apropria do passado novamente como [sendo] *meu* [passado], faz com que a morte, por assim dizer, cresça. Ela é vista como uma queda dolorosa no nada. Quanto mais Ivan Ilitch se prende ao seu eu, tanto mais pavorosa se apresenta a morte. Toda lembrança, toda interiorização do *meu* passado, é dolorosa para ele, pois esse *meu* é completamente dissolvido pela morte. No avançar para a morte, ele fica de luto por si mesmo. Não a "decisividade" para si, mas sim o luto por si mesmo acompanha a proximidade da morte. A ênfase heideggeriana do si é estranha ao Ivan Ilitch doente de morte. A proximidade imediata da morte também não é objeto da análise heideggeriana da morte. O

---

218. *Der Tod es Iwan Iljitsch* [A morte de Ivan Ilitch], p. 71s. [destaque do autor].

ser-aí de Heidegger é, ademais, sempre saudável. A doença não é, justamente, nenhuma doença "existencial".

Não a "singularização" heideggeriana, mas sim o isolamento é a consequência do colapso do silogismo da morte. O isolamento é desconhecido para o ser-aí heroico de Heidegger. O moribundo se torna mesmo farto de si mesmo: "E em outra manhã é preciso se levantar de novo, se vestir, ir ao tribunal, falar, escrever, e quando não se vai ao tribunal, sentar em casa com essas vinte e quatro horas por dia, das quais cada uma é um tormento. E assim ter de viver sozinho à beira do abismo sem ter uma pessoa que o entende e que sente com ele"[219]. Em vista da morte, Ivan Ilitch se torna um prisioneiro de si mesmo. Ele não encontra mais um caminho para o outro. Ele é apanhado pelo tédio que não surge da "serenidade recolhida" [*Zurückgelassenheit*] do "si próprio"[220], mas da impossibilidade de irromper para fora de si mesmo. Aquele "cuidado" au-

---

219. Ibid., p. 63.

220. HEIDEGGER, M. *Die Grundbegriffe der Metaphysik* [Os conceitos fundamentais da metafísica], p. 180 [Gesamtausgabe, vol. 29/30].

têntico que deixa os outros serem e serem "libertos" para a sua "preocupação" seria um escárnio para quem que quer sair de *si*. A proximidade o outro compassivo, que livraria o moribundo da solidão insuportável, é estranha ao ser-com heideggeriano.

Em vista da morte, Ivan Ilitch sente o eu como um fardo opressor. Ivan Ilitch também não anseia voltar para o "cotidiano tranquilo" do "Se". Diante da visão de seu bondoso servo Gerassim, passa repentinamente pela sua cabeça o pensamento: "Minha vida inteira, a vida consciente, não foi, de fato, a [vida] certa"[221]. Em Gerassim, que cuida dele a noite inteira, ele percebe que este sente a sua dor com ele. Ele é, de fato, saudável. Mas a sua saúde não fere a Ivan Ilitch. Ele não *fica de pé*, como sobrevivente, ao lado do *deitado* e moribundo Ivan Ilitch. Antes, ele nota um sentir-com do outro, que não quer sobreviver a ele. Os outros, em contrapartida, o ferem, pois eles se apresentam como sobreviventes: "Entre todas as outras pessoas Ivan Ilitch era facilmente ferido pela saúde, força e alegria de viver; a for-

---

221. *Der Tod es Iwan Iljitsch* [A morte de Ivan Ilitch], p. 107.

ça e alegria de viver de Gerassim não o adoeciam, sim, elas tinham um efeito tranquilizador em Ivan Ilitch"[222]. Pela primeira vez, Ivan Ilitch sente a proximidade do outro. Gerassim não se apresenta, aqui, nem como um "Se" nem como uma "'consciência moral' dos outros". Ele demonstra a Ivan Ilitch um cuidado que o ser-com de Heidegger claramente não conhece. O cuidado compassivo de Gerassim não é aquele "cuidado contribuidor-dominador" que toma a preocupação do outro e, desse modo, faz com que ele se torne "dependente e dominado". Ele ocorre, justamente, fora desse esforço por poder. Ele também é fundamentalmente distinto daquele "cuidado saltador-libertador" que auxilia o outro a "se tornar, em sua preocupação, transparente para si e se tornar *livre para* ela". Esse cuidado apenas acentuaria a solidão fatídica do moribundo. Inere ao cuidado compassivo de Gerassim um certo *morrer-com* que, segundo Heidegger, seria simplesmente impossível.

A proximidade do outro compassivo tranquiliza o moribundo Ivan Ilitch. Ele deseja ser

---

222. Ibid., p. 81.

acariciado e consolado como uma criança: "Ele teria querido que se o acariciasse, beijasse, que se chorasse sobre ele, como se acaricia e consola a crianças. Ele sabia que que ele era um membro digno do conselho de tribunais, que a sua barba começaria a se tornar cinza, e que por isso ele não poderia tê-la; e, porém, ele a teria tido com prazer. E em sua relação com Gerassim jazia algo que era semelhante a isso – por isso a sua relação com Gerassim lhe fornecia consolo"[223]. Segundo a análise de Heidegger da morte, o "consolo" desvia o ser-aí do morrer autêntico: "A fuga escondida diante da morte domina tão duramente o cotidiano que, no ser um com o outro, os 'mais próximos' frequentemente ainda tentam convencer justamente ao "moribundo" de que ele irá escapar da morte e, desse modo, retornar novamente ao cotidiano tranquilo de seu mundo cuidado. Tal 'cuidado' pensa mesmo 'consolar' o 'moribundo' desse modo. Ele quer trazê-lo de volta ao ser-aí ao auxiliá-lo a ainda ocultar inteiramente a sua possibilidade de ser mais própria e irreferencial. O Se fornece, desse

---

223. Ibid., p. 84.

modo, um *constante apaziguamento sobre a morte*"[224]. Heidegger descredita todo consolo. Ele não é compatível, justamente, com o seu heroísmo. O desejo de ser consolado e acariciado é infantil. É demandada a decisividade heroica para si. Assim, Heidegger escolhe para si o ser-aí dos "heróis". O ser com-passivo [*mit-fühlende*] para o outro, que consola, sem, contudo, iludir sobre a morte, era certamente desconhecido para Heidegger.

Também o conto de Tolstói, *O senhor e seu servo*, descreve um tipo de morte que se furta inteiramente à concepção heideggeriana de morte. O senhor, Wassilij Andrejitsch, um comerciante avarento, se encontra, em uma viagem noturna com o seu servo, em uma tempestade de neve fatal. No escuro, ambos caem em uma cova profunda. Nessa situação sem saída, ele pensa, primeiramente, apenas em seu negócio: "Ele deitou lá e refletiu: ele pensava sempre e sempre em uma única coisa, no que constituía o único objetivo, o sentido, a alegria e orgulho da sua vida, ele pensou em quanto dinheiro ele tinha ganhado e

---

224. *Sein und Zeit* [Ser e tempo], p. 253.

em quanto ainda poderia ganhar; em quanto dinheiro outros homens que ele conhecia tinham obtido e possuído, e como ele, exatamente como os outros, pode ganhar muito dinheiro. A compra da floresta de Gorjatschkino foi, para ele, algo de significado colossal. Ele esperava, com essa floresta, ganhar possivelmente, de um só golpe, dez mil, e ele começou a avaliar em pensamentos a pequena floresta que ele tinha visto no outono, cujo número de árvores ele tinha contado sozinho em duas manhãs"[225]. Em vista da morte ameaçadora, ele se assegura de si mesmo ao tornar presente para si a sua posse o seu *nome*: "E o que eu consegui em quinze anos? Uma loja, duas choperias, um moinho, um armazém de cereais, dois bens de aluguel, uma casa e um reservatório com teto de ferro, ele pensou com orgulho. Diferentemente do tempo do meu pai. Cujo nome ressoa agora em todo o círculo dos Brjechunows"[226]. Esse asseguramento de si faz com que a morte pareça ainda mais assustadora. A presentificação de sua posse faz com que a mor-

---

225. TOLSTOI, L. *Der Herr und sein Knecht* [O senhor e o seu servo], p. 273 [Gesammelte Werke, vol. 5].

226. Ibid., p. 274s.

te, por assim dizer, cresça. O medo se apodera de Wassilij Andrejitsch: "[...] por mais que ele se esforçasse a pensar em suas contas, em seus negócios, em sua reputação, em sua alta posição e em sua riqueza, o medo se apoderava cada vez mais fortemente dele [...]"[227]. Wassilij Andrejitsch se decide, agora, a sobreviver sozinho. Ele abandona seu servo na neve, e sobe com esforço novamente no cavalo. Mas ele cavalga em círculos na cova e volta ao ponto de partida, onde seu servo jaz na neve. Para dissipar o medo crescente, ele começa, agora, a trabalhar: "Ele tinha de empregar tudo para manter o medo longe, e, para mantê-lo longe, ele precisava fazer algo, ocupar-se com algo"[228]. O diagnóstico ontológico de Heidegger diria, aqui, que Wassilij Andrejitsch "foge", nessa ocupação, para o Se, para o cotidiano, em vez de apanhar a si mesmo propriamente[229].

Enquanto Wassilij Andrejitsch se entrega de maneira inteiramente desprovida de senti-

---

227. Ibid., p. 282.

228. Ibid., p. 295.

229. *Sein und Zeit* [Ser e tempo], p. 322.

do ao trabalho, o servo se mexe na neve e fala para ele "Eu sinto que isso é a minha morte..." De repente, uma compaixão heroica se apodera do Wassilij Andrejitsch. Ele sente uma comoção festiva de tipo próprio. Com uma decisividade, ele abre o seu casaco de pele, o lança sobre o servo moribundo e se deita sobre ele para aquecê-lo. Ele mesmo sente uma fraqueza que, porém, não o inquieta ou adoeça, mas sim que tem nele um efeito libertador: "[...] eu estou completamente fraco, ele pensou de si mesmo. Mas essa fraqueza era, para ele, não apenas não desagradável, ela dispunha para ele até mesmo uma certa alegria de tipo especial, como ele nunca a tinha sentido antes"[230]. Antes de Wassilij Andrejitsch congelar sobre o servo, ele vem a si novamente brevemente: "Mas ele desperta como alguém inteiramente diferente de quem adormeceu. Ele quer se levantar e não pode, ele quer mover os braços, ele não pode, as pernas, ele também não pode, ele quer mover a cabeça, também isso ele não pode. Ele está surpreso com isso, mas não está nem minimamente incomodado. Ele compreende que isso

---

230. *Der Herr und sein Knecht* [O senhor e o seu servo], p. 297.

é a morte, e também não está minimamente incomodado com isso"[231]. Ele observa como a sua vontade apanha no vazio. Mas essa impotência não o angustia: "Ele estava, agora, inteiramente livre do medo"[232]. Livre do medo significa livre do eu. Essa ausência de medo não traz Wassilij Andrejitsch, todavia, de volta ao "cotidiano tranquilo" do "Se". Ela caminha, antes, lado a lado com uma decisividade heroica para o outro, ou seja, com uma amputação festiva do si.

A compaixão não é a última mensagem de Tolstói. Antes, ela é inserida em um esforço pelo encerramento da morte. Tolstói reconheceu, certamente, que a *minha* morte leva à solidão e ao fracasso moral. Mas ele não chega à serenidade para a morte, a uma finitude que suporta a si mesma, que se apoia a si mesma, não se esforça por algo para além dela. Invoca-se, muito antes, o "fim da morte". A cena final de *A morte de Ivan Ilitch* se iguala a uma cena de redenção: "Em seu peito havia um som retumbante, o seu corpo enfraquecido sacudia;

---

231. Ibid., p. 301.

232. Ibid., p. 299.

então, o som retumbante e a respiração se tornavam mais e mais raras. O fim! Alguém disse sobre ele. Ele ouviu essa palavra e a repetiu em sua alma. O fim da morte! Disse para si mesmo. Ela não é mais"[233]. Pode-se perceber ainda um luto no clamor "O fim da morte!" Em vez de um salto decidido para si, ele pula, no fim da cena de morte, por assim dizer, para longe de si na direção do outro, no que ele pula para longe da morte. Ele não mantém o passo com a morte. O lugar do heroísmo do si, entra o heroísmo do amor. Através da morte irradia uma luz que declara uma vitória sobre a morte. Essa bela *aparência* [*Schein*] oculta a morte e a mortalidade: "O aluno a tomou (a mão), a pressionou contra os lábios e irrompeu em lágrimas. Nesse instante, Ivan Ilitch tinha caído e visto a luz! Aí se tornou claro a ele, que a sua vida não foi como ela poderia ter sido, mas que ainda se poderia fazer algo a esse respeito. Ele disse para si mesmo: O que é 'o certo'? e ficou em silêncio, para ouvir atenciosamente. Ele sentiu, então, que alguém beijou a sua mão: ele abriu os olhos e dirigiu a vista ao seu filho. Ele sentiu dor por

---

233. *Der Tod des Iwan Iljitsch* [A morte de Ivan Ilitch], p. 114.

ele. [...] Ele procurou pelo costumeiro medo da morte de antes e não o encontrou. – Onde está ela, onde está a morte? E o medo não estava lá, pois também a morte não estava lá. Onde a morte estivera, havia luz! É isso! Ele disse repentinamente em voz alta. – Que alegria!"[234] A "luz" que o moribundo vê é uma aparência produzida pelo trabalho de luto. O grito de júbilo do moribundo ainda porta luto. A luz atua, por causa de sua ideia repentina, como uma aparência produzida pela alucinação. Ela cai *de cima* diretamente no moribundo Ivan Ilitch, transforma o medo em uma "alegria". Comparada com a longa cena de medo, de solidão e de dor, a brevidade e repentinidade da cena de redenção faz com que ela pareça como uma cena fugidia de [um] sonho.

"Morrer com facilidade" é, certamente, o conteúdo da arte platônica do morrer. Morrer significa porém, paradoxalmente, se esforçar pelo infinito. O morrer não é, além disso, para Platão, nenhum sofrer, nenhum não-poder-mais-poder, mas sim um poder. Ele pressupõe uma atividade e uma decisividade da alma. Esse

---

234. Ibid., p. 112ss.

poder, essa liberdade para a alma certamente conecta Platão a Heidegger. O morrer como atividade ativa [*aktive Tätigkeit*] se contrapõe àquela morte que seria o fim de toda atividade, de todo poder. De fato, a morte não "singulariza" a alma em Platão. Mas, no cuidado para a morte, a alma se retira para si mesma, tenta "permanecer recolhida em si mesma". Esse trabalho da alma é, em última instância, o trabalho de luto, que trabalha para se desenfardar da mortalidade, ou seja, para matar a morte.

O fim de júbilo de *A morte Ivan Ilitch* invoca o fim da morte, entrega-se à *aparência--de-luz* produzida pelo trabalho de luto, que é moralmente impregnada. O Ivan Ilitch moribundo escolhe para si os *heróis amantes*. Esse heroísmo do amor o livra da decadência da morte. Para esse herói, que não mais teme e treme, o amor se torna a fórmula de cura e de mágica que dissipa por um encanto [*wegzaubert*] a morte. Em relação à morte se terá sido, talvez, sempre um feiticeiro, se recitado sempre um feitiço [*Zauberlied*]. O amor que se apresenta como um sentido infinito, imortal, promete o "fim da morte". O luto se infiltra na moral. Em sua decisividade heroica para o outro, o moribundo Ivan Ilitch triunfa sobre a morte. A morte deve ser superada por força do amor. Essa moral trabalha na eliminação da morte. No lugar da ênfase do si, entra uma paixão do amor. Nessa paixão ainda se agita um eu, que fica de luto. A ênfase do si e a paixão do amor não são os únicos tipos de morte. Desses heroísmos se distingue aquele ser para a morte que, sem a intriga do trabalho de luto, desperta para a tranquilidade [*Gelassenheit*], para a serenidade [*Serenität*], para a amabilidade. Falta à paixão do amor a visão longa e aberta da amabilidade, a visão sem desejo. E a angústia permanece uma disposição-do-eu. Quem se angustia também não consegue ser amável. O ser de-*terminado* [be-*stimmte*] pela angústia gira em torno do si. A amabilidade surge do deslocamento da gravidade do ser para aquilo que não é o eu. A amabilidade é o gesto do entre. Ela se deve ao despertar para a mortalidade, para a impermanência [*Vergänglichkeit*]. Desperta-se para a impermanência ao *se* des-*interiorizar* amavelmente, ao se deixar *passar*.

III
Morte e infinitude

> Homem, se você não morre de
> bom grado, então não quer a
> sua vida!/A vida não lhe é senão
> pela morte concedida.
> Não acredito na morte: se
> morro a cada hora,/Encontrei
> assim sempre uma vida que se
> melhora.
> SILESIUS, A. *O peregrino
> querubínico.*

Em *Ser e tempo*, a morte leva para uma hipertrofia do si. A morte *é* o si. À "*minha morte*" segue-se a proposição "*Eu sou*". O eu se junta, se finca na decisividade: "Eu serei meu eu mais próprio"[235]. A morte como *minha*

---

235. HEIDEGGER, M. *Prolegomenta zur Geschichte des Zeitbegriffs* [Prolegômenos à história do conceito de tempo], p. 433 [Gesamtausgabe, vol. 20].

morte acentua a pobreza de relação que adere sem mais ao ser-com heideggeriano. Lévinas se volta decisivamente contra essa concepção de morte monológica de Heidegger. Para Lévinas, vale a fórmula: *La mort, c'est l'autre* [A morte é o outro].

Em Lévinas, a morte traz consigo um movimento contrário àquela morte como possibilidade do poder ser si mesmo de Heidegger. Em vista da morte não posso, a saber, permanecer. Apesar dessa diferença fundamental, um heroísmo conecta Lévinas a Heidegger. Na morte se inflama, em Lévinas, um heroísmo do amor. Esse heroísmo produz um sentido infinito, que se eleva para além da finitude do ser. Lévinas invoca repetidamente a "vitória sobre a morte" ou o "além do ser e [da] morte". A filosofia de Lévinas não constrói nenhuma relação positiva com a finitude. Ela se direciona à infinitude. Também a análise de Heidegger do ser-aí não faz justiça à mortalidade humana em todos os seus aspectos. Justamente a ênfase heroica do si que desperta em vista da *minha* morte é sua *contra-figura*, a saber, uma re-*ação* à negatividade da morte, que estremece toda auto-posição enfática. Nem em

Heidegger nem em Lévinas se morre *serena-mente*. Permanece dramática a cena da morte.

A – Solidão

> Ninguém à vista
> Na primavera, só há
> Flores de ameixa.
> BASHÔ.

> "O cansaço tem um amplo
> coração" (Blanchot).
> HANDKE, P. *Na manhã da
> janela rupestre.*

Em *O tempo e o outro*, Lévinas apresenta uma fenomenologia muito peculiar da solidão. Ela é interpretada não como um fenômeno sociológico ou antropológico, mas sim como um fenômeno ontológico. Uma "economia geral do ser" deve marcar o lugar da solidão. A pergunta pela solidão é acompanhada pela busca por uma "relação originária ao outro", por meio da qual a solidão deve ser superada. Na linha de extensão da solidão e do sofrimento surge a morte. Por meio de toda a morte, mas, ao mesmo tempo, contra ela, Lévinas acredita poder encontrar um ser originário para o outro que conseguiria libertar a existência da solidão.

A genealogia da solidão de Lévinas se situa na vizinhança de um imaginário "ser sem ente": "Como deveríamos nos aproximar desse ser sem ente? Imaginemos o retorno de todas as coisas, entes e pessoas ao nada. Atingiremos, então, o puro nada? Depois dessa destruição imaginária de todas as coisas, não permanece algo, mas sim o fato do *Isso-dá* [*Es-gibt*][236]. A ausência de todas as coisas retorna como um presente: como o lugar no qual tudo desapareceu, como uma densidade atmosférica, como um preenchimento do vazio ou como um murmúrio do silêncio. [...] Algo que não é nem sujeito nem substantivo. [...] E isso é anônimo: não há [*es gibt*] nada e ninguém que tomasse esse ser para si"[237]. Lévinas crê, agora, poder tornar visível esse murmúrio do ser anônimo no fenômeno concreto da insônia. A insônia não representa, aqui, nenhum fenômeno anímico interior, mas sim um fenô-

---

236. Cf. nota 207 [N.T.].

237. LÉVINAS, E. *Die Zeit und der Andere* [O tempo e o outro]. Hamburgo, 1984, p. 22s.

meno ontológico: "No instante em que se está acorrentado a ela [à insônia], perdeu-se todo o conceito de seu ponto de partida ou de chegada. O presente soldado ao passado é inteiramente herança desse passado, ele não faz nada de novo. Ele é sempre o mesmo presente ou o mesmo passado que dura. Uma lembrança – isso já seria uma libertação em vista desse passado. Aqui, o tempo não parte de nenhum lugar não se afasta ou se dissipa. Apenas os ruídos que vêm de fora, que podem ser tão característicos para a insônia, introduzem começos nessa situação sem começo nem fim, nessa imortalidade que não se pode romper, que é inteiramente semelhante ao Isso-dá, ao ser impessoal [...]"[238]. Temporalmente, a insônia se exterioriza como uma duração enfardadora, sem antes nem depois. O tempo se enrijece em uma massa imóvel. Permanece-se, nesse tempo, preso na posição da duração emergente. Em meio a essa duração tenaz, sem qualquer possibilidade de memória e de antecipação, é-se semi-imortal. Nada passa, nada flui. Onde esse anônimo "Isso-dá" sorve ou esvazia

---

238. Ibid., p. 23s.

todo si, toda interioridade, toda consciência, também não haveria ninguém que morresse. *Minha* morte não seria possível. Para poder dormir, é preciso que essa duração rígida do ser impessoal seja rompida. Apenas em um rasgo no ser onde ocorre uma distância, ou seja, uma retirada para si, um se-dobrar-em--si-mesmo, um se-recostar-em-si, é, segundo Lévinas, possível o sonho. O lugar desse acontecimento é a "consciência": "A consciência é capacidade para dormir"[239].

Um eu ou uma consciência se ergue no meio do ser anônimo. Lévinas chama esse evento de "hipóstase". É primeiramente o presente do eu que faz a iniciativa, a "liberdade do começo" possível. A consciência não é mais entregue ao ser anônimo. Antes, ela se apresenta como o "senhor desse ser". Mas esse domínio cai em uma solidão: "A fim de que possa haver um ente nesse ser anônimo, é necessário que uma partida de si um retorno a si, ou seja, que o verdadeiro trabalho da identidade se torne possível. Por meio de sua identificação, o ente já se fechou em si mesmo; ele é mônada

---

239. Ibid., p. 26.

e solidão"[240]. O partir de si mesmo e retornar a si mesmo não promete nenhuma felicidade auto-erótica: "O retorno do eu para si mesmo não é, justamente, uma reflexão alegre. A relação consigo mesmo [...] é a relação com um *doppelgänger*[241] preso a mim, com um pesado, enfardador, estúpido *doppelgänger* [...]"[242]. Esse "estar preso" é chamado por Lévinas de "materialidade do sujeito". A intencionalidade da consciência, a saber, o para-fora-de-si-e--de-volta-para-si aniquila a relação dual: "[...] eu toco um objeto, eu vejo o outro. Mas eu não *sou* o outro. Eu estou inteiramente sozinho"[243]. A atividade da "razão" consiste na tradução do outro para o mesmo. Desse modo, ela se depara em todo lugar apenas consigo mesma: "A razão é sozinha. E, nesse sentido, o conhecimento nunca se depara realmente com o outro"[244]. A consciência não conhece nenhum

---

240. Ibid.

241. Criatura de lendas germânicas que seria capaz de se tornar uma cópia idêntica da pessoa escolhida [N.T.].

242. Ibid. p. 30.

243. Ibid., p. 20.

244. Ibid., p. 41.

chamado[245]. Apenas a apropriação ocorre. A consciência não tem, a saber, nenhum "parceiro". O diálogo ausente aprofunda a sua solidão: "A intencionalidade da consciência possibilita que o eu se distinga das coisas, mas elas não faz com que o solipsismo desapareça, pois o seu elemento, a luz, nos faz, de fato, senhores do mundo exterior, mas é, todavia, incapaz de descobrir, lá, um parceiro. A objetividade do saber racional não tira nada do caráter de solidão da razão"[246].

Enquanto, na identidade promovida por meio da "hipóstase", o sujeito se envolve em si mesmo, ocorre, no prazer, uma certa separação de si mesmo. Assim, a "vida cotidiana" já é um "modo de se libertar da materialidade originária por meio da qual o sujeito se realiza"[247]. A vida cotidiana desenfarda, portanto, o eu enfardado consigo mesmo. Esse desenfardo não seria, para Heidegger, nada senão a distração que desvia o ser-aí de seu "si mais próprio". Para Lévinas, ela significa um "êxtase", o

---

245. Cf. HAN, B-C. *Todesarten* [Tipos de morte], p. 140-171.

246. *Die Zeit und der Andere* [O tempo e o outro], p. 39.

247. Ibid., p. 37.

movimento do "sair-de-si-mesmo". O meio--ambiente não consiste primariamente de [um] instrumento, mas sim de [um] alimento ao qual o eu se abandona. Essa interpretação de Lévinas do prazer não é convincente. No prazer cotidiano, nunca se abandona a preocupação consigo mesmo. Nele inere ainda a intencionalidade do dirigido-para-si. Ele nunca é um "êxtase". Não se perde *a si mesmo* no alimento. No prazer, nunca falta à mão o seu lugar de destino. Já o seu retorno constante à boca torna concreta a solidão do sujeito-do--prazer. O prazer nunca desfruta da *relação*. Lévinas admite, no entanto: "No esforço, na dor, no sofrimento nos encontramos novamente em um estado puro da definitividade que apresenta a tragédia da solidão. Definitividade que não pode, em última instância, ser superada pelo *êxtase* do desfrutar"[248].

A fenomenologia do sono de da consciência de Lévinas não faz inteiramente justiça a esse fenômeno. A consciência certamente não tem, nisso Lévinas está sem dúvida certo, nenhum "parceiro". Mas justamente essa irrefe-

---

248. Ibid., p. 42.

rencialidade, essa solidão é constitutiva para a insônia. A consciência não é nenhuma "capacidade para dormir". Ela também não é capaz de nenhum cansaço. Lévinas passa ao largo do fenômeno do sono e da consciência. Sua formulação soa incerta: "Mas é preciso se perguntar sobre se a vigília define a consciência, sobre se não, antes, a consciência é a possibilidade de se desprender da vigília; sobre se o sentido próprio da consciência não consiste em ser uma vigília que está *apoiada* na possibilidade do sono"[249]. O que significa, porém, "apoiada"? Consistiria a vigília apoiada na possibilidade do sono realmente no traço essencial da consciência? Caracterizaria a "possibilidade de se retrair para 'aí detrás' a fim de dormir" de fato a consciência como tal? Ter-se-ia muito antes de dizer que o sono *atinge* a consciência como um *acidente*, sem ser a sua característica essencial.

A insônia é a vigília prolongada na noite do sujeito solitário, irreferencial. Esse sujeito não teria nada em que ele pudesse *se encostar*. A apropriação esvazia o mundo. O "absur-

---

249. Ibid., p. 25s. [destaque do autor].

do" que Lévinas iguala ao ser anônimo é, justamente, o fenômeno ser esvaziado, desprovido de sentido, ou seja, de relação. O "murmúrio do silêncio" não seria nada senão a fala ausente do outro. Nesse sentido, o "ser sem ente" não é aquele evento que antecede à consciência. Antes, ele representa uma forma extrema de irrelacionalidade, da qual a consciência apropriadora já faz parte. O mundo se vinga, por assim dizer, do sujeito da apropriação. A insônia e a solidão teriam a mesma origem. Elas são, a saber, fenômenos nos quais a violência do sujeito ricocheteia nele mesmo. A consciência, assim vista, não é a "capacidade para dormir", mas sim o estar desperto que caminha lado a lado com a solidão. Toda sonolência significa já, para a consciência, uma auto-alienação.

O eu pode muito bem ser *arrastado* para o sono. O poder dormir não é, porém, seu traço essencial. Em *Ensaio sobre o cansaço*, Handke descreve como a um "dormir para longe [*Wegschlafen*] semelhante à impotência" se segue, paradoxalmente, uma sonolência: "Primeiramente, todo tipo de cansaço atuou como um entorpecimento, no qual, via de regra, não foi possível nem mesmo um dobrar do dedinho, sim, nem mesmo um balançar dos cílios; mesmo o respirar pareceu se congestionar, de modo que se sentia rígido até o mais íntimo, ao ponto de [se sentir] um pilar de cansaço; e quando por fim se conseguiu dar o passo para a cama, então se chegou, depois de um rápido dormir para a longe semelhante à impotência – nenhuma sensação de sono –, no primeiro giro, para o despertar em uma sonolência, na maior parte das vezes por noites inteiras [...]"[250]. Essa insônia torna concreto o modo de existência do sujeito singularizado para si. Ela é a condição do eu que se tornou sem relação, irreferencial.

Em *Da existência ao existente*, Lévinas investiga o fenômeno do cansaço (*fatigue*). O cansaço é concebido como um fenômeno fundamental do ser. Ele é um tipo de nascença, de acolhimento do ser, um envolvimento no ser, um "esforço" (*effort*) que se relaciona não a uma coisa determinada, mas sim ao ser mesmo como um "fardo a ser assumido". Ele tem "o seu lugar não me-

---

250. HANDKE, P. *Versuch über die Müdigkeit* [Ensaio sobre o cansaço]. Frankfurt a.M., 1992, p. 11s. Cf. tb. HANDKE, P. *Phantasien der Wiederholung* [Fantasias da repetição]. Frankfurt a.M., 1983, p. 85: "Quando eu descanso em mim mesmo, constantemente, adormeço – mas não pacificamente, mas como um pé adormece".

ramente na mão que solta o peso que ela levanta cansadamente, mas sim em uma mão que se prende àquilo que ela solta, mesmo quando ela renunciou a ele e resta disso para ela apenas um espasmo"[251]. O "soltar" não promete, aqui, nenhuma nova liberdade. O cansado permanece ainda carregado consigo mesmo e com todo o peso do ser. Ele não tem nenhuma relação com esse ser. Ele se curva, enfurna-se em si mesmo. O "instante", que significa verdadeiramente liberdade e domínio do sujeito, se enrijece no cansaço. A mão cansada é "como que deixada a si mesma", "conta apenas consigo mesma". Ela é o "abandono *sui generis*"[252]. É problemático que Lévinas remeta o cansaço ao fato do ser mesmo. O cansaço como "abandono *sui generis*" não é, assim se deveria objetar a Lévinas, nenhum fenômeno do ser mesmo, nenhum "acontecimento do nascimento", mas sim o outro lado do domínio do eu, que faz dele sem relação. Aque-

---

251. LÉVINAS, E. *Vom Sein zum Seienden* [Da existência ao existente]. Freiburg/Munique, 1997, p. 40.

252. Ibid.

le "cansaço saudável" de Heidegger[253], que não leva ao abandono, mas sim uma irreferencialidade singular, seria, para Lévinas, uma mera "mística"[254].

Em *Outro que o ser ou além da essência*, o "cansaço" recebe um outro significado. Em vez de *fatigue*, Lévinas fala, aqui, de *lassitude*. O "cansaço originário" (*lassitude primordiale*) caracteriza uma passividade radical, que se furta inteiramente a qualquer "iniciativa" do "eu ativo". Aquém do tempo-do-eu, ele dura como o tempo do outro. Nesse espaço da passividade inacessível a toda presentificação, a toda representação, a toda atividade do eu, Lévinas situa o "para-o-outro", o "bem" (*le Bien*)[255]. No cansaço, no partir-se do eu, desperta a "passividade do para-o-outro". Nesse contexto, Lévinas fala de "inspiração". A inspiração caracteriza um movimento no qual o eu, arrastado para fora de sua interioridade, "vai

---

253. HEIDEGGER, M. *Holzwege* [Caminhos de floresta], Frankfurt a.M., 1950, p. 23.

254. *Vom Sein zum Seienden* [Da existência ao existente], p. 38.

255. Cf. *Jenseits des Seins oder anders als Sein geschiet* [Outro que o ser ou além da essência], p. 126: "O bem que domina em seus bens não pode [...] entrar no presente da consciência".

na direção do outro" (*s'en va pour l'autre*) ou "passa" (*se meurt*)[256]. Essa inspiração do cansaço ou o "para-o-outro" não é, porém, *capaz de mundo* [*weltfähig*]. Ela estreita a visão do mundo. Ela é sem luz, som e cor.

No *Ensaio sobre o cansaço*, de Handke, encontram-se algumas observações que são de significado em vista de uma fenomenologia do cansaço. Handke imagina, a saber, um cansaço que promove a relação, [um cansaço] capaz de mundo, que, como um "mais de menos do eu"[257], libera uma receptividade para aquilo que não é o eu. Handke se aferra, de fato, por causa do "menos eu", à expressão "cansaço". Mas o "mais" o traz à vizinhança da serenidade [*Gelassenheit*]: "A inspiração do cansaço diz menos o que é para se fazer, mas sim o que pode ser *deixado* [*gelassen*]"[258]. O cansaço *inspira*. Mas, em oposição à "inspiração" de Lévinas, a "inspiração do cansaço" de Handke caracteriza uma tranquilidade serena. Inere ao deixar [*Lassen*] do cansaço uma vi-

---

256. Ibid.

257. *Versuch über die Müdigkeit* [Ensaio sobre o cansaço], p. 75.

258. Ibid., p. 74 [destaque do autor].

gília, vigília que, porém, não parte do "eu". A "inspiração do cansaço" faz "mais" do "menos eu". Ela tem um efeito vinculante e reconciliador, cria uma relacionalidade, sim, a amabilidade. Esse cansaço inspirador também não é nenhum "cansaço solitário"[259]. Ele não é capaz de uma visão demorada, que recebe ao outro amavelmente. Antes, ele tem um feito isolador e singularizador. Cortado de toda referência ao outro, o cansado solitário cai em um buraco-do-eu irreferencial, na solidão do eu. O cansaço solitário se manifesta para fora não meramente como uma indiferença, mas como uma "violência" que "deforma o outro"[260]. Ele é hostil. Ao "cansaço cindido", que "atinge a alguém sempre com incapacidade de visão e mudez", Handke contrapõe aquele cansaço eloquente, claro, esclarecedor, que estimula o ser-no-mundo. No tornar-se "menos" do eu a gravidade do ser se desloca do eu para o mundo. Handke fala do "cansaço que confia no mundo"[261]. Ele "abre" o eu, faz dele "per-

---

259. Ibid., p. 11.

260. Ibid., p. 17.

261. Ibid., p. 59.

meável"[262] para o mundo, ou seja, ele dispõe de modo amável.

O "cansaço que confia no mundo" se deixa compreender como uma disposição fundamental de uma existência intransitiva. Ele restaura a "dualidade" destruída por meio do transitivo. Vê-se *e* se é visto. Toca-se *e* se é tocado: "Um cansaço como um tornar-se acessível, sim, como a realização do tornar-se tocado e poder você mesmo tocar [...]"[263]. *Faz*-se para *si mesmo* não apenas um retrato do mundo, mas se está si mesmo *na imagem como parte dela*. O ser-no-mundo seria um "ser-no-retrato-como-parte-dele"[264]. Eu não *me presentifico* no mundo, mas sim me *demoro* no mundo, ou seja, eu sou *co-presente*. O "menos eu" se manifesta como um *mais mundo*: "O cansaço era meu amigo. Eu estava novamente lá, no mundo [...]"[265]. Eu e mundo não se fundem aí simplesmente em uma *massa do cansaço* inarticulada. Antes, cada um é reconhecível como tal, aparece vestido em uma *forma*. O "cansaço

---

262. Ibid., p. 62.

263. Ibid., p. 46.

264. HANDKE, P. *Versuche über den geglückten Tag* [Ensaio sobre o dia bem-sucedido]. Frankfurt a.M., 1994, p. 53.

265. *Versuch über die Müdigkeit* [Ensaio sobre o cansaço], p. 51.

translúcido"[266] é vivenciado como uma força figuradora, formadora: "O cansaço segmentava – um segmentar que não desmembrava, mas sim tornava reconhecível – ritmava a confusão usual por meio dele para o benefício da forma – forma até onde os olhos alcançavam [...]"[267]. Certamente, não se poderá falar em Lévinas de um "cansaço translúcido". O seu cansaço não dá, a saber, *nada a ver*. Para Lévinas, "a luz, a clareza" não é senão a "compreensibilidade como tal", que faz com que "tudo venha para diante de mim"[268]. Claramente, Lévinas não conhece nenhuma outra luz. A luz não tem de ser o *meio* da apropriação, não tem de ser o instrumento do eu. A luz inspira, arranca o eu de si mesmo, faz com que ele flua para o mundo. A luz ilumina o eu, o livra do matagal de sua interioridade. A *inspiração da luz* traz uma inversão da vista consigo. Ela interrompe a intencionalidade do a-partir-de-si-mesmo-e-para-si-mesmo. O olho é visto agora pelo *brilhante*. A "luz dos olhos" se ergue primeiramente no *brilhante*. O olho *irradia* de volta o *brilhante*:

---

266. Ibid., p. 56.

267. Ibid., p. 53.

268. *Die Zeit und der Andere* [O tempo e o outro], p. 41.

"Os olhos vis-lumbram [*er-blicken*] o brilhante apenas na medida em que eles já foram antes i-luminados [*be-schienen*] e vistos"[269].

O cansaço como um "menos do eu" é um sentimento ou uma disposição do entre. Ele faz com que as fronteiras rígidas do eu fluam. Eu não apenas vejo o outro, mas *sou também* o outro *e* "o outro se torna, ao mesmo tempo, eu"[270]. Falta a ele tanto a ênfase do si como também a ênfase do "*para-o-outro*". No cansaço, desperta a capacidade para uma transformação. A solidão, em contrapartida, é a condição daquele eu que se tornou incapaz para a transformação. A sua interioridade *irreferencial* é, assim, sem *experiência*. Aquele "cansaço que confia no mundo", em contrapartida, preserva ainda a dualidade, faz a troca *entre* eu e o outro possível. Ele não é, portanto, aquele "êxtase" no qual o sujeito seria "tomado pelo objeto"[271].

---

269. HEIDEGGER, M. "Hölderlins Erde und Himmel" [A terra e o céu de Hölderlin]. In: *Erläuterungen zu Hölderlins Dichtung* [Esclarecimentos sobre a poesia de Hölderlin]. Frankfurt a.M., 1971, p. 161.

270. *Versuch über die Müdigkeit* [Ensaio sobre o cansaço], p. 68.

271. Cf. *Die Zeit und der Andere* [O tempo e o outro], p. 19: "Ao ascendermos de volta para a raiz ontológica da solidão, esperamos vislumbrar no que essa solidão pode ser superada. Digamos desde já o que essa superação não é. Ela não é um conhe-

O entre se abre ali, onde "ninguém e nada 'domina' ou é mesmo 'predominante'"[272]. O entre promove a paz, produz amabilidade, Ele representa uma forma originária do entendimento mútuo [*Verständnisses*]. A disposição-do-entre se manifesta como uma *a-ssentimento* [*Zu-Stimmung*] originário ao outro: "Conto aqui do cansaço na paz, no *tempo do entre*. E naquelas horas havia a paz [...]. E o surpreendente é que o meu cansaço parecia atuar conjuntamente lá, na paz ocasional, pois a sua vista fazia com que toda ocasião para o gesto da violência, do conflito ou mesmo de uma ação hostil fosse apaziguada? amenizada? – desarmada por meio de uma compaixão inteiramente diferente do que a do desprezível "às vezes" do cansaço do trabalho [*Schaffensmüdigkeit*]: a *compaixão do entendimento mútuo*"[273]. A visão do cansaço, a visão amável faz com que as ocasiões para gestos de "ação hos-

---

cimento, pois, por meio do conhecimento, o objeto é, querendo ou não, totalmente tomado pelo sujeito, e a dualidade desaparece. Não é um êxtase, pois, no êxtase, o sujeito é tomado pelo objeto e se encontra assim, novamente, na sua unidade. Todas as relações vão na direção do desaparecer do outro".

272. *Versuch über die Müdigkeit* [Ensaio sobre o cansaço], p. 35.

273. Ibid., p. 54 [destaque do autor].

til" desapareçam. A pena [*Mitleid*] dá lugar a uma compaixão [*Mitgefühl*] singular, que não seria nenhuma auto-afecção de um eu soberano, mas *antes o sentimento do outro*.

Um "sentido" singular se torna acessível ao cansaço. Um "sentido" resulta [*ergibt*], sem qualquer "doação de sentido" [*Sinngebung*]. Essa camada de sentido mais profunda é constituída por meio do *entre*, onde eu também *sou* "o outro": "Duas crianças lá diante de meus olhos cansaços, isso que sou agora. E [o modo] como a irmã mais velha arrasta o irmãozinho pelo local, disso resulta ao mesmo tempo um sentido, e tem um valor, e nada é mais valoroso do que o outro – a chuva que cai no pulso do cansado tem o mesmo valor que a visão dos transeuntes além do rio – e é tão bom quanto belo, e faz parte que seja assim, e assim também deve continuar a ser, e isso é, antes de tudo, verdadeiro. Como a irmã agarra [o seu irmão], eu [agarro] o irmão, [e ela] me agarra pelo quadril, [e] isso é *verdadeiro*"[274]. Handke destaca, aqui, a palavra "verdadeiro" [*wahr*]. Essa verdade singular se deixa interpretar

---

274. Ibid., p. 68s.

como um fenômeno do entre. Verdadeiro é o instante em que o entre é bem-sucedido, a saber, o instante da *in-diferença* [*In-Differenz*]. É impossível, aqui, a intuição objetificadora, que separa quem intui do que é intuído. A *in*-tuição [*An-Schauung*] isola. Assim, Handke faz com que, da constatação "isso é verdadeiro", se siga imediatamente a pergunta: "Onde fica a intuição?" A verdade é, assim, um *estar velado* [*Geborgenheit*] *no entre*, que ocorreria *antes* do que aquele "desvelamento" heideggeriano. O cansaço faz, além disso, com que tudo pareça equi-*valente* [gleich-*gültig*]. Todo ente brilha em seu ser-assim particular.

O tempo não se esgota naquele tempo da "preocupação", que não é senão preocupação *consigo mesmo*. A ênfase do si faz do "ser-aí" cego para o *entre*. O "ser-com" "autêntico" de Heidegger é, em última instância, um [ser] um ao lado do outro do si irreferencial. Também a "angústia" permanece uma disposição-do-eu singularizador. Ela não é *disposta* para o outro. Também não desperta nela nenhuma *confiança no mundo*. O tempo do cansaço seria, visto da perspectiva do tempo da "preocupação", um *meio-tempo* [*Zwischen-Zeit*] *sem preocu-*

pação, uma *duração*, um tempo sem "projeto". Ele não coage as coisas a serem de ante-*mão* [*vor-handen*] ou estarem à-*mão* [*zu-handen*]. As mãos não são mais estendidas para o apanhar ou para a apropriação, mas descansam ou jogam: "[...] Em todas as tardes aqui em Linares eu observava o tornar-se cansado de muitas crianças pequeninas levadas aos botequins: mais nenhuma voracidade, nenhum apanhar nas mãos, apenas ainda um jogar"[275].

No *tempo do entre* sem "projeto" e [sem] "preocupação", o tempo dá, por assim dizer, lugar ao espaço. O tempo da "preocupação" *se aquieta em nome do espaço*. O ser-aí de Heidegger existe, antes de tudo, temporalmente. A "preocupação" como traço fundamental do ser-aí é um fenômeno do tempo.

Ser *é* tempo. E o ser-aí encontra primeiramente no "futuro" a existência autêntica, ou seja, a *si mesmo*[276]. O futuro é aquele movimento do

---

275. Ibid., p. 75s.; cf. *Die Zeit und der Andere* [O tempo e o outro], p. 41: "Na concretude da carência o espaço deve [...] sempre ser conquistado. É preciso superá-lo, é preciso apanhar o objeto, ou seja, é preciso trabalhar com as suas [próprias] mãos".

276. Cf. *Sein und Zeit*, p. 327: "O se projetar fundamentado no futuro para a 'vontade em torno de si mesmo' é uma característica essencial da *existencialidade. O seu sentido primário é o futuro*".

"em-direção-a-si, para *si*"[277]. O ser-aí que avança para a morte projeta as suas possibilidades de ser propriamente para si, para a possibilidade do si mais próprio. Assim, o "futuro" [*Zukunft*] é um "porvir no qual o ser-aí vai ao encontro de *si mesmo* em seu poder ser mais próprio"[278]. Ele é constitutivo para o recolhimento da interioridade do si. O espaço seria *dispersivo*. Poder-se--ia dizer: o cansaço descobre o espaço. Também a Lévinas falta a sensibilidade para o espaço que inspira. O espaço convida apenas à intuição e à apropriação do objeto. O espaço preenchido de luz e de objetos seria apenas o lugar do prazer ou da satisfação. Ele não apontaria para nada que seria "absolutamente outro para além do mesmo"[279]. Ele não consegue anunciar nenhuma "transcendência", não contém nenhum "rastro do outro". Lévinas remete de fato, constantemente, a uma posição radicalmente contrária à de Heidegger em *Ser e tempo*. Mas, em referência ao tempo, ele se atém à prioridade do tempo em relação ao espaço deste, todavia com

---

277. Ibid., p. 330.

278. Ibid., p. 325 [destaque do autor].

279. LÉVINAS, E. *Totalität und Unendlichkeit* [Totalidade e infinitude]. Freiburg/Munique, 1987, p. 274.

a diferença de que o peso é deslocado si para o outro. O outro, ao qual o desejo permanece referido, se manifesta temporalmente. O outro *é* o tempo, e, de fato, aquele futuro que se furta inteiramente à presentificação: "[...] O futuro é aquilo que não pode ser apanhado, o que se abate sobre nós e se apodera de nós. O futuro, isso é o outro"[280].

O amável *entre* é o espaço que se torna acessível para o "cansaço que confia no mundo". Em uma singular *disposição-de-concordância* [*Zusammen-Stimmung*] ou *disposição-do-entre* [*Zwischen-Stimmung*], as coisas perdem as suas fronteiras fixas e se aconchegam umas às outras, sim, se gostam: "A coisa aparece, em tal cansaço fundamental, nunca para si, mas sim

---

280. *Die Zeit und der Andere* [O tempo e o outro], p. 48. Em *Outro que o ser ou além da essência*, Lévinas tenta, agora, ocupar o espaço eticamente, ou seja, fundá-lo eticamente. Assim, Lévinas se pergunta se a contiguidade espacial seria sem vizinhança e sem contato, se a homogeneidade do espaço seria pensável sem o significado humano da justiça frente a toda diferença (p. 182). O vazio do espaço esvazia, além disso, o eu. "Penetrando até o canto mais interior de minha interioridade", ele me coloca em uma passividade radical. A "inquietude do respirar" exposta a todos os ventos é "minha exposição frente ao outro", "minha responsabilidade pelos outros e minha inspiração por meio dos outros" (p. 384s.). Aqui, se trata do espaço completamente esvaziado do [que é] visível. Esse espaço ético *não dá nada a ver*, é despido de toda *forma*. No espaço preenchido com visibilidades, o eu ergueria novamente o seu feio predomínio.

sempre junta com outras, e mesmo que haja apenas poucas coisas, no fim está tudo próximo um do outro"[281]. No cansaço fundamental, as coisas perdem o para-si que singulariza e que isola. Abre-se a elas o espaço-do-*entre*, no qual tudo se espelha reciprocamente. Nesse espelhamento-total, nessa unidade-de-espelho, que permite que "a parte" apareça "como o todo"[282], a singularidade do indivíduo permanece preservada: "Eu tenho uma pintura para o 'tudo em um': Aquela [pintura], via de regra holandesa, de flores de natureza morta do século XVII, onde, nas flores realistas, se encontra aqui um besouro, aqui um caracol, ali uma abelha, ali uma borboleta, e por mais que nenhum deles talvez tenha alguma ideia da presença do outro, no instante, no *meu* instante, tudo [é] um próximo do outro"[283].

No "cansaço solitário", nos afundamos em nossa própria carne como em um "pilar de cansaço"[284]. Ele tem um efeito que cinde e singu-

---

281. *Versuch über die Müdigkeit* [Ensaio sobre o cansaço], p. 68.

282. Ibid.

283. Ibid., p. 69.

284. Ibid., p. 12.

lariza: "[...] ambos já caíram, inexoravelmente, longe um do outro, cada um em seu cansaço elevado, não o nosso, mas sim o meu aqui e o seu ali"[285]. Em oposição a esse cansaço *sempre meu*, aquele cansaço fundamental produz, como "cansaço-nós", um sentimento-de-nós singular: "Assim sentávamos – em minha memória sempre lá fora sob o sol do meio-dia – conversando com prazer ou silenciosamente em cansaço comum [...] Uma nuvem de cansaço, um cansaço etéreo nos unia então [...]"[286]. Nesse cansaço vinculante, reconciliador, não estou cansado de você, mas sim "cansado *para você*"[287]. O cansaço presenteia com um sentimento para o *entre*, um sentimento-tátil originário, ou seja, não apenas comunicativo; mas, antes, musical, que leva a uma concordância harmônica dos indivíduos: "O cansaço dá aos indivíduos distraídos o tato"[288].

---

285. Ibid., p. 15.

286. Ibid., p. 27s.

287. Ibid., p. 48.

288. Ibid., p. 74.

O cansaço libera um "sentido de lugar"[289]. O lugar se comunica com ele por meio de um "aroma de lugar"[290]. Quem é inspirado pelo cansaço fundamental *respira* o lugar. Esse espaço-de-lugar atmosférico é oposto aquele espaço-de-ação de *Ser e tempo*, que surge de um dos contextos de função das coisas organizados pelo projeto correspondente. O espaço-do-lugar se furta a toda ação. Ele *repousa*. A estadia nele é sem "projeto", sem "preocupação". Ao inspirado respirar o aroma do lugar, ele se faz *semelhante* ao lugar. O "sentido de lugar" é, por assim dizer, um sentido mimético. Do "menos de eu" desperta o sentido para a transformação, que cria a semelhança vinculadora, reconciliadora: "Senti muito mais sentido de lugar lá do que em qualquer outro lugar. Era como se eu tivesse, por mais que mal estivesse lá pela primeira vez, inspirado o aroma do lugar em meu cansaço, estivesse

---

289. Ibid., p. 57.

290. O aroma é certamente, o mais difícil de se se apropriar: "Tu, meu amigo, estás solitário, porque.../*Nós*, com palavras e sinais com os dedos/ fazemos do mundo gradualmente familiar demais a nós,/talvez a sua parte mais fraca, mais perigosa.// Quem aponta com dedos para um aroma? [...]" (RILKE, R.M. *Sonette an Orpheus* [Soneto para Orfeu], primeira parte, XVI).

há muito lá inserido. – E nesse lugar os anos seguintes ainda se alinharam nos cansaços semelhantes. Ocasionalmente, de modo que estranhos com frequência me cumprimentavam estranhamente, pois eu lhes parecia familiar, ou simplesmente porque sim"[291].

Segundo Heidegger, a morte deve sacudir o ser-aí até despertá-lo para si mesmo. A ênfase do si, porém, dilui o ser-com até um ao lado do outro do ser-aí singularizado em *si*. A "angústia diante da morte", na qual o ser-aí se decidiria para si mesmo, seria oposta àquele cansaço que confia no mundo, que une em vez de singularizar. Os "retratos profundos" do cansaço chegam até a morte. O "mais de menos do eu" vincula o cansaço com uma serenidade para a morte. Ela promete, ao mesmo tempo, *mais mundo*: "Seu dia-do-eu tinha se aberto para um dia-do-do mundo. Cada lugar tinha recebido o seu instante, e ele poderia ter dito sobre isso: 'É isso'. *Ele tinha chegado a um acordo com a sua mortalidade* [...]"[292]. Esse acordo com a mortalidade

---

291. *Versuch über die Müdigkeit* [Ensaio sobre o cansaço], p. 58.

292. *Versuch über den geglückten Tag* [Ensaio sobre o dia bem-sucedido], p. 70s.

não pode ser pensado separadamente daquela "compaixão como *entendimento mútuo*". A serenidade para a morte, como "mais de menos eu", cria amabilidade.

A experiência do mundo como experiência do sentido é completamente estranha a Lévinas. Falta-lhe, certamente, o sentido para o mundo que inspira. Ele também não conhece nenhuma relação promotora de sentido com a coisa, nenhum contato epidérmico com ela, cuja ausência já traria consigo uma solidão. O mundo de Lévinas é sem coisa e sem paisagem. Ele é sem *confiança no mundo*. Apenas com a relação a outros seres humanos, a saber, com o "Eros", Lévinas promete a si mesmo a superação da solidão.

B – Eros

> De fato, pelo poder do amor, de ti sou
> e eternamente portarei esse laço;
> mas pelas armas, felicidade, teus dotes são meus;
> caiu-me aos pés, certeiramente, quando nos encontramos em

combate, não eu aos teus.
Von KLEIST, H. *Penthesilea.*

"Prazer quer eternidade": Luto
ele tem.
HANDKE, P. *A história do lápis.*

Como se libertar da solidão? Essa pergunta determina do início ao fim *O tempo e o outro.* O sujeito é sozinho e solitário pelo fato "de que ele é um ente". A sua solidão se sustenta em sua relação ao ser "de quem ele é senhor". O domínio destrói toda relação dual. Também o "trabalho" é, para Lévinas, como tal, um domínio. O "espaço" é "sempre para ser conquistado". É preciso superá-lo, é preciso apanhar o objeto. A solidão é referida ao "esforço", "empenho" e "dor", a esse "fardo da existência. Na dor física, aumenta-se a solidão e o fardo da existência até o insuportável. Em oposição à dor anímica, que permite, de fato, um recuo [diante dela], a dor física não se deixa escapar. Ela é nua ou muda, na medida em que ela se furta a toda doação de sentido ou sublimação. É-se encurralado no ser"[293]. É impossível

---

293. Ibid., p. 42.

o irromper para fora do "ser". O sofrimento é a "impossibilidade do nada".

Segundo Lévinas, a dor anuncia, em sua acentuação extrema, um "evento" que "jaz além daquilo que, no sofrimento, se desvelou até o fim", algo "ainda mais dilacerador do que o sofrimento", o "desconhecido que é impossível de traduzir em expressões da luz, ou seja, que é recalcitrante frente a essa intimidade do se [*Sich*] com o eu à qual se remetem todas as nossas experiências"[294]. Nesse ponto traumático de dor, onde o eu se dissolve em uma passividade radical, Lévinas situa a morte. A morte não é, portanto o simples fim do "ser", não é o mero "nada". Ela *aparece* como o inteiramente outro, como o "segredo": "O desconhecido da morte [...] não significa que a morte é uma região da qual ninguém voltou e que, consequentemente, permanece, de fato, desconhecida; o desconhecido da morte significa que a relação com a morte não pode se realizar na luz; que o sujeito está em relação com aquilo que não vem dele. Também poderíamos dizer que ele está em relação com o segredo. Esse tipo e modo da mor-

---

294. Ibid., p. 42s.

te, de se anunciar no sofrimento para além de toda a luz, é uma experiência da passividade do sujeito que, até então, tinha sido ativo"[295].

A morte é, para Lévinas, um não-poder--poder; ela torna "toda tomada de uma possibilidade impossível"[296]. Ela não é uma capacidade. Desse modo, Lévinas coloca em questão radicalmente a análise heideggeriana da morte, que concebe a morte como a possibilidade tomada pelo ser-aí do poder-ser-si-mesmo. Para Lévinas, a morte se anuncia como um "evento" "de que o sujeito não é senhor", "em relação ao qual o sujeito não é mais sujeito"[297]. A morte não leva à ênfase do si, mas sim ao seu apagamento: "Mas a morte tão outra, a morte mostrada como a alienação da minha existência – é ela ainda a *minha* morte? Se ela abre uma saída da solidão, ela não apagará

---

295. Ibid., p. 43.

296. Ibid., p. 44.

297. Ibid., p. 43. Poder-se-ia contrapor a Lévinas que ele, como Heidegger, ontologiza a morte, que a sua concepção de morte e de sofrimento oculta, justamente, a estrutura complexa da violência social. Também o trabalho que dói, que deixa perceber o fardo da existência é, para Lévinas, uma grandeza ontológica. Abstrai-se inteiramente dos sentidos sociais sob os quais o trabalho tem de ser feito.

simplesmente, então, essa solidão, não apagará a subjetividade ela mesma?"[298].

A morte autêntica é, para Heidegger, a *minha* morte. O *meu* formula uma autorreferência enfática. No avançar para a morte desperta, a saber, aquela "decisividade", "na qual o ser--aí retorna para *si mesmo*"[299]. A "auto-subsistência" ou a "firmeza de posição" [*Standfestigkeit*][300], a saber, o manter-a-sua-*posição* [*Stand--halten*] em vista da morte é o lema do tipo de morte heideggeriano. A morte desencadeia, em Lévinas, um movimento inteiramente outro. Em vista da morte, nenhum *posicionamento* é possível. Desatado em lágrimas, o eu cai ao chão: "Meu domínio, minha masculinidade, meu heroísmo do sujeito não pode, em referência à morte, ser nem masculinidade, nem heroísmo. No sofrimento no interior do qual concebemos essa vizinhança da morte – e ainda no âmbito do fenômeno –, há essa inversão da atividade do sujeito em passividade. Não no instante do sofrimento, no qual eu,

---

298. *Die Zeit und der Andere* [O tempo e o outro], p. 49.

299. *Sein und Zeit* [Ser e tempo], p. 383 [destaque do autor].

300. Ibid., p. 322.

encurralado no ser, ainda o apanho, no qual ainda sou sujeito do sofrimento, mas no chorar e soluçar, no qual o sofrimento se transforma; lá, onde o sofrimento chega à sua forma pura, onde não há mais nada entre nós e ele, lá a responsabilidade suprema dessa tomada de responsabilidade extrema se inverte na suprema ausência de responsabilidade, na infância. Esse é o soluço e exatamente assim ele anuncia a morte. Morrer, isso significa regressar a essa condição da ausência de responsabilidade, ou seja, ser a sacudida infantil do soluço"[301]. A morte como a *minha* morte é, para Heidegger, justamente o fermento da responsabilidade. O "si mais próprio" que o ser-aí apanha no "avançar para a morte" atua, a saber, como um portador insuperável da responsabilidade[302]. Para Lévinas, a morte faz, em contrapartida, toda iniciativa do eu ser nula. Ela não traz consigo a masculinidade heroica do ser-aí decidido para si mesmo, mas sim a infância, a ausência de responsabilidade. A morte faz entender,

---

301. *Die Zeit und der Andere* [O tempo e o outro], p. 45.

302. Cf. *Sein und Zeit* [Ser e tempo], p. 288: "Compreendendo o chamado, o ser-aí deixa o si mais próprio, a partir de seu poder ser escolhido, *agir em si*. Apenas assim ele pode *ser* responsável".

a saber, "que nós, a partir de um determinado momento, *não podemos mais poder*"[303]. Lévinas não permanece, porém, nessa passividade. Antes, inflama-se, na morte – isso se torna ainda mais claro no Lévinas tardio – um heroísmo que, porém, não é nenhum "heroísmo do sujeito"[304].

Lévinas enfatiza que a morte em vista da qual não se pode mais poder transcende a própria dimensão do poder. Ela é um acontecimento que não é superior a mim ou que se apodera de mim, mas sim que é estranho a mim. Esse acontecimento é, então, uma alteridade, em vista da qual minha atividade se inverte em uma passividade. A *linguagem* de Lévinas, em contrapartida, emaranha a morte continuamente em poder e violência. Em vista da morte, o eu se encontra "acorrentado" e "subjugado"[305]. Ela "se abate" sobre mim, "se apodera" de mim. Fala-se de "apagamento". O outro absoluto da morte surge, de fato, como algo extremamente poderoso, que abate, por

---

303. *Die Zeit und der Andere* [O tempo e o outro], p. 47.

304. Ibid., p. 45.

305. Ibid., p. 44.

assim dizer, o sujeito. Seria impossível, aqui, uma serenidade em relação à morte.

Lévinas aponta para o fato de que sua "análise da morte que ocorre em vista do sofrimento" oferece algo de "especial" frente à análise de Heidegger da morte. Heidegger teria compreendido a morte como uma "clareza suprema" e como uma "masculinidade suprema", como "atividade" e "liberdade". Ele, porém, pensaria a morte a partir daquele evento que coloca o sujeito em uma passividade radical. Seria a sua concepção de morte realmente completamente diferente da concepção heideggeriana? A morte não é, para Heidegger, como tal, um "evento da liberdade". Essa liberdade pertence àquele heroísmo como qual ser-aí se confronta ou se coloca frente à morte. Também em Lévinas o ser para a morte vai além da experiência de uma passividade radical: "Se, em vista da morte, não se pode mais poder poder, como se pode, então, permanecer ainda si-mesmo em vista do evento que ela anuncia?"[306] O que importa, então, é preservar uma liberdade em vista da morte, erguer-*se*

---

306. Ibid., p. 49.

novamente e fazer frente contra a morte: "Ele [o problema] consiste em preservar para o eu, no meio de sua existência na qual ele se depara com um evento que lhe sucede, a liberdade obtida pela hipóstase. Uma situação que se poderia caracterizar como a tentativa de vencer a morte, uma situação na qual o evento ocorre e na qual o sujeito, todavia, faz, ao mesmo tempo, frente ao acontecimento [...]"[307]. Também Lévinas quer confrontar a morte com uma liberdade. Através de todo o seu discurso sobre "vencer" ou "fazer frente" reluz uma estranha ênfase heroica. Lévinas não se comporta aqui de maneira inteiramente diferente daquele "herói" "que sempre vê uma última chance"[308]. Em vista da morte há ainda, sim, uma "esperança". Essa é sempre uma parte integrante do heroísmo.

Lévinas busca por uma relação com o outro que me livraria da solidão. A morte surge, de fato, como um outro absoluto. Mas nenhum relacionamento com ela é possível, pois ela apaga o eu. Assim, a pergunta de Lévinas

---

307. Ibid., p. 50.

308. Ibid., p. 46.

enuncia: "Como pode o existente existir como mortal e, todavia, persistir em sua 'personalidade', preservar sua conquista do anônimo 'isso dá', seu reino do sujeito, sua conquista da subjetividade? Pode o ente entrar na relação com o outro sem, assim, permitir que o outro apague o seu si-mesmo?"[309] Lévinas busca por uma relação com outro, por um outro evento que coloque, de fato, o eu em uma passividade, mas que, porém, não o anule, ou seja, por uma relação com o outro em que eu consiga *ficar-de-pé*-diante dele: "Essa situação, na qual o evento ocorre com um sujeito que não é tomado por ele, um sujeito que, em vista desse acontecimento, não pode poder nada, na qual, todavia, ele consegue também se contrapor de um modo determinado a esse evento, essa situação é a relação com o *outro* (*autrui*), o face-a-face com o outro, o confronto com o rosto que dá e retira o outro ao mesmo tempo. O outro 'com que se arca [*übernommene*]' – esse é *o* outro"[310]. Exatamente como com aquele outro absoluto (*l'autrei*) que anuncia a morte,

---

309. Ibid., p. 49.

310. Ibid., p. 50.

o outro (*autrui*), ou seja, o outro ser humano se furta ao acesso pelo eu. A relação com o outro como "Eros" é, a saber, "inteiramente *como* com a morte", situada além do poder: "[...] Essa é a razão pela qual procuramos essa alteridade na relação absolutamente originária do Eros, em uma relação que é impossível de se traduzir em poder [*Können*] [...]"[311]. Mas, diferentemente do outro (*l'autre*), o outro (*autrui*) não apaga o eu. Torna-se possível, então, uma relação dual, um *ficar-de-pé-*diante do eu, a saber, o "face-a-face": "Lá, onde todas as possibilidades são impossíveis, lá, onde não se pode mais poder, o sujeito é ainda sujeito por meio do Eros. O amor não é uma possibilidade, ele não se deve a nossa iniciativa, ele é sem razão, ele nos abate e nos fere e, todavia, sobrevive nele o *eu*"[312]. Deve-se atentar novamente à linguagem de Lévinas. O amor se manifesta como um "abater-se" e como um "ferir". Habita nele, por assim dizer, uma violência transcendental.

311. Ibid., p. 58.

312. Ibid., p. 59.

O outro (*autrui*) realiza uma "reconciliação entre o eu e a morte"[313]. Ele me erige novamente. Daquela *situação* absolutamente passiva na qual a morte havia me colocado, sou posto, por meio do outro, novamente na *posição*. Esse outro se furta, todavia, assim como a morte, à minha capacidade ou ao meu poder. É perfeitamente possível a seguinte interpretação da cena: a morte me transforma; eu me dirijo, tendo atravessado a morte, a uma realidade que permanece fechada ao olhar apropriador; apenas nesse espaço acessível à passividade que o Eros é possível. Uma passagem confirma essa leitura: "Por conseguinte, unicamente uma criatura [*Wesen*] que chegou, por meio do sofrimento, à contração em sua solidão e à relação à morte, se põe em um terreno no qual a relação com o outro se torna possível"[314]. Lévinas não põe em vista, porém, a morte explicitamente nesse efeito didático, nesse momento construtivo. A morte e o eu se relacionam antagonicamente um com o outro. O que importa é "vencer" a morte. O amor é, justamen-

---

313. Ibid., p. 49.

314. Ibid., p. 48.

te, "forte como a morte"[315]. Lévinas claramente tem em mente um heroísmo do amor. A morte se mostra, para Lévinas, não como aquela ferida que se torna como um pulmão por meio do qual se respira. Antes, ela me fere mortalmente. Assim, respira-se, em última instância, *contra* a morte, e, de fato, por meio do amor, que é forte como a morte: "Se se pudesse possuir, apanhar e conhecer o outro, ele não seria o outro. Possuir, conhecer, apanhar são sinônimos do poder [*Könnens*]. [...] A relação com o outro é a ausência do outro; não pura e simples ausência, não ausência do puro nada, mas sim ausência em um horizonte do futuro, uma ausência que é o tempo. Um horizonte no qual, em meio ao evento transcendente, se pode constituir uma vida pessoal, aquilo que chamamos anteriormente de vitória sobre a morte [...]"[316].

O outro não tem, como tal, o modo de proceder da morte. A morte não permite, a princípio, que ele aparece. O Eros como "relação com aquilo que escapa para sempre" não

---

315. Ibid.

316. Ibid., p. 61.

mantém o passo com a morte. A relação com o outro não é refletida propriamente no sentido da mortalidade. Antes, o Eros promete a "vitória sobre a morte". Ele trabalha, a saber, contra a negatividade da morte, que, como tal, levaria à extinção do eu. O outro representa quase como que uma ilha de salvação em meio do evento da morte à qual nos prendemos para manter, por fim, o eu. Não é a experiência da morte, não é a proximidade que se avizinha da morte que reconcilia o eu com o outro. A morte não libera nenhuma energia dialética que conseguiria fazer a mediação entre o eu e o outro. Antes, o outro surge como um terceiro posterior, [situado] entre a morte e eu. A morte não é estruturada, como tal, interpessoalmente. A sua negatividade extinguiria qualquer relação a um contraposto pessoal. O outro (*autrui*) ou o Eros enfraquece, por assim dizer, a morte, possibilita uma "vida pessoal". Assim, Lévinas evoca sempre novamente a "vitória sobre a morte".

No interior de *O tempo e o outro*, Lévinas, apesar de sua demarcação explícita, muito próximo de Heidegger. Como em Heidegger, a morte do outro é, a princípio, ausente. O outro, idealizado no Eros como "segredo do feminino", parece não sofrer ele mesmo nenhuma morte. A análise tem seu ponto de partida em *meu* sofrimento, em *minha* solidão. O espaço no qual o outro surge é amplamente estruturado pela preocupação em torno do eu. Também o Eros não é livre dele. Ele é, a saber, aquela relação na qual "eu, na alteridade de um tu", posso "permanecer um eu", "sem me deixar ser absorvido nesse tu, sem me perder nele"[317]. Assim, Lévinas separa a morte estritamente da fusão: "Quis justamente contestar que o relacionamento com o outro seja um fundir-se"[318]. O Eros promove uma relação na qual "na proximidade do outro a distância é preservada irrestritamente"[319]. Essa "distância" impede, certamente, tanto a apropriação como a fusão. Mas a "ausência do outro" constituída a partir de "distância", ausência cuja temporalidade é o "futuro" que não pode ser

---

317. Ibid.

318. Ibid.

319. Ibid., p. 64. Já em *Totalidade e infinitude* Lévinas defende tal concepção. O amor é, a saber "ao mesmo tempo fusão e distinção (*fusion et distinction*)" (*Totälität und Unendlichkeit*. Freiburg/Munique, 1987, p. 395).

incorporado em nenhum presente, não consegue produzir nenhum *entre*. O entre não é um cadinho. Ele não produz uma massa unitária. Antes, ele *articula, segmenta*. Ele libera não apenas uma relação dual, mas sim *plural*, não apenas com outros ser humanos, mas também com a coisa e com a natureza. Ele se distingue, ao mesmo tempo, daquela "coletividade" condenada por Lévinas, que se constrói "em torno de algo comum". A referencialidade do entre, cujo "centro" é *vazio*, não é produzida por meio de uma "participação em um terceiro ponto de referência"[320].

Para Lévinas, o outro com o qual uma relação não apropriadora é possível é unicamente o outro (*autrui*), ou seja, o outro ser humano. Frente às coisas ou à natureza, o Eu permanece ainda um sujeito da dominação. A natureza não é senão um elemento ameaçador que deve ser dominado. A coisa é ainda objeto de apropriação. O ser da coisa é percebido, em Lévinas, primariamente no sentido de sua funcionalidade. A coisa fica nua se é despida de sua função. A função seria a sua veste,

---

320. *Die Zeit und der Andere* [O tempo e o outro], p. 64.

que ocultaria a feiura, a feia nudeza da "coisa em si": "A percepção de coisas individuais se baseia no fato de que elas não surgem inteiramente em sua forma; elas se destacam de si mesmas, penetram, perfuram suas formas, dissolvem-se nas referências por meio das quais elas não ligadas à totalidade. De algum lado, elas são sempre como aquelas cidades industriais nas quais, de fato, tudo está sincronizado com um objetivo de produção, mas que porém, poluídas, cheias de sujeira e luto, também existem para si mesmas. A nudeza de uma coisa consiste no excesso de seu ser para além de sua finalidade. A sua absurdidade e a sua inutilidade aparecem elas mesmas primeiramente em relação à forma da qual elas se destacam e que falta a elas. A coisa é sempre uma impenetrabilidade, uma resistência, uma feiura"[321]. A coisa perde a sua nudeza feia lá, onde ela desaparece inteiramente em um contexto funcional. A sua nudeza é a "resistência" que seria quebrada apenas por meio da violência de uma apropriação. O excesso do ser para além da função não é, para Lévinas, a

---

321. *Totalität und Unendlichkeit* [Totalidade e infinitude], p. 101.

fração do belo na coisa. À coisa falta, portanto, aquela "nudeza do rosto" que caracteriza o outro (*autrui*). Essa nudeza não é uma falta, mas o brilho do ser-por-meio-de-si-mesmo, que se furta a qualquer acesso apropriador: "[...] a nudeza não aparece como falta diante do pano de fundo de uma ambivalência de valor – (como boa ou má, como beleza ou feiura) – mas como *valor que é sempre positivo*. Tal nudeza é [o] rosto. A nudeza do rosto não é algo que se entrega a mim porque eu o desvelo, algo que, por isso, se oferecia a mim, à minhas faculdades, aos meus olhos, às minhas percepções em uma luz exterior a ela. O rosto se virou para mim, e justamente isso não é nada senão sua nudeza. Ele *é* por meio de si mesmo e, de modo algum, por meio da referência a um sistema"[322]. A coisa, em contrapartida, aparece no seu valor positivo apenas no interior de um sistema. Fora do sistema ela se torna, de fato, nua. Mas essa nudeza não é a nudeza do "rosto", mas sim ausência de rosto, que faz com que ela pareça "feia" como um dejeto. Lévinas claramente não conhece a coi-

322. Ibid., p. 102.

sa que não é forçada a nada, ou a natureza ou paisagem que não é forçada a nada, que reluziria por si mesma fora do "sistema", fora da rede funcional[323]. Apenas ao outro, ao outro ser humano ele reconhece uma permanência fora do "sistema" ou da totalidade. A coisa só permanece dotada de sentido no interior de uma instrução de uso. Como uma refém da função, ela só poderá abandonar o "sistema" como um dejeto. Ela é, a saber, jogada fora. Em relação à coisa e à natureza, o pensamento de Lévinas não é, justamente, amável.

Onde as coisas se destacam por si mesmas, elas parecem, para Lévinas, como aquelas cidades industriais que, para além de sua existência funcional, "cheias de sujeira e de luto" "também existem por si mesmas". Lévinas claramente não entende o nojo das coisas. O nojo não é o retrato da materialidade imponente da coisa que não surge inteiramente em sua forma ou, em outras palavras, em sua finalidade funcional. Antes, ele é produzido

---

323. Cf. HAN, B.-C. Über die Dinge – Hiedegger, Nietzsche und das Haiku [Sobre as coisas – Heidegger, Nietzsche e o haiku]. *Merkur* 600, 1999, p. 332-344. Cada haiku traz à fala, justamente, o *brilho das coisas que não é pressionada a nada*.

por aquela violência que submete as coisas à totalidade de referências funcionais. A sujeira não é o fenômeno da coisa nua, mas sim a secreção da totalidade. O nojo das coisas é, justamente, um sinal eloquente da violência sofrida por elas. Ele caminha lado a lado com a solidão daquele sujeito que se tornou incapaz do contato epidérmico com a coisa. E apenas o olhar deformado pela mania de apropriação faz com que as coisas apareçam sob [a luz de] uma "absurdidade".

Em Lévinas se concede à coisa um pouco mais de dignidade lá, onde ela se torna dádiva: "O olhar do estranho, da viúva e do sábio, eu apenas posso reconhecê-lo ao dar ou recusar; eu sou livre para dar ou recusar, mas o caminho passa necessariamente pela mediação das coisas. As coisas não são, como em Heidegger, o fundamento do lugar, a quintessência de todas as relações que constituem o nosso presente na terra (e 'sob o céu, na comunidade dos seres humanos e em espera pelos deuses'). O extremo é a relação do mesmo ao outro, é a recepção que preparo para o outro. Aqui, as coisas não se apresentam como aquilo que se constrói, mas sim como aquilo que se dá"[324]. Diante do presenteado, a mão, enquanto ela não se emaranhar em uma relação de troca, certamente não atua mais como órgão da apropriação. Em relação à coisa, porém, a mão doadora não se distingue fundamentalmente da mão apropriadora. Como uma *refém da mão*, a coisa permanece presa nela. Ela passa apenas de uma mão para outra. No que diz respeito à coisa, o doar não é livre daquela violência que rouba dela o seu *rosto*. A mão doadora não pode sozinha medir o peso inteiro da coisa. Isso só seria acessível a uma *mão em repouso*.

O outro (*autrui*) que surge na morte "lucra", por assim dizer, com ela. O Eros como "evento da alteridade" (*l'alterité*) se furta, a saber, "exatamente como na morte", a todo o acesso. O outro na figura da coisa ou da natureza permanece, em contrapartida, inalteradamente acessível à violência apropriadora. O "Eros" é reservado apenas a outros seres humanos. Lévinas não conhece nenhuma outra relação a *outros* outros. O evento da morte constituído de alteridade não irradia sobre a

---

324. *Totalität und Unendlichkeit* [Totalidade e infinitude], p. 105.

relação com a coisa ou com a natureza. Nesse sentido, Lévinas pouco se distingue do jovem Heidegger. Em *Ser e tempo*, o ser para a morte ou, em outras palavras, a "existência autêntica" não muda em nenhum sentido o ser para a coisa[325]. Ela permanece um "instrumento", a saber, a portadora de uma função. Ela recebe o seu sentido do sistema funcional que, em Heidegger, é chamado de "contexto instrumental" [*Zeugzusammenhang*]. Também em Lévinas, o ser para a morte não transforma de modo algum o modo de ser para a coisa ou para a natureza. Nem Lévinas nem o jovem Heidegger são familiarizados com aquela mortalidade que consegue abrir um olhar longo, não apropriador, que também valeria para as coisas. Esse olhar permitiria que o outro, a saber, aquilo que não é o eu, apareça em sua qualidade de rosto [*Antlitzhaftigkeit*], em seu *ser--assim que não é pressionado a nada*. A morte deve ser posta em vista a partir de sua força *desinteriorizadora*, que não desemboca em uma "alienação", mas sim em uma serenidade *que-deixa-ser-assim*. Onde se tira da coisa

---

325. Cf. HAN, B.-C. *Todesarten* [Tipos de morte], p. 172-202.

todo *ser-assim*, ou seja, onde ela se torna mercadoria, ela já é violentada. A paz com o outro (*autrui*) não é completa sem a estadia pacífica entre as coisas e a natureza. O ético não começa primeiramente com o outro (*autrui*). No ser-com pacífico, amável com as coisas, se recebe, também, olhos para o outro. O olhar longo, diante do qual as coisas e a natureza se estendem, repousam em seu ser-assim, é também inscrito na amabilidade frente ao outro (*autrui*). A violência que as violenta é irmanada com a violência que o outro (*autrui*) sofre. Um sujeito da apropriação diante das coisas e da natureza não se torna, com um estalar de dedos, um amante.

Em *O tempo e o outro*, Lévinas investiga, por um lado, a possibilidade de irromper para fora da solidão, de se libertar do estar-acorrentado-a-si-mesmo, da intencionalidade do na-direção-de-si. Por outro lado, o eu tem de permanecer, porém, eu. Essa dupla carência é preenchida, segundo Lévinas, pela paternidade ou fertilidade: "Como pode o eu permanecer o eu em um tu, sem, ao mesmo tempo, ser o eu [...] ou seja, um eu que, fatalmente, retorna sempre para si mesmo? Como pode o eu se tornar outro para si? (*Comment le moi peut-il devenir autre à soi*?) Isso só pode ocorrer de uma única maneira: pela paternidade. A paternidade é a relação com um estranho que, por mais que seja o outro, é [o] eu; a relação do eu a um eu-mesmo que, no entanto, é estranho a mim. [...] Nem as categorias do poder [*Könnens*] nem do ter podem mostrar a relação à criança [*Kind*]. [...] Eu não *tenho* minha criança; eu *sou*, de certo modo, a minha criança"[326]. Esse "de certo modo" é completamente indeterminado. Por que Lévinas insiste, em relação à criança, tanto na identidade-do-ser? Em relação à fertilidade, Lévinas fala, ademais, apenas do filho [*Sohn*], como se a filha [*Tochter*], em função da diferença de gênero, colocasse em questão a identidade de ser entre o pai e a criança. O que funda aquela proximidade-do-ser na qual eu *sou* meu filho? Lévinas quer abstrair do biológico: "A fertilidade do eu é a sua transcendência autêntica. A origem biológica desse conceito não neutraliza de modo algum o paradoxo de seu significado; ele demarca uma estrutura que ultrapassa

---

326. *Die Zeit und der Andere* [O tempo e o outro], p. 61s.

a empiria biológica"[327]. Depois dessa demarcação em relação à "empiria biológica", o que faz a criança de "minha criança"? Por meio do que se distingue, afinal, a "minha criança" da criança do outro?

A análise da fertilidade é introduzida com as seguintes palavras: "Em vista de um evento puro, em vista de um futuro puro que é a morte, um acontecimento no qual o eu não pode mais poder, ou seja, não pode mais ser o eu – procurávamos por uma situação na qual, todavia, ainda fosse possível a ele permanecer o eu, e chamamos essa situação de vitória sobre a morte"[328]. A fertilidade de Lévinas não é livre daquela intriga da sobrevivência. Ela abre uma dimensão "por meio da qual o eu vive"[329], uma "esfera na qual o eu vai além da morte"[330]. O "tempo infinito" da fertilidade promete, a saber, uma "vitória sobre a morte". Em vez de se prender à continuidade do eu a envelhecer, aposta-se em uma descontinuidade, renuncia-se condi-

---

327. *Totalität und Unendlichkeit* [Totalidade e infinitude], p. 406.

328. *Die Zeit und der Andere* [O tempo e o outro], p. 61.

329. *Totalität und Unendlichkeit* [Totalidade e infinitude], p. 364.

330. Ibid., p. 370.

cionalmente a si. Uma juventude inesgotável recompensa essa renúncia: "[...] o eu é outro e jovem, sem que a mesmidade que dava ao ser o seu sentido e a sua orientação seja perdida nessa renúncia"[331]. O "tempo infinito que atravessa a descontinuidade das gerações" "recebe o seu ritmo da juventude inesgotável da criança". Ele é, segundo Lévinas, *melhor*. Melhor, sim, pois a fertilidade dá continuidade ao eu, sem produzir a idade: "Na paternidade na qual o eu – por meio do definitivo de uma morte inevitável – se prolonga no outro, o tempo vence, por força de sua descontinuidade, a idade e o destino"[332]. A idade não é, para Lévinas, senão um cansaço e esgotamento contínuo do eu enfardado consigo mesmo até a morte. Ela produz um "tédio" de uma "eterna repetição" do eu[333]. Também o destino não é, para Lévinas, senão o modo de proceder do eu acorrentado a si mesmo: "O eu retorna para si, encontra-se, apesar de todos os seus recomeços, novamente como o mesmo,

---

331. Ibid., p. 393.

332. Ibid., p. 411s. [destaque do autor].

333. Ibid., p. 393.

se encontra novamente sobre os mesmo pés, realiza apenas um destino irreversível. A posse de si mesmo se torna um enfardamento por si mesmo. O sujeito se enfarda consigo mesmo, arrasta a si mesmo como posse"[334]. Lévinas tem um entendimento muito limitado de destino e de idade. O destino se deixa interpretar, justamente, como a soma das descontinuidades das quais o eu não pode se apoderar. Assim, o eu dedicado à posse de si, à continuidade ininterrupta é sem destino. O destino não pressupõe aquela "identidade pendurada em finos fios" do eu[335] que, apesar de todas as transformações e novos começos, se encontra novamente solitário sobre seus pés. O destino abisma [*verabgründet*] o eu. Apenas o trabalho de luto faz disso uma narrativa-do-eu[336]. Também a idade se deixaria ser vista no sentido da possibilidade da transformação. Lévinas só está familiarizado, problematicamente, com aquela finitude que leva à "idade" e ao

---

334. Ibid., p. 396.

335. Ibid., p. 392.

336. Cf. HAN, B.-C. *Todesarten* [Tipos de morte], p. 140-171.

"destino". Permanece inteiramente fechada a ele uma experiência da finitude.

Nenhuma ruptura radical me separa do filho. Uma continuidade faz do filho *meu* filho. Se a ruptura fosse total, não haveria, assim, nenhuma identidade entre mim e o meu filho. Lévinas não se cansa de enfatizar essa identidade com o filho "em sua substância e sua unicidade": "Meu filho é um estranho [...], mas ele não apenas me pertence, mas *é eu*"[337]. "Na paternidade, o eu se livra de si mesmo, sem por isso parar de ser eu; pois o eu *é* seu filho"[338]. "*Ser* seu filho significa ser o eu em seu filho, ser substancialmente nele, sem desse modo, entretanto, se preservar idêntico nele"[339]. A fertilidade como "drama do eu"[340] consistiria em um histérico de-lá-pra-cá entre o eu e o não-eu. Dever-se-ia se perguntar se o "intersubjetivo que é acessível por meio do conceito de fertilidade" consegue servir de base para uma ética, se a paternidade, com os seus

---

337. *Totalität und Unendlichkeit* [Totalidade e infinitude], p. 391.

338. Ibid., p. 406.

339. Ibid., p. 407.

340. Ibid., p. 400.

"bens", pode alcançar a vizinhança ou o realmente estranho. Não é preciso ter abandonado inteiramente a casa para ser "bom"?

O jovem Lévinas se dedica a prolongar o erótico, passando pela fertilidade, até o ético: "O amor do pai pelo filho realiza a única relação possível justamente com a unicidade do outro e, nesse sentido, todo amor tem de se aproximar do amor paterno"[341]. Rapidamente, Lévinas estende um arco quebradiço do erótico, passando pela paternidade e pela família, até a "fraternidade" e a solidariedade com todos os seres humanos[342]. Evidentemente, Lévinas imagina uma comunidade do amor que reproduz a "constelação da família". Não despertaria o ético primeiramente, porém, além do *oikos* [casa], além da família?

---

341. Ibid., p. 407s.

342. Teria o jovem Lévinas se tornado vítima do Eros como "relação com o *sedutor*" que "se assemelha ao *bem* para a troca"? (cf. LÉVINAS, E. *Jenseits des Seins oder anders als Sein geschieht* [Outro que o ser ou além da essência]. Freiburg/Munique, 1992, p. 42). Lévinas fala, agora, da "abertura não-erótica" na qual o olhar para o outro primeiramente desperta. Não se fala mais de paternidade (cf. *Jenseits des Seins oder anders als Sein geschieht* [Outro que o ser ou além da essência], p. 380). Cf. ainda LÉVINAS, E. *Wenn Gott ins Denken einfällt* [Do Deus que vem à ideia]. Freiburg/Munique, 1985, p. 20: "Relação sem relação recíproca ou amor ao próximo, que é amor sem Eros".

Claramente, é difícil a Lévinas abandonar a casa. No interior de *Totalidade e infinitude*, a sua ética permanece amplamente uma ética da casa. Eu não tenho de me dirigir para fora de casa para me aproximar do outro. Antes, a proximidade do outro faz com que a interioridade e intimidade da casa surja primeiramente: "O morar e a intimidade da permanência que torna possível a separação do ente humano, pressupõem, portanto, uma revelação do outro"[343]. O outro não é aqui, naturalmente, nenhum estranho. Ele ou ela aparecem na "doçura do rosto feminino". Isso resguarda a interioridade do eu. Graças à doçura, o "ente separado" "*habita*", "se recolhe". Não fora da casa, mas "por causa da graça feminina" que aquece a casa se anuncia a dimensão do outro, a saber, a "ideia do infinito". Indo ao encontro da afirmação de Lévinas, também Abraão, a figura tardia da ética de Lévinas, não parte para o desconhecido. Sua partida é apenas uma mudança. Ele abandona a casa do pai para se mudar para a casa prometida por Deus e, de fato, com a sua "mulher", com as suas "posses" e com as suas "almas",

---

343. *Totalität und Unendlichkeit* [Totalidade e infinitude], p. 216.

que ele gerou. Ser bom não significa, para Lévinas, *morar em lugar nenhum*.

Interessantemente, Lévinas se aferra à figura da interioridade. A revelação do outro não estremece a interioridade da casa e do eu. Para que o outro possa aparecer, a interioridade não pode, todavia, ser inteiramente fechada: "No ente separado as portas para fora têm de estar, portanto, simultaneamente abertas e fechadas"[344]. Essa ordem "ambígua" da interioridade corresponde à ambiguidade daquela identidade do ser com o filho. Também a fertilidade é um fenômeno da interioridade. Os filhos nascem *em casa* e nutrem a interioridade do eu.

A fertilidade promete o "tempo infinito do triunfo"[345], que significa, ao mesmo tempo, a vitória sobre a morte: "A vida caminha em uma dimensão própria na qual ela tem um sentido e na qual um triunfo sobre a morte pode ter um sentido. Esse triunfo [...] é a *ressurreição* no filho, que incorpora em si a ruptura da morte"[346]. O "tempo da fertilidade" triunfa sobre o

---

344. Ibid., p. 213.

345. Ibid., p. 409.

346. Ibid., p. 72s. [destaque do autor].

"vir-a-ser do ente mortal e em [processo de] envelhecimento"[347], torna possível uma "juventude absoluta e um novo começo"[348]. Ao tempo contínuo que produz a idade e o destino, Lévinas contrapõe o tempo do recomeço constante: "Não é a finitude do ser que constitui a essência do tempo, como Heidegger pensa, mas a sua infinitude. [...] O tempo é descontínuo. [...] Em sua continuação, o instante encontra uma morte e desperta novamente. Morte e ressurreição constituem o tempo. Mas uma tal estrutura formal pressupõe a relação do eu ao outro e exige em sua base uma fertilidade que perpassa inteiramente o descontínuo, fertilidade que constitui o tempo"[349]. A ressurreição não introduz nenhum instante absolutamente novo. Ela preserva a lembrança do morto. O luto trabalha na ressurreição. Ele suspende a despedida. É impossível uma despedida absoluta, um desaparecer absoluto. O eu se salva pela descontinuidade no jovem futuro, que

---

347. Ibid., p. 413.

348. Ibid., p. 412.

349. Ibid., p. 415.

permanece "*meu* futuro"[350]. O "acontecimento central do tempo" não é o "ser para a morte", não é a mortalidade, mas sim a "ressurreição"[351]. A "consumação do tempo" é aquele "tempo messiânico no qual o contínuo se transforma no eterno"[352]. O "triunfo messiânico", que não é senão o "triunfo sobre a morte", sobre o "destino" e a "idade", terá sido a obra do trabalho de luto. O trabalho de luto consiste, como se sabe, em matar a morte.

C – Violência

> Minha incapacidade de ser inimigo: se me encontro junto com outro, penso, nesse meio-tempo, na sua "mortalidade", e me sinto já por isso culpado de todo modo. Nunca sinto minha própria mortalidade em encontros [com outros].
> HANDKE, P. *A história do lápis.*

---

350. Ibid., p. 392 [destaque do autor].

351. Ibid., p. 415.

352. Ibid., p. 416.

Em *O tempo e o outro*, a morte é interpretada como um "evento" "em relação ao qual o sujeito não é mais sujeito". Não o poder-ser-si-mesmo, mas sim a passividade do ser-apanhado e ser-estremecido constitui o traço fundamental da morte. Nisso, o Como da morte não desempenha nenhum papel. A diferença, por exemplo, entre a morte natural e a morte por meio do outro, ou seja, a morte violenta, não tem nenhum peso aqui. Nesse ponto, a concepção de morte de Lévinas não se distingue essencialmente da análise de Heidegger da morte. Também o "sofrer" pelo qual a morte se anuncia não é estruturado interpessoalmente em *O tempo e o outro*. Ele é o sofrimento de um ente solitário, singularizado em si. Ele inere à existência como tal, como aquele "fardo do ser" heideggeriano, que não pode ser compensado em um contexto sociocultural. Nenhuma correção social poderia facilitar ou desenfardar a "existência".

A morte anuncia, de fato, o outro (*l'autrei*) que estremece a mim, a meu poder [*Können*]. Mas também esse "outro" não aparece, primeiramente, no âmbito interpessoal. O outro ser humano (*autrui*) surge apenas mais tarde. Ele não inere ao acontecimento da morte como tal. Em *Totalidade e infinitude*, em contrapartida, a morte é refletida explicitamente no sentido de sua constelação interpessoal ou "constelação social": "A morte se aproxima no temor de alguém e na esperança por alguém. [...] Na ameaça, ela adquire uma constelação social. [...] No ser para a morte do temor não estou diante do nada, antes, estou diante daquilo que é *contra mim*, como se o assassinato não fosse tanto uma entre outras ocasiões de morte, mas pertencesse à essência da própria morte, como se a aproximação da morte fosse uma das modalidades da relação com os outros"[353].

Em *Ser e tempo* não se fala, compreensivelmente, nem de assassinato nem da violência do outro. A morte violenta seria, para Heidegger, um dos modos possíveis da morte, que seria secundário em relação à sua "essência". O Como da morte não toca, a saber, o *Que* da morte. Contra essa concepção de morte, Lévinas situa, aqui, a morte explicitamente em uma dimensão interpessoal. O "assassinato" não é interpretado aqui como um dos mo-

---

353. *Totalität und Unendlichkeit* [Totalidade e infinitude], p. 342.

dos possíveis de morte. Antes, ele representa a "essência da morte". Não a "irreferencialidade", mas sim a relação ao outro que "*é contra mim*" que seria o traço fundamental da morte. *Que o outro seja* é constitutivo para a minha morte. A presença ameaçadora do outro faz com que eu experimente *primeiramente* o que é a morte. O diante de que do temor não se relaciona a "nada". Ele é o "temor diante do outro, do absolutamente imprevisível)"[354]. "Vê-se" a morte no *outro*. Ela aparece como a violência imprevisível do outro. Assim, ela se torna, como tal, um acontecimento interpessoal: "A violência da morte ameaça como uma tirania, como se ela viesse de uma vontade alheia. [...] é [...] a intenção de mostrar, por trás da ameaça que a morte direciona contra a vontade, sua referência a uma ordem interpessoal, cujo significado a morte não aniquila"[355]. O ser para a morte é o ser para o outro imprevisível, do qual parte uma violência mortal. A morte *é* o outro.

A proximidade da morte significa a proximidade do outro. A "solidão da morte" não

---

354. Ibid., p. 344.

355. Ibid., p. 343.

representa nenhuma negação simples da referência ao outro, nenhuma "irreferencialidade". Antes, o outro a sua hostilidade, constitui a minha solidão: "A solidão da morte não faz com que o outro desapareça, mas sim se mantém em uma consciência da hostilidade [...]"[356]. No temor diante do outro imprevisível não se tem, por assim dizer, tempo para o recolhimento, para o se-recolher, no qual a morte, como, sim, uma possibilidade a ser tomada por mim de poder-ser-si-mesmo, deveria ser interiorizada. O temor diante da morte como violência do outro não é, porém, simplesmente idêntico com o temor da morte do "Se" heideggeriano. O "Se" foge, de fato, "desvairadamente" diante da morte. O diante de que de seu temor, porém, não é a violência fatal que se aproxima do outro, mas sim o fim.

Em *Ser e tempo*, Heidegger aponta para o fato de que a possibilidade da não-ocorrência do temido pertenceria ao fenômeno do temor: "Como se aproximando na proximidade [...] o nocivo é ameaçador, ele pode ocorrer e também não. No se aproximar se amplia esse pode

---

356. Ibid., p. 342.

ser e no fim, porém, não é. [...] Nisso jaz: o nocivo como o que se aproxima na proximidade porta a possibilidade desvelada da não--ocorrência e do passar ao largo consigo, o que não diminui ou elimina o temer, mas o constitui"[357]. Segundo essa fenomenologia do temor, não se pode se atemorizar diante do inescapável ou inevitável. Assim, não faz muito sentido o discurso de Heidegger sobre o "temor diante do falecimento"[358], pois o "falecimento", justamente, não permite a "possibilidade da não-ocorrência e do passar ao largo". Diante do "falecimento" se pode, certamente, ter angústia. Mas o conceito de "angústia" se refere ao ser para a morte autêntico, que falta, justamente, ao Se. Diante da possibilidade da morte por meio do outro, em contrapartida, é possível se atemorizar, pois ela contém em si a "possibilidade da não-ocorrência e do passar ao largo". A violência mortal do outro pode, afinal, não me atingir. Essa possibilidade do não atingir não eliminar o temor. Ela constitui, justamente, a tensão que inere ao temor.

---

357. *Sein und Zeit* [Ser e tempo], p. 140s.

358. Ibid., p. 251.

O temor diante da morte implica a possibilidade da prorrogação. Onde se escapou à violência mortal do outro, adiou-se a morte. A prorrogação da morte me dá tempo. O ainda-não da morte é explicado por Lévinas como a "dimensão autêntica do tempo": "A consciência da morte é a consciência do adiamento constante da morte no desconhecimento essencial de seu instante. O prazer como corpo que trabalha se mantém nesse adiamento primário; esse adiamento abre a dimensão autêntica do tempo"[359]. Ser significa, desse modo, ainda ter tempo, significa que a violência mortal ainda não se abateu sobre mim: "Um ente que é, ao mesmo tempo, independente do outro e que, todavia, se oferece a ele – é um ente temporal. À violência inevitável, ele opõe o seu tempo: o tempo é a prorrogação autêntica. Não a liberdade finita faz do pensamento do tempo compreensível, mas o tempo dá ao pensamento da liberdade finita um sentido. O tempo não é nada senão o fato de que a inteira existência do ente mortal – que é acessível à violência – não é o ser para a morte, mas o 'ainda-não'; o ainda-não é

---

359. *Totalität und Unendlichkeit* [Totalidade e infinidade], p. 238.

um modo de ser contra a morte, um recuo da morte em meio à sua chegada inexorável"[360]. O tempo mesmo recebe, aqui, uma qualidade interpessoal. Ele não deve ser pensado separadamente do estar-em-relação-com-o-outro. Contra a análise de Heidegger do ser-aí, segundo a qual a autorreferência articula o tempo, Lévinas o relaciona explicitamente com o outro: "O adiamento da morte em uma vontade mortal – o tempo – é o modo de existência e a realidade do ente separado que entrou em relação com o outro"[361].

Em Heidegger, a liberdade não é estruturada interpessoalmente. Ela é um acontecimento transcendental do si ou um se-querer. Por sua própria causa, por preocupação consigo, o ser-aí se projeta no sentido de suas possibilidades de ser[362]. Essa liberdade é, todavia, finita. Eu não posso, a saber, me desenvolver no sentido de todas as possibilidades de ser. Mas essa finitude não é refletida pro-

---

360. Ibid., p. 325.

361. Ibid., p. 339.

362. Cf. HEIDEGGER, M. *Wegmarken* [Marcas do caminho], Frankfurt a.M., 1967, p. 59: "A liberdade se contrapõe – *e de fato como liberdade* – à não-vontade".

239

priamente, em Heidegger, no sentido da presença do outro que se furtaria à minha vontade. Lévinas, em contrapartida, vê a liberdade a partir do outro. Ela é referida não à preocupação [*Sorge*] consigo mesmo, mas sim a uma pre-caução [*Vor-Sorge*]: "Ser livre significa ter tempo para se antecipar à própria queda sob a ameaça da violência"[363]. Trata-se, aqui, de uma "liberdade nula", "que, na morte, está emaranhada no outro, na qual, porém, o tempo entra como uma descontração"[364]. A "vontade livre" é, para Lévinas, a "necessidade prorrogada". Tanto a concepção de liberdade de Lévinas como a de Heidegger apontam para a estrutura do querer. É desconhecida para eles aquela dimensão interpessoal da liberdade que já vem à fala em sua etimologia. Remetem-se à raiz indo-germânica "*fri*" tanto "*frijon*" (amar em gótico) como também "*friunt*" (amigo em alto-alemão antigo). Ser livre significa, desse modo, pertencer ao amor ou estar entre amigos[365]. *Mais livre* do que essa liberdade seria

---

363. *Totalität und Unendlichkeit* [Totalidade e infinitude], p. 348.

364. Ibid., p. 326.

365. Cf. HAN, B.-C. *Martin Heidegger*: Eine Einführung [Martin Heidegger: uma introdução]. Munique, 1999, p. 175ss.

aquela que coincidiria com a amabilidade. Sentir-se-ia, a saber, justamente livre no espaço onde se é *amável um com o outro*. No palco dramático do ser para o outro de Lévinas, em contrapartida, é-se livre na proximidade daquele "golpe" que "acerta o vazio"[366].

É interessante, de fato, a tentativa de Lévinas de ver a morte no sentido de sua "constelação social", ou seja, no sentido de sua "referência a uma ordem interpessoal". Reduz-se aí, porém, a mortalidade humana à finitude da vontade: "A vontade é subjetiva – ela não dispõe de todo o seu ser; pois com a morte ela se confronta com um acontecimento que se furta inteiramente ao seu poder [*Können*]. Não como fim, mas como violência e alienação supremas a morte caracteriza a subjetividade da vontade"[367]. Ser-mortal significa que a vontade não é absoluta, que a minha vontade está emaranhada nos outros, em sua vontade: "Mas se a vontade é mortal [...], então isso tem a sua razão no fato de que ela é circundada apenas pelo nada. Esse nada é um intervalo para além do qual jaz

---

366. *Totalität und Unendlichkeit* [Totalidade e infinitude], p. 326.

367. Ibid., p. 352.

uma vontade hostil. Eu sou uma passividade que é ameaçada não apenas pelo nada em seu ser, mas também por uma vontade em sua vontade. Em minha atividade, no para-si de minha vontade, sou exposto à uma vontade alheia"[368].

Ser-mortal significa ter um corpo que é acessível à ponta do aço que o outro direciona contra mim. Ela enterra a "posição de um para-si que não fosse já fornecido ao outro e que, por isso, já não fosse uma *coisa*"[369]. A vontade alheia coisifica a minha vontade, força essa à passividade de uma "coisa". O antagonismo dos sujeitos de vontade não é, todavia, a última palavra de Lévinas sobre a morte. Ao ainda-não da morte, do tempo, ele dá, a saber, uma virada ética. A vontade se livra do beco no qual a vontade alheia havia a colocado ao se transcender no sentido do outro, ou seja, ao se suspender no desejo do outro. Esse ser-para-o-outro transforma aquele beco sem saída em uma amplidão sem fim: "A vontade que já é traição e autoalienação, mas que adia essa traição; que se dirige à morte, mas

---

368. Ibid., p. 345.

369. Ibid.

a uma morte sempre futura; que é exposta à morte, mas não *imediatamente* – a vontade tem tempo para ser para o outro e assim, *apesar da morte*, encontrar novamente um *sentido*. Essa existência para o outro, esse desejo do outro, esse bem que é livre da gravitação em torno do si, preserva, todavia, um caráter pessoal. O ente determinado dispõe de seu tempo justamente porque ele adia a violência, ou seja, porque há uma ordem dotada de sentido para além da morte e porque, por isso, nem todas as possibilidades de fala se reduzem a bater a cabeça desesperadamente na parede. O desejo no qual a vontade ameaçada se dissolve não defende mais a capacidade da vontade, mas sim tem, como a bondade da qual a morte não pode tirar o sentido, seu centro fora de si mesmo"[370].

A vontade hostil me coloca em uma "passividade extrema". A vontade se livra desse beco sem saída por força de um heroísmo do amor, que se distingue, porém, tanto da ênfase heroica do si como também daquela "existência heroica" que busca a sua salvação na mera prolongação e con-

---

370. Ibid., p. 346 [destaque do autor].

tinuidade de seu ser[371]. A vontade transformada no "desejo do outro" não gira em torno de si mesma, mas em torno do outro. Essa órbita do desejo não é cortada pela vontade alheia. Não há mais para-si que pudesse ser transformado pela vontade alheia na passividade extrema de uma coisa. No desejo, a vontade afasta-se do para-si, sem, porém, parar de querer ou de desejar. A consciência vestida com esse ser heroico para o outro não é mais tocada pela morte, pois a morte não atinge mais, aqui, nenhum eu que sofreria uma "autoalienação" no sentido dela. O ser para o outro que ama promete uma "maestria" como liberdade para a morte: "O ser que é violento comigo e me segura ainda não se abateu sobre mim, só se tem consciência dele. Mas consciência extrema, em que a vontade chega a um novo sentido para uma maestria – consciência que não é mais tocada pela morte, consciência na qual a passividade extrema se torna maestria extrema. O egoísmo da vontade se encontra na fronteira daquela existência que não põe mais o centro de gravidade em si mesmo"[372].

---

371. Ibid., p. 447.

372. Ibid., p. 350.

Nessa passagem, Lévinas introduz o conceito "paciência". Em meio ao "tombo do eu em uma coisa" se preserva ainda uma distância da "coisificação". Aquela "passividade extrema" que, todavia, "se transforma em ação e esperança", é chamada por Lévinas de "paciência". Aqui, não se busca desesperadamente preservar, mesmo na "distância mínima" da "coisa", um para-si. Na paciência, não se resguarda nenhum resto-do-eu que procuraria por uma boa oportunidade para se restaurar inteiramente. A paciência se dirige, antes, ao outro, sem jamais chegar e repousar: "Na paciência, a vontade quebra a casa de seu egoísmo e retira, em certa medida, o centro de gravitação de si própria, para querer como o desejo e a bondade que são sem limites. [...] Na paciência [...] a morte não toca mais à vontade"[373]. É a intencionalidade comum da vontade, a saber, a do direcionado-para-si, que faz dessa vontade mortal, ou seja, que a entrega à possibilidade de uma coisificação ou autoalienação por meio da vontade alheia. Onde ela afasta seu raio de si e o dirige no sentido do outro, ela se torna in-*finita*.

---

373. Ibid. p. 351s.

Esse raio infinito do amor irradia, por assim dizer, ao largo da vontade alheia, que visa apenas ao para-si. A paciência de Lévinas se distingue fundamentalmente daquela "paciência" heideggeriana como uma "coragem longa para o lento"[374]. Ela não se tranquiliza naquele "puro apoiar-se-em-si-mesmo daquela vontade que, recusando à vontade, se entrega àquilo que não é uma vontade"[375]. A paciência de Lévinas não para de querer, e, de fato, de querer como o "desejo e a bondade".

Por força do amor, a vontade se catapulta para fora de sua finitude, ou seja, de seu declínio na morte. Ele oferece à vontade a "possibilidade de não ser para a morte"[376]. Ela promete um fim da morte. Em Lévinas, ainda ecoa aquele grito de júbilo de Ivan Ilitch: "Onde a morte estivera, havia luz! É isso! Disse ele repentinamente em voz alta. – Que alegria!" Esse grito de júbilo ainda traz o luto em si. Também o pensamento de Lévinas não é livre

---

374. HEIDEGGER, M. *Hölderlins Hymne "Andenken"* [Hinos de Hölderlin "Recordações"], p. 171 [Gesamtausgabe, vol. 52].

375. HEIDEGGER, M. *Gelassenheit* [Serenidade]. 8. Ed. Pfullingen, 1985, p. 64.

376. *Totalität und Unendlichkeit* [Totalidade e infinitude], p. 364.

do trabalho de luto. Por trás dos bastidores de sua ética, um luto trabalha. A "imortalidade" certamente não é o "objetivo do primeiro movimento do desejo"[377]. Em vista da morte, também Ivan Ilitch não tem delírios de ser "imortal". Ele não representa aquela "existência heroica" que insiste na continuidade do "ser". O trabalho de luto trabalha, porém, em um sentido infinito, que, como uma bela *aparência*, terá ocultado a finitude. Uma palavra de Jankélévitch, que Lévinas sublinha, enuncia: "Por isso disse Diotima no *Simpósio* que o amor é *athanasias eros*, demanda por imortalidade"[378]. E o amor, o ser heroico para o outro está ligado à ênfase daquele si cuja unicidade consiste em ser "elegido para a bondade e convocado para a bondade"[379].

Lévinas dedica-se visivelmente a purificar o ser enfático para o outro daquela interioridade narcísica. Ele deve ser, a saber, vestido com aquela "identidade" que "não tem nome": "Ela disse *eu*, um eu, que não se identifica com

---

377. Ibid., p. 83.

378. *Gott, der Tod und die Zeit* [Deus, a morte e o tempo], p. 115.

379. *Totalität und Unendlichkeit* [Totalidade e infinitude], p. 409.

nada que se oferece como presente, a não ser com o tom da própria voz. O 'eu falo' é ouvido conjuntamente em todo 'eu faço'. [...] Identidade que é posta desde o princípio no acusativo do 'aqui, me veja', como uma sílaba que só é audível em seu próprio eco, entregue ao ouvido sem encontrar agrado na energia do seu ressoar"[380]. No "eu falo", não posso *me* ouvir falando. Uma certa surdez deve impedir o auto-contato narcísico, autoerótico. Completamente surdo, porém, esse eu não é. Minha voz se torna, afinal, acessível a mim por meio do eco. Nesse ressoar da voz não posso, porém, encontrar nenhum agrado. Caso contrário, faço um uso narcísico da "energia" do ressoar. Para que, então, essa inteira metáfora da voz e do eco? Onde se descarrega, senão na interioridade do eu, a "energia" do ressoar? Não é propriedade do eco que ele sempre encontra um caminho, ainda que por desvios através do outro, até *mim*? É difícil para Lévinas a despedida da interioridade narcísica. Ele tenta, de fato, esvaziar a *voz*. Mas essa voz *oca* retorna como um espectro do velho eu. Não se terá

---

380. LÉVINAS, E. *Humanismus des anderen Menschen* [Humanismo do outro ser humano]. Hamburgo, 1989, p. 8.

que entregar *toda* voz à morte, para que o eu se torne inteiramente *vazio* como um ninguém *sem qualquer artimanha?*

Além disso, é significativo que Lévinas se aferra à vontade e, de fato, na forma do desejo. O não-querer seria, para ele, nada mais do que um mero "declive" [*Hang*], um deslizar para as "inclinações"[381]. Se o traço fundamental da metafísica fosse, como Heidegger diagnosticou, a vontade, então o pensamento de Lévinas também seria, nesse sentido, metafísico. O desejo de Lévinas traz em si a inquietude que de-*fine* [*be-stimmt*] toda vontade. Como um "esforço" direcionado para "cima" ou como um "impulso" para o "alto"[382], o "desejo metafísico" aponta para uma qualidade inteiramente diferente do não-querer da serenidade, na qual o olhar antes repousa do que vagueia para "cima".

Ser para o outro significa ser contra a morte. É preciso, segundo o lema de Lévinas, deixar a morte para trás, não se pode ser para a morte para ser bom. Não se pode olhar a morte nos olhos, caso contrário, não se percebe o

---

381. *Totalität und Unendlichkeit* [Totalidade e infinitude], p. 347.

382. Ibid., p. 38.

"rosto" do outro. O ético consiste justamente em existir direcionado para o infinito. Não se pergunta mais por uma reconciliação entre o eu e a morte. A morte não cumpre nenhuma função didática. Ela não prepara aquele terreno no qual despertaria primeiramente o sentido para aquilo que não é o eu, a saber, no qual desperta um olhar longo, lento, amável.

A negatividade da morte torna cômica toda ênfase do eu. Também aquele amor heroico, o esforço pelo sublime, pelo "alto", que se inflama em vista da morte, se avizinha do cômico. Ambas essas formas de existência não são conformes à finitude humana. Apenas no manter-o-passo com essa finitude se conseguiria, afinal, ter uma *boa figura*.

D – A morte do outro

> Um pensamento livre do poder, sob a pressuposição de Deus, é impossível.
> CANETTI, E. *O coração secreto do relógio.*

Permanece determinante para as reflexões de Lévinas sobre a morte a pergunta: Deve-se separar a morte da relação com o outro? Também na obra que se segue a *Totalidade e infinitude*, Lévinas ainda se dedica a ver a morte no sentido de sua dimensão interpessoal. Em *Totalidade e infinitude* é o outro, a saber, a vontade alheia, que representa para mim a morte: "O outro [...] se mantém na região da qual a morte vem; a morte é, possivelmente, assassinato"[383]. A morte *é* o outro. A morte assim entendida permanece, porém, ainda minha morte. Em *Totalidade e infinitude* não está presente a morte do outro, a sua mortalidade. Na preleção *Deus, a morte e o tempo*, Lévinas elucida, em contrapartida, a morte do outro como a "primeira morte" (*la mort première*)[384]. Também aqui ainda vale a fórmula: A morte é o outro. O outro, porém, não é mais agora o portador da vontade hostil que violenta a minha vontade. Antes, ele é o outro ameaçado, cuja mortalidade coincide inteiramente com a minha "responsabilidade": "Eu sou responsá-

---

383. *Totalität und Unendlichkeit* [Totalidade e infinitude], p. 341.

384. *Gott, der Tod und die Zeit* [Deus, a morte e o tempo], p. 53.

vel pelo outro na medida em que ele é mortal"[385]. A morte *é* a morte do outro. Ela *é* a responsabilidade pelo outro: "A morte torna receptível para o rosto do outro"[386]. A morte, que expressa desde sempre a "nudeza" do rosto do outro, me olha, me adverte de minha responsabilidade, ainda antes de eu me portar diante da minha própria morte: "A morte de outro ser humano me coloca diante do tribunal e em questão, como se eu, por meio da minha eventual indiferença, me tornasse cúmplice dessa morte que, para o outro que se expõe a ela, é invisível; e como se eu, ainda antes de eu mesmo me voltar a ela, tivesse de me responsabilizar por essa morte do outro [...]"[387]. Em oposição a Heidegger, a inteira dramaticidade da morte não se remete à *minha* morte. Ela se desdobra, antes, em vista da morte do outro: "[...] não o meu não-ser é angustiante, mas o do amado ou do outro que é mais amado do que o meu ser. Aquilo que, com uma expressão facilmente falseável, se chama de amor, é sim-

---

385. Ibid., p. 52s.

386. Ibid., p. 117.

387. *Wenn Gott ins Denken einfällt* [Do Deus que vem à ideia], p. 252.

plesmente o fato de que a morte do outro me abala mais do que a minha. O amor pelo outro é a sensação da morte do outro. Não a angústia diante da morte que me espera, mas minha recepção do outro constitui a referência à morte. Confrontamo-nos com a morte em vista do outro"[388]. Desse modo, a morte permaneceria fechada ao ser-aí singularizado em si mesmo, pois é primeiramente a morte de um amado que me ensina sobre aquilo que a morte é.

Em *Deus, a morte e o tempo*, Lévinas chama a atenção para Apolodoro no *Fédon*, que chora diante do moribundo Sócrates: "Compare-se, nesse contexto, a evocação da morte de Sócrates no início e no fim do *Fédon*. Do lado daqueles que veem nessa morte a razão para o desespero, alguns choram (Apolodoro, 'as mulheres') mais do que convém, choram sem medida, como se a natureza humana não fosse esgotada pela medida [*Mass*], como se inerisse à morte uma sobremedida [*Übermass*]"[389]. A que se relaciona a ausência de medida do luto? Em que medida inere

---

388. *Gott, der Tod und die Zeit* [Deus, a morte e o tempo], p. 116.

389. Ibid., p. 19.

à morte uma "sobremedida"? Desataria a morte do outro, por acaso, em lágrimas o eu, que até então era o doador de medida de que se tomava exclusivamente a medida? Liberariam as lágrimas aquela dimensão do infinito, a saber, aquele "conteúdo" que "transborda para fora da borda do vaso"?[390] Apontariam elas para aquele "transbordamento de todo o excesso na relação com o ser – de todo o bem"?[391]

Caso se examine mais atentamente a cena do luto no *Fédon*, assim nos deparamos, ao lado de Apolodoro e das mulheres, com ainda outro [personagem] que chora desmedidamente, mas que, interessantemente, Lévinas não menciona. Trata-se do próprio *Fédon*. Também nele fluem as lágrimas "com violência". Ele chega ao conhecimento, porém, de que suas lágrimas, em última instância, não são por conta de Sócrates, do outro, mas sim de si mesmo: "E de nós a maior parte até então tinha conseguido se conter razoavelmente, de modo que não choravam; quando vimos, porém, que ele bebeu; não mais. Também em

---

390. *Totalität und Unendlichkeit* [Totalidade e infinitude], p. 293.

391. Ibid., p. 422.

254

mim fluíram as lágrimas com violência, e não apenas gotas, de modo que eu tive que me ocultar e desatar em choro, não por ele, porém, mas sim pelo meu próprio destino, agora que teria roubado de mim um amigo como esse. [...] Sócrates [...] porém disse: Que fazem vocês afinal, pessoas maravilhosas! Eu mandei as mulheres para fora principalmente por isso, de modo que não pudessem fazer o mesmo; pois sempre ouvi que se deveria ficar em silêncio quando alguém morre. Então, mantenham-se calmos e corajosos"[392]. Fédon não chora por Sócrates, mas sim por si mesmo. Não é inquietante que o *outro* morra. Não se pranteia a morte de Sócrates como tal, mas sim a *própria* perda. Ele não chora no sentido do outro, mas sim para dentro de si. Seus olhos cobertos de lágrimas não veem o outro. O seu luto desmedido aponta, justamente, a uma *desmedida do eu* que, mesmo diante, da morte do outro, não cessa. Fédon não irrompe em lágrimas em vista da morte de um estranho, mas sim de um "amigo", que é uma parte de si mesmo. É possível chorar, sem derramar as lágrimas por

---

392. *Fédon* 116c s.

si? Como chorar para o outro? Ter-se-ia, talvez, de fato "permanecer em silêncio quando alguém morre", não por indiferença, não por masculinidade, mas sim por respeito frente ao outro. O luto mais profundo, realmente desmedido pelo outro seria, possivelmente, sem luto, sem lágrimas. Não resguarda todo luto a interioridade do eu? O soluçar faria barulho demais pelo eu, que lamenta a perda do outro como perda-de-si. À parte do barulho haveria, certamente, um *silêncio*, que não seria conhecido nem por Lévinas nem por Platão, uma *serenidade*, uma alegria e tranquilidade que é livre do luto do eu.

O choro de Apolodoro seria de fato diferente do de Fédon. Quem é Sócrates para Apolodoro? Ele é o outro? Em que medida o chorar pelo outro é possível? Em *Deus, a morte e o tempo*, Lévinas aponta, em várias passagens, para essa cena do luto. Ele chama a atenção para o fato de que essa cena tocante do luto ocorre justamente no diálogo em que o conhecer é mais forte do que a angústia diante da morte: "Assim, coloca-se novamente a pergunta pelo sentido do emocional que, segundo Heidegger, pode ser reduzido à angústia na confrontação com o nada. Essa irredutibilidade do emocional vem à ordem do dia mesmo no esforço socrático do Fédon, no diálogo que visa conhecer, na morte, a magnificência do ser (morte = ser roubado de todo véu, um ser tal como é prometido ao filósofo e que reluz primeiramente em sua divindade com o fim da corporeidade). Mesmo aqui a proximidade do Sócrates moribundo não perde a sua ressonância afetiva [...] mesmo nesse diálogo há um *excesso* de emoção: Apolodoro chora mais fortemente do que os outros, ele chora para além da medida [...]"[393]. Em seu luto excessivo, Apolodoro chora, assim diria Lévinas, não para dentro de si, mas sim para além de si. A desmedida do luto consistiria no "despedaçar do meu *eu*"[394]. Não o "saber", mas o "*excesso* de emoção" determina a relação com a morte. Essa relação é uma "referência puramente emocional"[395], o "estremecimento emocional *par excellence*, o ser atingido afeti-

---

393. *Gott, der Tod und die Zeit* [Deus, a morte e o tempo], p. 28.

394. Ibid., p. 23.

395. Ibid., p. 26.

vamente *par excellence*"[396]. Lévinas se esforça muito em purificar a "emoção" do meramente subjetivo, da sensação ou da sensibilidade, que nada mais são senão um se-banhar no eu. A "emoção" não é nenhuma agitação sentimental que germina no interior do eu sensível e que permaneceria presa lá. Antes, ela é um movimento "objetivo", uma *moção* [*Motion*], uma *ex-moção* [*Ex-motion*] que rasgaria a interioridade do eu que gira em torno de si. A emoção é uma "*afetividade sem intencionalidade*"[397]. Ela não é direcionada a nenhum objeto intencional que confirmaria o eu em sua *mesmidade*. O "excesso de emoção" causa, antes, uma perturbação intencional, uma perturbação do eu. O movimento afetivo corta o eu, rasga nele uma ferida, o arrasta para o "desconhecido". Essa "inquietude" rasgadora faz impossível para o eu todo retorno para si, todo se-recolher.

Segundo Lévinas, apenas a aniquilação não consegue medir a gravidade da morte. Ela é mais do que um mero fim do ser. Esse mais,

---

396. Ibid., p. 19.

397. Ibid., p. 27.

porém, não pode ser incorporado nem na lógica, nem na ontologia: "A morte é escândalo, crise, mesmo no *Fédon*. Deveriam essa crise e esse escândalo ser reduzidos à aniquilação que alguém sofre? Falta uma pessoa no *Fédon*, [a saber,] Platão. Ele não toma partido, ele se contém. E daí cresce uma ambiguidade adicional"[398]. Contra a afirmação de Lévinas, Platão não está inteiramente ausente naquela cena de luto. Antes, ele está presente em sua ausência, ele reluz por meio da ausência. Ele sublinha, ele mesmo, sua ausência: *Platão* escreve: "Platão, porém, creio, estava doente"[399]. Doente de luto desmedido? "Doente de amor"?[400] Ou estaria por acaso no fundamento de sua ausência uma intenção de ocultar as suas lágrimas? Ela aponta para a ambiguidade das lágrimas ou para a impossibilidade de chorar pelo outro?

Deve-se desconfiar das lágrimas. Será impossível eliminar delas todo rastro do eu. Em *Humanismo do outro ser humano*, Lévinas fala novamente de lágrimas que seriam lágrimas

---

398. Ibid., p. 24.

399. *Fédon*, 59b.

400. Em *Outro que o ser ou além da essência*, Lévinas cita o "cântico de louvor": "Doente estou de amor" (p. 311).

impossíveis: "Talvez sejam isso as lágrimas. Cair-na-impotência do ser que é cair-na-humanidade; isso não foi considerado pelos filósofos [como algo] digno de reivindicar atenção"[401]. O "soluço" não é, porém, nenhum ato de humanidade. Ele emaranha demais o "para-o-outro" na interioridade. Os olhos cobertos de lágrimas não conseguem perceber o outro. Quem "queima de compaixão" ainda não queimou, além disso, a *si mesmo*. E a impotência que, em última instância, seria a *minha* impotência, não alcança o outro. Cair-em-impotência permanece uma *queda* do eu. Não é um "cair-na-humanidade".

Em que consiste a crise, o escandaloso da morte, que não poderia ser reduzido à aniquilação? O nada, o fim do ser representa, segundo Lévinas, apenas um momento da morte. A morte é *mais* do que o nada: "A morte do outro é esgotada pelo fim, pela negatividade? O fim é, simplesmente, um momento da morte – um momento cujo outro lado não representa a consciência ou o entendimento, mas sim a pergunta; *pergunta* diferente de tudo aquilo que é expos-

---

401. LÉVINAS, E. *Humanismus des anderen Menschen* [Humanismo do outro ser humano]. Hamburg, 1989, p. 6.

to como problema"[402]. Em oposição ao "problema", que pede por uma solução e, porém, se suprime nela, a morte, como "pergunta", não chega ao repouso em nenhuma simples resposta. A morte como "irromper" no "desconhecido" se furta a toda apropriação entendedora: "Entendemos a decadência, a transformação, a dissolução. Entendemos que as formas passam, enquanto algumas coisas continuam. De tudo isso se separa a morte, inapreensível, inacessível ao pensamento e, todavia, incontestável e inegável. Nem fenômeno, mal tematizável, nem pensável – aqui começa o irracional"[403]. "Irracional" porque nenhum saber, nenhum conhecimento define a referência à morte. Ela catapulta o pensamento no "infinito", ao qual apenas um respeito sem-fundamento [grund-lose], abismal [abgründige] frente ao outro, frente à sua mortalidade pode fazer justiça: "Essa pergunta – a pergunta da morte – apresenta a sua própria resposta: ela é minha responsabilidade pela morte do outro. A passagem para o âmbito ético consti-

---

402. *Gott, der Tod und die Zeit* [Deus, a morte e o tempo], p. 24.

403. Ibid., p. 81.

tui a resposta a essa pergunta. [...] A pergunta aponta para a resposta como responsabilidade ética, como uma escapatória impossível"[404]. A resposta à "pergunta" é buscada fora do saber e do conhecimento, "na passagem para o âmbito ético", para além da alternativa entre ser e nada, para além da ontologia. A resposta [*Antwort*] é a responsabilidade [*Verantwortung*]. A referência puramente emocional à morte do outro como responsabilidade está situada fora do calculável, do fundamentável ou do "racional". A "responsabilidade" "diante da qual não há escapatória" se impõe a mim *antes* de toda objetivação do sentido, fora de toda "doação de sentido racional". Ela ocorre aquém da "ação racional". Apenas o "risco de um não-sentido", a "suspeita do não-sentido" faz justiça ao sentido infinito, ao ser para o infinito. Nenhum negócio moral, nenhuma contabilidade sobre a responsabilidade é possível. A "paciência" que, curvada diante da "obrigação inevitável", é paciente no "não-saber", está situada fora da economia. Ela "não se paga": "A possibilidade do não-sentido, capaz de afu-

---

404. Ibid., p. 128.

gentar qualquer negócio que pudesse penetrar na passividade da paciência, representa todo se-curvar diante da morte, se-curvar que não faz sentido, não é situável, localizável, objetivável – aspecto de uma situação impensada, inimaginada"[405]. O eu mantém a sua unicidade primeiramente pelo fato de que "ele responde ao outro e, de fato, em uma responsabilidade" "que nunca é suspensa"[406]. Ser-eu significa ser-responsável. A identidade é, desse modo, de origem ética: "O outro me individualiza por meio da responsabilidade que tenho por ele. A morte do outro que morre me atinge em minha identidade mesma como eu responsável – uma identidade que nem é substancial, nem brota do simplesmente contexto de diferentes atos identificadores, mas sim de uma responsabilidade irrecusável"[407].

Não há apenas a morte do outro, mas também minha morte. Lévinas tenta, agora, definir a minha morte a partir da responsabilidade, [a partir] da morte do outro: "Soli-

---

405. Ibid., p. 30.

406. Ibid., p. 30.

407. Ibid., p. 22.

dariedade ou compaixão, compadecer-se do outro, ou ter 'morrido mil mortes' por ele como condição de possibilidade de um radical entrar-no-lugar-do-outro. Uma responsabilidade pelo outro no suportar de sua infelicidade ou fim, *como se se fosse culpado por isso*. Proximidade extrema. *Sobreviver como culpado*. Nesse sentido, o sacrifício pelo outro promove um outro significado para a morte do outro: responsabilidade que, possivelmente, constitui o fundamento para poder morrer. Na culpabilidade do sobrevivente, a morte do outro é a minha questão. *Minha* morte representa minha *parte* na morte do outro, e, com minha morte, morro essa morte que é minha culpa"[408]. O *Meu* em "minha morte" consiste, então, em para-o-outro. Morrer como meu morrer é morrer-junto ou morrer-pelo-outro. O pelo-outro de Lévinas, porém, não dissolve o Meu enfático. A minha morte não é nem *desdramatizada* nem *des-heroizada*.

A morte não é mais "indelegável", no sentido de que ela representa a possibilidade a ser tomada por mim de poder-ser-si-mesmo.

---

408. Ibid., p. 49.

Indelegável é, antes, a minha responsabilidade pela morte do outro. Justamente essa indelegabilidade constitui o si, enquanto o outro ou a responsabilidade pelo outro constitui o conteúdo do si: "A morte que significa o fim só pode medir a inteira envergadura da morte se ela se torna responsabilidade pelo outro – por meio da qual se torna realmente si mesmo. Eu sou responsável em tal medida pela morte do outro que eu me insiro na morte. Nessa responsabilidade intransmissível, indelegável, nos tornamos nós mesmos"[409]. Minha morte recebe sentido apenas a partir da morte do outro, da responsabilidade. É a responsabilidade que faz de minha morte primeiramente significativa. Mortalidade é responsabilidade. Lévinas amplia essa responsabilidade em um "morrer-pelo-outro" que não pode ser fundamentado em meu "estar condenado à morte", que não pode ser colocada em nenhum contexto de sentido racional. A "absurdidade", a ausência-de-sentido ou a "ausência de fundamento" (*gratuité*) do morrer-pelo-outro é o sentido

---

409. Ibid., p. 52; cf. tb. *Gott, der Tod und die Zeit* [Deus, a morte e o tempo], p. 122: "Responsabilidade intransmissível, cuja urgência me identifica insubstituível e unicamente".

infinito da responsabilidade. "A passividade é, desse modo, apenas possível quando se pode supor uma pura loucura (*folie*) no si mais íntimo do sentido, que se manifesta na dedicação que é codificada no outro. Essa absurdidade constitui a minha mortalidade, minha morte por nada – que impede que a minha responsabilidade se torne, por meio de um comportamento, assimilação do outro. É a minha mortalidade, o meu estar condenado à morte, meu tempo que jaz no morrer, minha morte, que [...] é um rapto, puro ser arrastado para longe, que constitui aquela absurdidade que possibilidade a ausência de fundamento de minha responsabilidade pelo outro"[410]. Segundo a análise de Heidegger da morte, o "morrer por" significa, em contrapartida, um "ir para a morte por um outro", um "sacrificar-se pelo outro" e, de fato, *"em uma coisa determinada"*[411]. Esse "morrer por..." não é sem fundamento. Há sempre uma "coisa" que o fundamenta ou justifica. Ele permanece *pragmático* [*sachlich*]. Além disso, o "morrer por..." não diz respeito à essência

---

410. Ibid., p. 128.

411. *Sein und Zeit* [*Ser e tempo*], p. 240.

da morte. Em vista da morte, desperta um eu enfático: "Eu me torno meu eu mais próprio". O outro não constitui nenhum conteúdo do si. A "indelegabilidade" ou "a qualidade de ser sempre minha" [*Jemeinigkeit*] da morte significa: a morte *é não-o-outro*.

Segundo Lévinas, a morte, se é reduzida ao fim do ser, ao "dilema ser-nada", leva ao "fracasso humano", ao "ficar para trás em sua tarefa como ser humano": "O fracasso do ser humano não retornaria naquele portão, à morte entendida como nada irrecusável que atinge repentinamente um ente cujo ser se limita à ess-*a*-nce, a ser a tarefa ou missão, ou seja, ao exercício daquela atividade que é expressa pela palavra das palavras, pela palavra *ser*, a qual se chama simplesmente de verbo auxiliar? Como palavra das palavras ela declara, a saber, uma atividade que não surte nenhuma alteração – nem alteração de qualidade nem de lugar – mas sim exatamente a identificação do idêntico como tal e, assim, algo como a não-inquietação da identidade, algo como o ato de seu repouso [...]. O fracasso humano começa, por conseguinte, no trauma do final, que parte a força do *esse*, na 'finitude do *ser* humano'"[412]. Lévinas faz do ser experimentado como pura atividade, que faz com que a morte apareça como o "trauma do fim", responsável pelo fracasso humano. O persistir nesse ser é "animalesco". Assim, ele situa o "humano" no "além do ser e da morte"[413]. A morte experimentada como "trauma do fim", a finitude do ser experimentada traumaticamente, introduz um trabalho de luto: "Ser, conhecimento e ação são ligados à morte. Como se mesmo as ideias platônicas devessem a sua eternidade e sua pureza como universais ao declínio do impermanente [...]"[414]. É preciso, então, abstrair da finitude do ser, deixar o "dilema ser-nada" para trás de si para se tornar humano. Apenas a indiferença frente à morte como fim do ser produz a não-indiferença em relação ao outro: "Ignorar do ser e da morte, que não pode nem ser um surto nem uma covardia nem uma queda no cotidiano [...]. Ignorar e abertura, indi-

---

412. *Wenn Gott ins Denken einfällt* [Do Deus que vem à ideia], p. 79s.

413. Ibid., p. 255.

414. *Jenseits des Seins oder anders als Sein geschieht* [Outro que o ser ou além da essência], p. 376.

ferença frente ao *ser* [...] Indiferença que não é puramente negativa, pois, em outro sentido, ela significa a não-indiferença; não-indiferença pelo outro, pelos outros"[415]. O "ignorar do ser e da morte" promete a "maravilha do eu livre de si mesmo e temente pelo outro". Temer-pela-morte-do-outro não é um temer-por-*si* ao qual se retornaria. Se toda afetividade permanecesse, por causa de sua intencionalidade, ligada ao eu, então o temer-pela-morte-do-outro que rasga esse eu representaria uma "perturbação afetiva": "Despertar ético e vigilância ética nessa perturbação afetiva"[416]. O temer pelo outro, que desperta *antes* do meu saber e de minha decisão consciente, constitui a dimensão ética, inter-humana da morte: "A morte significa a concretude da renúncia impossível do outro em seu ser sozinho, a proibição dessa renúncia. Seu sentido começa com o inter-humano. A morte tem significado originariamente na proximidade autêntica do outro ser humano, ou na socialidade"[417].

---

415. Ibid., p. 380.

416. *Wenn Gott ins Denken einfällt* [Do Deus que vem à ideia], p. 253.

417. Ibid., p. 214.

Lévinas não faz justiça à finitude humana, na medida em que ele percebe nela apenas uma negação simples, uma interrupção do ser pensado como pura atividade e identidade. Há uma outra finitude, uma, por assim dizer, finitude "positiva", a saber um *mais do menos* de identidade e atividade. Esse excedente do finito faz com que a morte não apareça mais como um "trauma do fim". *Morre-se*. Falta a esse tipo de morte toda ênfase, todo drama. Morre-se no morrer e, de fato, sem luto e trabalho de luto, sem qualquer estardalhaço pelo eu ou pelo outro. Seria preciso, então, estar em silêncio quando se morre. Esse tipo de morte não-heroica, não-dramática deve, porém, ser estritamente distinguida daquele "morre-se" heideggeriano. O "Se" heideggeriano teme a morte. E ele não está livre do Eu. Morre-se na morte e, de fato, não por "esquecimento da morte". Antes, precede a essa serenidade para a morte um *despertar para a finitude*. Morre-*se*, pois nenhum *Meu* dificulta a morte, porque a morte já matou o *meu*. Esse *morre-se* transforma a "qualidade de ser sempre minha" [*Jemeinigkeit*] em uma "*qualidade de sempre ocorrer*" [*Jeweiligkeit*] que articula um *tempo sem preocupação*. Mortalidade ou finitude é qualidade de sempre ocorrer. O ser mortal, sim, amável é um *demorar-se* como um hóspede. Amavelmente se se demora *sempre*. Deve-se opor ao "ser para o infinito" de Lévinas sempre-se-demorar [*Je-Weilen*], o *ser para o finito*. Falta a ele o *súbito*, que acentuaria a morte a um drama do eu ou do outro ou a um "trauma do fim".

A qualidade-de-sempre-se-demorar [*Je-Weiligkeit*] desperta, além disso, também o sentido para o particular. O sempre-se-demorar [*Je-Weilen*] *vê* cada coisa em particular [*Jeweilige*][418]. De fato, Lévinas contrapõe, sobretudo em *Totalidade e infinitude*, a pluralidade ou o pluralismo à totalidade. Mas o outro de Lévinas não mostra traços *de nome próprio*[419]. Ele se desvanece, dilui-se em um outro abstrato. O rosto do outro dá a impressão curiosa

---

418. Aqui, Han faz um jogo de palavras para apontar a afinidade entre o verbo "*weilen*" (demorar-se, encontrar-se em algum lugar), o advérbio "*jeweilen*" (que significa sempre ou cada vez) e o adjetivo "*jeweilig*" (que significa a coisa correspondente ou particular em questão), a fim de sugerir que é justamente o se demorar ou o *sempre* se demorar (*Je-weilen*) que possibilita que as coisas apareçam de forma *correspondente* (*jeweilig*) ao que são, ou seja, em sua própria particularidade [N.T.].

419. Cf. HAN, B.-C. *Todesarten* [Tipos de morte], p. 140-171.

de ser sem semblante [*gesichtlos*]. A sua única determinação seria a sua alteridade radical. O rosto de um não se distingue do [rosto] do outro. Todos os rostos espelham sem nenhuma diferença a "dimensão do sublime"[420], do "absolutamente outro" "outro"[421], a partir da qual a exortação celestial me proclama: "Tu não cometerás assassinato"[422].

Também a concepção de linguagem de Lévinas é afetada por uma cegueira sobre o particular ou sobre cada-coisa-particular [*Je-Weiligen*]. A essência da linguagem é, para Lévinas, a universalidade da palavra. Essa representa, como tal, um acontecimento ético: "A universalidade da palavra promove um mundo comum. O acontecimento ético que está na base da universalização é a intenção profunda da linguagem"[423]. A universalidade da palavra não expõe, justamente, a sua *frieza*? A linguagem se aquece primeiramente no particular. A

---

420. *Totalität und Unendlichkeit* [Totalidade e infinitude], p. 247.

421. Ibid., p. 292.

422. Cf. *Gott, der Tod und die Zeit* [Deus, a morte e o tempo], p. 127s.: "O nada da morte não é na verdade a nudez do rosto do próximo? 'Tu não cometerás assassinato' é a nudez do rosto".

423. *Totalität und Unendlichkeit* [Totalidade e infinitude], p. 252.

sua amabilidade é, justamente, a confiança em relação ao particular. Por toda a universalidade ou apesar dela, nomear o particular é a intenção profunda da linguagem. Em sua essência, a linguagem é um falar-por [*Für-Sprache*] por cada coisa particular. Desaparecem das palavras a amabilidade e o calor, onde a nomeação do particular fica de fora. A linguagem vive, ela se aviva, recebe *cores* por meio daquilo que não é universal, que não é [um] *lugar comum*. Lévinas escreve, em contrapartida: "Falar significa tornar o mundo comum, criar lugares comuns"[424].

Em *Totalidade e infinitude* se fala, em algumas poucas passagens, sobre "hospitalidade". O hóspede de Lévinas se aproxima da casa, todavia, "por cima": "O outro – que é absolutamente outro – paralisa a posse, que ele contesta por meio de sua epifania no rosto. Ele só pode contestar minha posse pois ele se aproxima de mim não por fora, mas sim por cima. O mesmo [*Selbe*] não consegue se apoderar desse eu sem aniquilá-lo. Mas a infinitude intransponível dessa negação do assassinato se

---

424. Ibid., p. 104.

anuncia justamente nessa dimensão da sublimidade na qual o outro vem ao meu encontro, e, de fato, concretamente na impossibilidade de cometer esse assassinato. Recebo, em minha casa, o outro que se apresenta ao abrir a minha casa a ele"[425]. O outro que se aproxima de mim "por cima", escancara, ao mesmo tempo, a casa. Ele é um senhor, que, "em sua transcendência, me domina"[426]. Falta à hospitalidade de Lévinas uma certa *naturalidade*. Do anfitrião não se esperará nenhum sorriso amável, nenhuma suavidade espontânea. Correspondentemente, a linguagem na qual o ser-com ocorre não é um *diá-logo* [*Zwiesprache*] ou uma *inter-locução* [*Zwischen-Sprache*], mas uma "instrução". Ela vem "de cima", da "dimensão da sublimidade". Em *Outro que o ser ou além da essência*, Lévinas fala ainda menos de "hospitalidade", como se ela já tivesse iniciativa e atividade demais do eu ou pouca passividade. O "movimento para o próximo" é disparado por meio de uma "ordem", que, "como um ladrão", se "infiltrou" em minha consciência. A

---

425. Ibid., p. 247.

426. Ibid., p. 311.

hospitalidade [*Gastlichkeit*] dá lugar à "refenidade" [*Geiselschaft*]. A expressão "refém do outro" ou "sangrar pelo outro" "contra a própria vontade"[427] concretiza a coercitividade da relação de Lévinas com o outro.

É primeiramente além do ser e do nada, além da ontologia que começa, segundo Lévinas, a partida para o infinito. "A-Deus" (*à-Dieu*) significa esse movimento da "despedida" (*adieu*) do mundo finito que, ao mesmo tempo, representa uma despedida do para si no sentido do outro. Essa despedida produz um excedente de sentido que não pode ser incorporado no ser. Esse "mais em significar" é chamado por Lévinas de magnificência [*Herrlichkeit*]: "Magnificência que me requisita, me exige, me intima. Não se deveria chamar essa exigência ou essa requisição ou essa intimação para a responsabilização [com a] palavra Deus? [...] O direcionamento da consciência para o ser em sua insistência ontológica ou em seu ser-para-a-morte, no qual a consciência tem certeza de se dirigir ao ponto-final – tudo isso é interrompido pelo rosto de outro

---

427. *Jenseits des Seins oder anders als Sein geschieht* [Outro que o ser ou além da essência], p. 168.

ser humano. Talvez a palavra 'magnificência', que acabei de usar, signifique, quando falei do rosto, justamente esse além do ser e da morte"[428]. A "glória" me eleva para além da morte e da finitude, para além do "dilema ser-nada". Essa *aparência-de-glória* terá sido um trabalho de luto. O trabalho de luto trabalha, como se sabe, com a *aparência*. Ele é aparentado àquela "luz" que desata o grito de júbilo de Ivan Ilitch, "Fim da morte!" A *despedida absoluta*, a despedida (*adieu*) sem "à-Dieu", sem luto e sem desejo, é, certamente, estranha a Lévinas.

O luto trabalha na eliminação da morte. A despedida como "à-Dieu" não expressa nenhuma renúncia, nenhum deixar, nenhum permitir do ninguém e do nada, da repetição infinita, mas sim uma esperança, uma promessa, uma obrigação. Aí, a angústia domina o ser-para-o-outro: "Esperar pelo retorno para a angústia, de modo que não pudesse haver nenhum retorno, expectativa que é impossível de ser frustrada, paciência que obriga à imortalidade. Desse modo se diz 'tu': falar na segunda pessoa – se informar pelo seu bem-estar ou se

---

428. *Wenn Gott ins Denken einfällt* [Do Deus que vem à ideia], p. 254s.

preocupar com isso. Obrigação à imortalidade a apesar da certeza de que todos os seres humanos são mortais"[429]. Em oposição à angústia, a serenidade traria consigo apenas a frieza da primeira pessoa ou a indiferença do isso. O enfático "falar na segunda pessoa" se basearia, em contrapartida, na inquietude e na angústia. Toda tranquilidade é suspeita. Essa seria a propriedade da primeira pessoa, que seria incapaz da invocação do "tu", da decisividade heroica para o "tu", do "desejo". Para além da primeira e da segunda pessoa, que permanece uma *declinação* da primeira pessoa, ou seja, para além da angústia e da inquietude que se deveria situar a amabilidade alegre, a saber, o outro da angústia. Ela não promete nada, não obriga a nada. Em vez de permanecer na "paciência" para a imortalidade, ela concorda com a finitude. Essa concordância não é nenhuma inumanidade. Ela não demanda nenhum morrer. O sorriso amável é *mais caloroso* do que a invocação cheia de angústia do "tu".

Em *Deus, a morte e o tempo*, Lévinas aponta para o fato de que o nada da morte teria

---

429. *Humanismus des anderen Menschen* [Humanismo do outro ser humano], p. 7.

permanecido impensado na filosofia ocidental. "Na morte, no puro nada, sem fundamento, sentida dramaticamente por meio da gravidade desse nada, que é maior na morte do que na ideia do nada do ser", viria à fala aquilo "que a filosofia europeia não pensou". O nada teria "desafiado o pensamento ocidental". "Mesmo na angústia, mesmo por meio da angústia" a morte teria permanecido "impensada"[430]. A morte, assim como ela se anuncia na morte do outro, seria o "evento" do "ir até lá", "com a gravidade própria a ele, que constitui o seu escândalo"[431], um "rapto", um "ser arrastado para longe"[432]. Traria a concepção de morte de Lévinas de fato à experiência aquele nada que permaneceu "impensado" na "filosofia europeia"? Não suavizaria aquele "A-Deus" (*à-Dieu*) novamente a despedida? O amor enfático não oculta, com a sua aparência de glória, o nada que, justamente por causa de sua simplicidade, seria insuportável, catastrófico?

---

430. *Gott, der Tod und die Zeit* [Deus, a morte e o tempo], p. 81.

431. Ibid., p. 83.

432. Ibid., p. 89.

Lévinas invoca Kant, [mais especificamente] o seu postulado da imortalidade da alma. A filosofia prática de Kant se dirigiria ao mundo acessível apenas à esperança, mundo que permaneceria fechado à existência finita, determinada pela morte: "Kant certamente não pensa que se deveria pensar uma extensão do tempo para além do tempo limitado, ele não quer uma 'prolongação da vida'. Mas há uma *esperança*, um mundo que é acessível à esperança, há o fundamento de movimento inteiramente próprio de uma esperança que é dotada de significado. Em uma existência determinada pela morte, nesse *épico* do ser, existem coisas que não entram nesse *épico*, significados que não se deixam restringir ao ser. [...] A filosofia prática de Kant mostra que a redução heideggeriana não é obrigatória. Que, na história da filosofia, pode haver outro significado que o da finitude"[433]. Também em Bloch, Lévinas encontra uma compreensão do ser segundo a qual morte e finitude não constituem o traço fundamental da existência humana. Ele aponta novamente para a "esperança" que é dirigida àquele esta-

---

433. Ibid., p. 71.

do social no qual não se *é* mais *para a morte*, para um mundo que é livre de angústia: "Há em Bloch uma maneira de não se desesperar com a morte [...]. Quando se folheia algum belo livro sobre a morte [...], assim se sabe, depois de algumas linhas, que *não há nada* a fazer: é preciso morrer a morte. Também em Bloch não há nada a fazer. Precisa-se morrer. E, todavia, ainda há muito a fazer – é preciso fazer muito – para libertar a morte da angústia – sem que isso se dê por meio da distração –, para deixar à morte apenas ainda uma casca vazia"[434]. Interessantemente, opõe-se aqui, ao não-há-nada-a-afazer em vista da morte, o *há-muito-o-que-fazer*, uma ênfase do *poder* [*Könnens*]. É preciso fazer muito para deixar à morte apenas uma casca vazia. Esse *fazer* aponta novamente para o *trabalho* de luto. Deve-se trabalhar no sentido daquele estado de ser no qual a morte, ou seja, a minha morte, não significa muito. A angústia diante da morte se relaciona, em Bloch, segundo Lévinas, apenas à escuridão de um mundo incompleto. Ela marca, assim, uma falta, uma incompletude do ser que deve ser superada: "A

---

434. *Wenn Gott ins Denken einfällt* [Do Deus que vem à ideia], p. 128s.

angústia diante da morte seria, segundo Bloch, nada senão o que soa triste em um trabalho incompleto. Seria o luto sobre abandonar o mundo que não conseguimos transformar. [...] Que o eu humano, que pertence àquela esfera escura que permanece em um mundo incompleto e teme a morte, sinta em algum momento a consumação do ser, ou seja, que o eu é inteiramente eu, leva, então, a que o mundo seja mais eu do que eu mesmo: '*Tua res agitur*' [Trata-se de coisa tua]. A morte apenas tomará, então, aquilo que não conta mais! O mundo é meu, e o eu efetivo é aquele que tem a sua mesmidade como eu nesse 'meu' do mundo. [...] Na intensidade desse '*tua*' surge aquele eu contra o qual a morte nada pode"[435]. Onde "o ser é inteiramente meu"[436], onde o perigo da alienação pelo ser é banido definitivamente, a morte se torna insignificante: "Aí reside o modo de ser em um mundo consumado e bem-sucedido, sem melancolia – e isso tira da morte o seu aguilhão. O eu é eu na luz de um mundo ao qual o ser humano não mais se opõe. Por isso, a morte não

---

435. Ibid., p. 129.

436. *Gott, der Tod und die Zeit* [Deus, a morte e o tempo], p. 113.

pode mais tocar o ser humano, pois a humanidade já abandonou o indivíduo. Lá rege um ser que é a felicidade"[437]. Para o eu que se levanta em um mundo consumado, que se identifica inteiramente com ele, a morte não seria uma catástrofe. Ele não pode fazer nenhum mal ao trabalho consumado. Morto está apenas o ser humano individual. Permanece, porém, a aparência de glória do mundo consumado.

O ser é, em Bloch, compreendido como "ato" e "trabalho". O eu *se* vê no mundo consumado como *feito por ele*: "A inteligibilidade do ser coincide com a sua consumação do incompleto. Ele é potência que tem de passar ao ato, e o ato é a humanidade. [...] O ato é o trabalho. Nada é alcançável, nada se mostra, sem ser provocado pela intervenção do trabalho vivo da humanidade. O mundo não está consumado, pois o trabalho não está consumado. E enquanto o mundo não estiver consumado, enquanto houver *matéria não-humana*, o ser humano se encontra na escuridão [...]"[438]. Um *trabalho* infinito faz do eu congruente ao mundo.

---

437. Ibid., p. 113.

438. Ibid., p. 106 [destaque do autor].

O eu que se tornou o mundo inteiro introduz o fim do sofrimento e da morte. Não há nada, nada mais de alheio a sofrer. O eu trabalha o luto de modo a desfazê-lo. O mundo como obra-do-eu, como uma obra do trabalho de luto, está aí consumado. Esse eu que se tornou o mundo não é mais colocado em questão pela morte. A morte seria apenas ainda um episódio a que não se atribuiria mais nenhum significado dramático: "Tudo é concretizado, tudo é consumado, tudo se encontra 'lá fora'. Assim, a consumação resolve o problema da morte – todavia, sem desfazê-la"[439]. O heroísmo do trabalho constrói um monumento gigantesco do mundo. Esse monumento mundial do eu, que se encontra consumado "lá fora", desconstrói a interioridade do eu melancólico, que se angustia. A supressão da morte se torna supérflua, pois ela perde, no ser consumado, o seu *significado*. Ela desvanece em vista da obra consumada. Não há nenhuma "matéria" estranha. Tudo que não era o *eu* é *re-trabalhado* em seu *espaço interior*.

---

439. Ibid., p. 114.

Bloch chama o estado no qual se dá "a consciência da glória utópica no espaço humano" de "espanto". Esse estado é desencadeado por pequenos eventos, como por uma "folha ao vento" ou pelo "sorriso de uma criança". O olhar de espanto não *repousa*, porém, no se-mostrar das coisas. O mundo não *é* nessa *repetição* do *ser-assim* das coisas. O instante o espanto faz, antes, com que germine a "esperança" de que "tudo pode 'ser' *diferente*, a saber, [ser] tanto o nosso próprio 'ser' que não se precise mais de nenhuma pergunta"[440]. O espanto não é aquele instante em que as coisas, em seu ser-assim, *repetem* o olhar sem intenção, sem eu e sem interesse. Não nos espantamos *para além de nós mesmos* ou *para longe de nós mesmos*. Antes, o espanto desperta um enfático *teu*, excita a "intenção simbólica do *tua res agitur*"[441]. No instante do espanto, o mundo é "tão meu que o que ocorre no mundo me diz respeito"[442]. Trata-se daquele instante no qual

---

440. BLOCH, E. *Spuren* [Rastros]. Frankfurt a.M., 1969, p. 217 [destaque do autor].

441. BLOCH, E. *Prinzip Hoffnung* [*O princípio esperança*]. Frankfurt a.M., 1959, p. 1.388.

442. *Gott, der Tod und die Zeit* [Deus, a morte e o tempo], p. 113.

o escuro – novamente a retórica da luz – "é penetrado por um raio de luz advindo de um futuro utópico"[443]. A "figura do espanto" nutre a "esperança", marca o "simples tom paradoxal na marcha do luto", o "conjuntivo do desejo de uma certeza em meio ao réquiem". Ela é uma figura da "luz" como "*Lux luceat eis*"[444]. As coisas se tornam superfícies de projeção da esperança impulsionada pelo luto. O *tom do mundo* mesmo, que não seria acessível à esperança, mas sim a uma abertura não-intencional, a um não-querer, permaneceria, porém, esquecido naquele "tom maior paradoxal".

Em vista da "figura do espanto", a morte não é mais experimentada, segundo Bloch, como uma "absoluta negação da finalidade [*Zwecknegation*]". Antes, ela é "iluminada por uma alegria ainda não descoberta e pelas luzes latentes do autêntico [*Eigentlichen*]": "A morte se torna aí não mais a negação da utopia e da sua série de finalidades, mas sim, inversamente, negação daquilo no mundo que não pertence à utopia: ela o expulsa, assim como ela expulsa a si mes-

---

443. Ibid., p. 112.

444. *Prinzip Hoffnung* [Princípio esperança], p. 1.389.

ma diante do *Non omnis confundar* [Não desaparecei completamente] da questão principal: no próprio conteúdo da morte não há mais, então, nenhuma morte, mas sim a descoberta de conteúdos da vida adquiridos, conteúdo-nuclear"[445]. Bloch invoca uma cena de *Guerra e Paz*, de Tolstói. O Príncipe Andrei observa, em meio à Batalha de Austerlitz, soterrado de sangue deitado no chão, o "céu elevado": "Acima dele não havia nada senão o céu, o céu elevado, que, de fato, não parecia claro, mas que parecia, ainda assim, imensuravelmente alto. Nuvens cinzas deslizam tranquilamente lá. Quão silencioso, quão tranquilo, quão festivo, pensou o Príncipe Andrei, de modo algum como se tivesse acabado de cair uma tempestade, de modo algum [do modo] como nós corremos e gritamos e batalhamos [...] – de modo inteiramente diferente passam as nuvens por esse elevado e infinito céu. Como é possível que eu nunca antes tenha visto esse céu? Como sou feliz por finalmente vê-lo! Sim! Tudo é vão, tudo é mentira e engano, fora esse céu infinito. Não

---

445. Ibid., p. 1.389.

há nada, nada além dele..."[446] A morte revela ao Príncipe Andrei o "céu infinito". Em vista da morte, o "conteúdo-nuclear" utópico do mundo a-*parece* [*er-scheint*]. Ele é iluminado, coberto pelas "luzes latentes do próprio". Esse raio de luz utópico tira da morte o aguilhão da negatividade. A morte é apenas a "despedida" do mundo incompleto, na ombreira do qual aparece o prenúncio da "glória utópica". Essa aparência de glória surge, certamente, de um trabalho de luto intensivo.

Interessantemente, Lévinas chama a atenção explicitamente para o fato de que o "céu" para o qual o Príncipe Andrei dirige o seu olhar "não é azul, não é cinza, mas apenas elevado". Ele não tem nem *cor* nem *forma*, como se toda visibilidade o puxasse para o finito. O "céu" aparece a Lévinas como um anagrama do infinito ou do sagrado. Ele não é, portanto, nenhum céu da paisagem, que se aconchegaria à terra. Antes, o céu de Lévinas representa apenas uma contra-figura abstrata do finito. Ele é *infinitamente alto*. E ele não *repousa*. Ele é um retrato do desejo. Assim, também o olhar que se

---

446. TOLSTOI, L. *Krieg und Frieden* [Guerra e paz], III.16.

dirige à "altura desse céu" não repousa. Antes, ele está em busca, seguindo o rastro. A "altura", a diferença de altura entre em cima e embaixo faz com que o olhar vagueie. Nenhuma serenidade faz com que ele *se demore* entre o céu e a terra: "O desejo metafísico abre a dimensão própria do elevado. Que não mais o céu seja esse elevado, mas o invisível, nisso justamente consiste o sublime no elevado e sua nobreza"[447]. Não o céu visível, mas o invisível é a abóbada primária do ser, que fundamenta a "prioridade do outro, a diferença de nível da transcendência"[448].

Em vista do "céu estrelado", também Kant teria percebido apenas a altura, apenas o elevado, que certamente converge com a sublimidade da "lei moral". O "céu" heideggeriano, em contrapartida, permanece *visível*. Ele é "o curso do sol, o curso da luz, o brilho das estrelas, as épocas do ano, luz e tardar do dia, escuridão e clareza da noite, o bom e o inóspito do clima, o impulso das nuvens e a profundidade azul do éter"[449]. Ele permanece, além disso, avizinhado da "terra" e dos

---

447. *Totalität und Unendlichkeit* [Totalidade e infinitude], p. 38.

448. Ibid., p. 120.

449. HEIDEGGER, M. *Vorträge und Aufsätze* [Conferências e artigos]. Pfullingen, 1954, p. 177.

"mortais". Ele aparece por meio da mortalidade humana. Ele não *emerge* para o elevado. Ele não se dilui em uma superfície de projeção do desejo metafísico.

O "mundo" de Heidegger, todavia, não é o *entre* de "céu" e "terra", que é habitado pelos "mortais". Heidegger adiciona a ele os "divinos", como se só o *entre* de céu e terra fosse abismal demais para ele. O mundo teria, porém, se fosse deixado apenas no *entre* de terra e céu, mais paz e amabilidade. Heidegger tenta ainda evitar que o mundo se *incline* para *cima*. As quatro regiões do mundo, "terra, céu, os mortais e os divinos" constituem, a saber, um "anel" a que falta toda "diferença de altura". A "dança circular" dos "quatro" não concede a nenhuma região do mundo uma prioridade ou um Mais de significado. Mas, sob uma compulsão "teológica"[450], Heidegger *eleva* a região do mundo dos "divinos", por assim, dizer, alguns andares. No último andar ele coloca, então, aquele "Deus" que se furta inteira-

---

450. Cf. HAN, B.-C. *Über die Dinge* – Heidegger, Nietzsche und das Haiku [Sobre as coisas – Heidegger, Nietzsche e o haiku]. *Merkur* 600, 1999, p. 332-344. • HAN, B.-C. *Martin Heidegger*: Eine Einführung [Martin Heidegger: uma introdução], p. 119-139.

mente à imanência da juntura-do-mundo: "Os divinos são as mensagens que acenam da divindade. Do domínio oculto deles aparece o Deus em sua essência, que o furta de qualquer comparação com o [que está] presente"[451]. Em *A terra e o céu de Hölderlin*, Heidegger faz com que "Deus" mesmo apareça por meio do "céu": "Assim, o Deus desconhecido aparece como desconhecido por meio da abertura do céu"[452]. Por causa da superestrutura divina, o olhar dos "mortais" não se demorar entre "céu" e "terra", entre "curso da lua" e "bichos", "passagem das nuvens" e "rochas". A superestrutura divina perturba visivelmente a *tranquilidade do mundo*. Sob a pressuposição de "Deus", certamente não é possível nenhum entre do mundo que balança pacificamente em si.

Apesar da dimensão teológica do mundo, o céu de Heidegger não se afasta inteiramente do visível. Assim, ele se distingue fundamentalmente daquele "céu elevado, justo e benévolo"[453] de Tolstói. Como "O curso do sol, o curso da lua, o

---

451. *Vorträge und Aufsätze* [Preleções e artigos], p. 177.

452. Ibid., p. 197.

453. *Krieg und Frieden* [Guerra e paz], III.19.

brilho das estrelas, as épocas do ano, luz e entardecer do dia, escuridão e clareza da noite, o bom e o inóspito do clima, a passagem das nuvens e a profundidade azul do éter", ele não é cobrado nem pela "esperança" por um outro mundo, nem pelo "desejo" metafísico pelo infinito. Em Tolstói ou em Lévinas, em contrapartida, as nuvens representam apenas uma película que serve para destacar a "altura" do céu. Em oposição ao céu teológico-moral, que apenas se destaca por meio de sua altura, o céu de Heidegger aponta para uma diversidade articulada do visível. E nenhum deslocamento metafórico atribui à luz mais significado do que à escuridão. A luz não é *retrabalhada* em uma aparência de glória. A igualdade de valor de claridade e escuridão, de luz e entardecer mantém o céu em larga medida na imanência do mundo. Também aquele céu estrelado de Heidegger, de que se fala no fim do diálogo "Para o exame da serenidade", não se desloca inteiramente para fora da imanência. Ele não se estende para aquele olhar distante da visibilidade para o "elevado", mas sim para a "criança no ser humano", que não *trabalha*: "G. [...] 'Ir para a proximidade'. Parece-me agora que a palavra poderia ser, antes, o nome para o nosso percurso atual no caminho do campo. L. que nos conduziu profundamente para a noite [...] F. que sempre reluz majestosamente [...] G. e admira as estrelas [...] L. Porque elas aproximam as suas distâncias umas das outras no céu [...] L. Para a criança no ser humano a noite permanece quem aproxima as estrelas. G. Ela reúne sem costura e orla e linha. F. Ela é quem aproxima, pois ela trabalha apenas com a proximidade. G. Isso se ela trabalha, e não, antes, *repousa...*"[454]

Como se sabe, Heidegger não concebeu a "proximidade" eticamente. Em oposição à "proximidade"[455] de Lévinas, ela não está situada primariamente na relação com o outro. Antes, ela traz à fala o acontecimento fundamental do mundo que se furta a toda objetificação, que, por assim dizer, está mais próxima do que [mesmo] o objeto mais próximo. Essa proximidade mundial não acontece, todavia, sem a "proximidade do habitar vizinho"[456]. Ela não é, então, inteira-

---

454. HEIDEGGER, M. *Gelassenheit* [Serenidade]. 8. ed. Pfullingen, 1985, p. 70s. [destaque do autor].

455. A "proximidade" é, para Lévinas, a responsabilidade pelo outro, que me faz sua reivindicação *aquém* de saber e de consciência.

456. HEIDEGGER, M. *Hebel* – Der Hausfreund [Alavanca – O amigo da casa], p. 139 [Gesamtausgabe, vol. 13].

mente cega ao "outro". Ela me aproxima do "outro" como de meu vizinho. Ou ela aproxima eu e o outro um ao outro na amabilidade do habitar vizinho. A amabilidade do mundo, que caminha juntamente com a concepção de mundo de Heidegger, se permite, certamente, alongar-se no inter-humano. O "amigo da casa [*Freund des Hauses*] que o mundo é"[457] terá sido, em sua "virada para o habitar dos mortais"[458], amável com estes, pois o "amável do amigo da casa [*Hausfreundes*]"[459] reluz sobre o habitar vizinho dos mortais. Pertencem à casa, sim, os hóspedes. O amigo da casa [*Hausfreund*] seria também um anfitrião[460] [*Gastfreund*][461].

---

457. Ibid., p. 143.

458. Ibid., p. 142s.

459. Ibid., p. 142.

460. Aqui, Han joga com as palavras em alemão "*Hausfreund*", "amigo da casa" (em outras palavras, aquela pessoa que, apesar de não morar ali, já é "de casa") e "*Gastfreund*", "anfitrião", que, traduzido literalmente, seria algo como "amigo do hóspede", para sugerir precisamente que também o hóspede, enquanto amigo da casa, é, ao mesmo tempo, amigo do hóspede e, por isso, anfitrião [N.T.].

461. Cf. HAN, B.-C. Über die Freundlichkeit – Zur Ethik Martin Heideggers [Sobre a amabilidade – Sobre a ética de Martin Heidegger]. *Akzente* 1, 2002, p. 54-68.

E – Refenidade e serenidade

> Momento da amicabilidade
> [*Freundschaftlichkeit*] silenciosa:
> como se os olhos se ampliassem
> em amplas paredes.
> HANDKE, P. *O peso do mundo.*

> Eu vejo as cores e me torno bom
> (me torno bom para você).
> HANDKE, P. *Na manhã da
> janela rupestre.*

Segundo Lévinas, diante da mortalidade do outro, sou "obrigado" (*astreint*)[462] à responsabilidade, e, de fato, à "responsabilidade para além daquilo que cometi ou não cometi com o outro e para além daquilo que meu ato poderia ter sido ou não poderia ter sido, assim como se eu fosse condenado ao outro antes de ser condenado a mim mesmo"[463]. No lugar das coações do eu entram, agora, as coações do outro e para o outro. As presilhas do

---

462. *Wenn Gott ins Denken einfällt* [Do Deus que vem à ideia], p. 216.

463. Ibid., p. 218.

eu dão lugar ao cercamento pelo outro, que ocorre sob ou além da minha consciência. A "ausência de limites e a autoridade do imperativo"[464] determinam o ser-para-o-outro. Essa obrigação da qual não posso me furtar significa, ao mesmo tempo, a "magnificência": "Precisamos – e mesmo que seja apenas brevemente de forma muito geral – retornar a *como* esse mandamento como magnificência significa, [retornar] à, se se puder falar assim, 'imperatividade' desse imperativo originário"[465]. Aquém do saber e da consciência, encontramo-nos lançados à responsabilidade. O "rosto do outro", cuja nudez expressa a mortalidade, me "comandaria" à responsabilidade, demandaria "categoricamente" a "submissão da obediência" (*l'assujettissement de l'obéissance*). Obedece-se ao comando do rosto, mas não com uma decisão proposital. A "submissão incontornável", a "sujeição infinita" (*infini sujétion*)[466] ocorre, antes, aquém da "compreensão do comando". O entender

---

464. Ibid., p. 263.

465. Ibid., p. 261.

466. Ibid., p. 225.

já teria atividade e iniciativa demais do eu. O "comando absoluto"[467] me corta na carne, me atinge na ferida. Essa ferida seria a única abertura por meio da qual se poderia receber o outro. Apenas a consciência saturada de feridas abriria a "sensibilidade" para o outro.

Em *Totalidade e infinitude*, Lévinas aponta para o fato de que a relação com o outro não faria nenhuma violência com o eu, de modo que ela não o coagiria impiedosamente de fora, contra a sua vontade. Mas a relação com o outro não é, todavia, livre de toda forma de violência. Ela é, assim continua Lévinas, "imposta" ao eu "para além de toda a violência com uma violência que o coloca inteiramente em questão"[468]. Em *Outro que o ser ou além da essência*, Lévinas faz com que o outro apareça com mais violência. A "perseguição", por exemplo, é um dos seus modos de proceder: "A perseguição é uma violação traumática – pura e simples violência, sem aviso [prévio] ou *a priori*, sem apologia possível, sem *logos*"[469].

---

467. Ibid., p. 262.

468. *Totalität und Unendlichkeit* [Totalidade e infinitude], p. 58.

469. *Jenseits des Seins oder anders als Sein geschieht* [Outro que o ser ou além da essência], p. 273.

Conceitos como "trauma", "perseguição", "violação", "coação", "violência", "referidade" etc. constituem o vocabulário fundamental com o qual Lévinas descreve o ser-para-o-outro. Da linguagem de Lévinas não parte nada pacífico, nada amável. Apontaria já a menor pacificidade, a menor amabilidade da linguagem àquela tranquilidade ou autossatisfação do eu na qual faltaria o outro, na qual o outro seria traído? Sem a exposição radical ao outro surge, segundo Lévinas, novamente um "coágulo" do eu[470]. Do outro partiria aquela "violência" que me *curva* para o acusativo (*accusatif*) do "se" [*Sich*] já sempre acusado (*accusé*), intimado. Lévinas define a subjetividade a partir dessa passividade da "submissão" (*l'assujettissement*): "A subjetividade é um si-mesmo insubstituível. Não é propriamente um eu que é posto em sua identidade no nominativo, mas antes, ele é desde o princípio obrigado a [...]: por assim dizer, no acusativo, desde o princípio responsável e sem a possibilidade de se furtar a isso"[471]. O sujeito tem "de sofrer

---

470. Ibid., p. 122.

471. Ibid., p. 190.

o aumento da violência que se torna sempre mais demandante"[472]. Ou outro me *curva* [me transformando] em um refém. Sem esse encurvamento violento, o eu se volta novamente para o nominativo não-curvado.

A exposição ao outro é um "desnudamento para além da nudez", no qual nos "despimos ainda de nossa pele"[473], e, de fato, até as "mucosas do pulmão"[474]. O para-o-outro é desvelado apenas pela "inquietude da respiração", pela "falta de ar do espírito", que "expira sem inspirar"[475], como se o inspirar já fosse uma ocasião para a apropriação o outro. Na demarcação frente à "animalidade", que tem uma "respiração curta demais", Lévinas define o espírito, de fato, como "a respiração a mais longa possível"[476]. Mas essa é um expirar o mais longo possível, sem inspirar, um "exalar" sem ar, "do qual não há mais nenhuma volta"[477].

---

472. Ibid., p. 51.

473. Ibid.

474. Ibid., p. 238.

475. Ibid., p. 49.

476. Ibid., p. 388.

477. Ibid.

Ele não *se* respira *de modo a se libertar*. Apenas uma necessidade constante de respiração possibilita ao eu evitar retornar a si mesmo, repousar em sua interioridade. A serenidade seria, para Lévinas, nada senão a indiferença frente ao outro.

O ser-para-o-outro é "antinatural, involuntário, inseparável de uma possível perseguição para a qual nenhum assentimento é possível – anárquico"[478]. Ele não é nenhuma "inclinação", nenhuma "benevolência *natural*, como ocorre na filosofia moral do sentimento"[479]. Segundo Lévinas, o sentimento não é capaz de nenhuma transcendência. Ele está preso na imanência do ego. O sentimento apenas confirma o eu. O para-o-outro não pertence àquela ordem do pensamento ou da afetividade na qual "o egoísmo do eu se eleva trepidantemente"[480]. Como Kant, Lévinas não conhece nenhuma naturalidade senão a da inclinação "patológica" que, por causa de sua heteronomia, é incapaz da moralidade.

---

478. Ibid., p. 273.

479. Ibid.

480. *Totalität und Unendlichkeit* [Totalidade e infinitude], p. 191.

Em oposição a Kant, porém, Lévinas situa o ético não na liberdade, não da determinação livre da vontade pela "razão nunca *passiva*". O para-o-outro não é nem inclinação nem uma expressão da liberdade do eu soberano. Ele representa, muito antes, a "passividade do *portar* [*Tragens*], ou seja, do *suportar* [*Ertragens*]"[481], a saber, a "paixão" [*Passion*] que antecede à razão. Antes de toda atividade e espontaneidade, antes de toda decisão consciente, sou atingido pelo outro, abatido, possuído e reivindicado. A relação ética não se fundamenta na autonomia de um sujeito livre. Antes, ela é uma forma especial de heteronomia[482]. De fato, Kant também descreve a moralidade com conceitos como "coação", "coerção" ou "submissão". Mas essa submissão é uma "submissão *livre* da vontade sob a lei"[483]. E a coação ou coerção vale apenas para as inclinações, que devem ser coagidas. A moralidade kantiana está ligada à autonomia e liberdade do sujeito, à sua posse

---

481. *Jenseits des Seins oder anders als Sein geschieht* [Além do ser ou algo outro do que o pensamento ocorre], p. 272.

482. *Wenn Gott ins Denken einfällt* [Do Deus que vem à ideia], p. 263.

483. *Kritik der praktischen Vernunft* [Crítica da razão prática], p. 80.

de si. O para-o-outro como paixão ocorre, em contrapartida, em uma esfera que, por assim dizer, é mais profunda do que a da vontade.

A "subjetividade-refém" de Lévinas é determinada por uma outra patologia. É-se "possuído pelo outro, adoecido"[484]. Apenas na proximidade do "grito ou do lapso de uma subjetividade adoecida"[485] desperta a sensibilidade para o outro. O sentido [*Sinn*] infinito se realiza primeiramente na "loucura" [*Wahnsinn*], a saber, na proximidade da "pura ausência de sentido" [*Sinnlosigkeit*][486]: "O *para-o-outro* (ou o sentido) vai até o *através-do-outro*, até o sofrimento por um estilhaço que queima na carne e, de fato, *em vão. Apenas assim o para-o-outro – passividade, mais passiva do que toda passividade, ênfase do sentido –* perma-

---

484. *Jenseits des Seins oder anders als Sein geschieht* [Outro que o ser ou além da essência], p. 311.

485. Ibid., p. 333.

486. Aqui, o autor joga com as palavras *"Sinn"*, "sentido", e *"Wahnsinn"*, "loucura", para apontar, justamente, que o sentido, *Sinn*, está contido na loucura enquanto um "sentido delirante", enquanto *Wahnsinn*, de modo que o sentido se realizaria no "sentido delirante" que, enquanto "delírio do sentido" ou enquanto "loucura", se aproxima, justamente, de uma falta de sentido, *Sinnlösigkeit* [N.T.].

nece preservado *diante do para-si*[487]. Apenas a dor que penetra no coração do para-si pode interromper aquela vida que "se apraz em si mesma"[488]. A "sensibilidade" para o outro é a "vulnerabilidade, no que a dor se dispõe a interromper um prazer justamente em sua solidão e, assim, me arrancar para longe de mim mesmo"[489]. É primeiramente no "limite mais exterior da razão", na proximidade da loucura que desperta aquele ser-para-o-outro "que queima pelo outro e consome os fundamentos de toda posição-para-si ao fazê-lo", "sim, consome mesmo as cinzas desse consumo, das quais no fim tudo ameaça surgir novamente"[490]. As cinzas [se] vinculam, a saber, [a]o luto. O "queimar" pelo outro deve ser tão forte de modo que nem a menor brasa de interioridade se infle sob as cinzas, de modo que ele queime mesmo as cinzas. Enquanto, porém, a chama durar (o desejo perpetua, a saber, a chama), o luto não será superado. O luto flameja

---

487. Ibid., p. 122.

488. Ibid., p. 134.

489. Ibid.

490. Ibid., p. 122.

no fogo. Ter-se-á que extinguir não apenas as chamas, mas também o fogo, sim, a própria fogueira. "Obsessão", "psicose"[491], "loucura", "dor" e "adoecimento"[492], – essa patologia sagrada não introduz nenhum fim do luto e do trabalho de luto. O fogo que queima em frente ao outro preserva o luto no negativo. O fim efetivo do luto deverá ser alcançado apenas no não-desejar. Dele surge a serenidade que significa alegria e tranquilidade.

Lévinas contrapõe à "seriedade extrema" da responsabilidade aquela "leveza enganadora do jogo"[493] que é livre do sujeito e das coações da racionalidade e que, porém, recai na ausência de responsabilidade. "A glorificação do humano em sua coragem e em seu heroísmo – em sua identidade de pura atividade – se inverte em uma consciência de fracasso, mas também de jogo. Jogo de influências e impulsos. Jogo que é jogado sem jogadores e sem apostas, jogo sem sujeito e não esforço racional [...]. É essa inversão da crise de sentido em uma au-

---

491. Ibid., p. 311.

492. Ibid., p. 187.

493. Ibid., p. 30.

sência de responsabilidade do jogo, que talvez, apesar de sua ambivalência, representa a modalidade a mais deformadamente sutil do fracasso humano. Desordem sem-coação-e-lúdica de meros espelhamentos do ser, que em seu arbítrio que sucumbe às drogas é sentido como menos restritivo do que a lei sempre repressiva, social e mesmo lógica. De modo aconchegante o ser se aconchega do ser." No "jogo sem sujeito", também a morte não tem significado. Ela "adiciona à leveza do ser, sem perder o seu significado como fim, a indiferença arbitrária do nulo". Ela não seria senão um humor do ser. Sem medo e estremecimento, nos entregamos ao conforto do ser. Não haveria mais eu que morreria; se morreria continuamente, mas sem alguém que morra, sem a ênfase da *minha* morte. Também em Lévinas se visa, de fato, a uma "vida sem morte". Mas essa "vida do infinito", "vida fora do *ser* e do nada"[494] não é alcançada por meio da distração do jogo. Apenas a "seriedade", o "fardo opressor" do para-o-outro eleva a existência para além da morte e da finitude. Na "obsessão por meio do outro", a *minha*

---

494. *Jenseits des Seins oder anders als Sein geschieht* [Outro que o ser ou além da essência], p. 312.

morte, o *meu* ser não tem mais peso algum. A morte, a finitude do ser desvanece na "magnificência do infinito".

Heidegger certamente se contrapõe decisivamente à glorificação da pura atividade, do trabalho e do desempenho[495]. Ao "disparate do apenas trabalhar, que, levado por si mesmo, promove apenas o nulo"[496] ele não contrapõe, porém, a "leveza do jogo". Inere ao jogo do mundo que Heidegger imagina uma seriedade especial, um recolhimento e uma gravitação especial: "O sábio: O frescor do outono passado ainda é presente para mim. O pesquisador: Então certamente o senhor, se me permite essa constatação, guardou pouco de nosso diálogo. O erudito: O senhor mal participou dele; supostamente porque o senhor se

---

495. Cf. HEIDEGGER, M. *Feldweg-Gespräche* [Diálogos dos caminhos de floresta], p. 5 [Gesamtausgabe, vol. 77]: "O pesquisador: [...] Nós colocamos diante de nossos olhos imperturbadamente o conhecer, agora do ponto de vista de *seu* traço fundamental decisivo. Eu me refiro àquilo que inflama e domina o nosso próprio comportamento conhecedor. O sábio: E o que é isso? O pesquisador: O seu caráter de trabalho e de desempenho. O erudito: Desse modo, nossa pergunta se dirige a seguir àquele componente do conhecimento a que podemos aludir, com Kant, como o 'ativo', ao pensamento".

496. *Der Feldweg* [O caminho da floresta], p. 89s. [Gesamtausgabe, vol. 13].

dedicou durante o dia de maneira demasiado diligente à ocupação filosófica e, na passagem por esse caminho de floresta, procurou apenas *distrações*. O sábio: No *frescor* do dia de outono se consuma o *fogo* do verão no *alegre*. O pesquisador: Tal sensação da natureza parece ser verdadeiramente revigorante para o senhor. Você delira e busca em tais disposições um contrapeso ao abstrato da filosofia. O sábio: o alegre do frescor do outono, que resguarda o verão, circunda esse caminho de floresta todo ano com um *jogo recolhedor*. O pesquisador: Então o senhor se deixou, em nosso percurso, se eu puder dizê-lo, por meio do outonal desse caminho, se recolher apenas em uma meditação ocasionalmente recomendável. O erudito: O senhor não estava, portanto, distraído o suficiente para seguir o nosso diálogo. O sábio: Talvez"[497]. O jogo que Heidegger traz aqui à fala não está ancorado nem no "aprazível"[498], nem na "distração". Trata-se de um "jogo recolhedor". Segundo Lévinas,

---

497. *Feldweg-Gespräche* [Diálogos do caminho de floresta], p. 4 [destaque do autor].

498. *Jenseits des Seins oder anders als Sein geschieht* [Outro que o ser ou além da essência], p. 134.

porém, também esse jogo alegre do mundo levaria à indiferença frente ao outro, ao fracasso humano. Ele desdobra apenas uma "desordem sem-obrigação-e-lúdica de meros espelhamentos do ser", na qual não seria possível nenhuma responsabilidade, nenhum para-o-outro: "Uma ordem mais séria do que o ser e anterior ao ser. Comparada com ela, o ser mostra todos os sinais de um jogo. Jogo ou descontração do ser, livre de toda responsabilidade, jogo em que tudo que é possível é permitido"[499]. Lévinas claramente não conhece a alegria, o amável-sem-coação, o não-ser-pressionado-a-nada natural, que não deve ser confundido com a "leviandade do jogo". Para Lévinas, apenas um peso opressor consegue *curvar* a cabeça do eu fixado em si mesmo em um ser-para-o-outro.

Heidegger invoca repetidamente um mundo alegre, curativo, que é livre de toda obrigatoriedade, de todo fardo. Por causa de um recolhimento especial que ele porta, ele não desliza para a arbitrariedade ou leviandade do jogo. Não há também um jogador que joga aqui e que se apraz com isso. Antes, não

---

499. Ibid., p. 30.

há ninguém lá que se entregaria a uma autossatisfação. A alegria de que Heidegger fala frequentemente não aponta para nenhuma "autossatisfação"[500]. Habita nela um ser amável para o outro, que é *mais antigo* do que a "responsabilidade". Em *O caminho de floresta*, escreve Heidegger: "No vento que muda de ano em ano do caminho de floresta, prospera a alegria sapiente, cujo rosto frequentemente parece melancólica. Esse saber alegre é o *Kuinzige*[501]. [...] Em seu caminho, encontram-se a tempestade de inverno o dia sereno, o agitantemente estimulante da primavera e o morrer sereno do outono, olham um ao outro o jogo da juventude e a sabedoria da idade. Mas em um único uníssono, cujo eco o caminho de floresta traz consigo para lá e para cá, tudo é alegre"[502]. O *Kuinzige* significa, segundo Heidegger, uma "superioridade alegre-melan-

---

500. Ibid., p. 134.

501. Palavra utilizada por Heidegger que, segundo o próprio, teria origem no dialeto suábio, a que ele, porém, atribuiria um significado bastante próprio em sua leitura filosófica, que o afastaria muito do uso ordinário da palavra nesse dialeto, de modo que sequer é clara qual seria a relação do uso filosófico que Heidegger faz dessa palavra com a sua etimologia ou com o seu uso corrente no dialeto suábio [N.T.].

502. *Der Feldweg* [O caminho de floresta], p. 90.

cólica frente a todo o habitual e comum, que se leva frequentemente a sério demais", uma "superioridade" que, porém, não tem "nada de elevado". Ele inclui, segundo Heidegger, um "carinho natal por *seres humanos e coisas* e uma verdadeira preocupação com eles"[503]. A alegria não significa imediatamente ausência de responsabilidade ou fracasso humano. O pensamento de Heidegger não se volta propriamente, como se sabe, para o "outro". Mas ele abre a possibilidade de uma estadia amável no mundo, que pode ser prolongada em uma amabilidade inter-humana[504].

Lévinas opera com um conceito muito restrito de jogo. Depois dele acusar o jogo de ausência de responsabilidade, escreve: "Mas o jogo sai do estar-interessado? Já pertence ao jogo aquilo que está em jogo – dinheiro ou honra. O se-soltar-do-ser – sem compensação indenizadora – sem vida eterna, sem o prazer da felicidade – a completa não-remuneração – não é tudo

---

503. HEIDEGGER, M. "Das 'Kuinzige'" [O "Kuinzige"]. In: *Reden und andere Zeugnisse eines Lebensweges* [Conversas e outros documentos de um caminho de vida]

504. Cf. HAN, B.-C. Über die Freundlichkeit – Zur Ethik Martin Heideggers [Sobre a amabilidade – Sobre a ética de Martin Heidegger]. *Akzente* 1, 2002.

que é referido a uma seriedade extrema e não à leviandade enganadora do jogo?"[505] O jogo não sairia, de fato, do "estar interessado"? Heidegger define o interesse da seguinte maneira: "Interesse é a palavra latina *mihi interest*, eu estou posto em algo; interessar-se por algo diz: querer ter algo para si, a saber, para a posse, para o uso e disposição"[506]. O querer é, portanto, próprio ao interesse. O próprio Heidegger se volta justamente contra essa intencionalidade do querer. A "serenidade" caracteriza o ser sem interesse ou o pensamento sem interesse: "O sábio: [...] O que eu realmente quero em nossa reflexão sobre o pensamento é o não-querer"[507].

O não-querer como "esperar" é ligado por Heidegger com uma singular experiência da mortalidade. É primeiramente o desperta para a mortalidade que faz surgir o tempo da espera: "O velho: O ser humano é aquele ser que pode morrer, o ser que espera"[508]. Esperar é

---

505. *Jenseits des Seins oder anders als Sein geschieht* [Outro que o ser ou além da essência], p. 30.

506. HEIDEGGER, M. *Nietzsche*. Vol. I. Pfullingen, 1961, p. 128.

507. *Feldweg-Gespräche* [Diálogos do caminho de floresta], p. 51.

508. Ibid., p. 225.

morrer. O esperar não caracteriza aqui aquela intencionalidade que se dirige a algo determinado. Ele não é nenhum "Aguardar [*Erwarten*] que, fundamentalmente, não pode esperar [*warten*]"[509]. O esperar é sem intenção e sem interesse. Apenas esse longo olhar que espera[510], que tem tempo para o "longo tempo"[511] se mostra o ancestral, o "jogo ancestral do mundo"[512]. O esperar não *trabalha*: "O velho: Me parece que aqueles que esperam aprendem primeiramente a satisfação correta. O jovem: De modo que eles possam ser os professores da grande pobreza. [...] O velho: No esperar e como quem espera ouvimos, porém, ao indeterminado e abandonamos, por assim dizer, a nós mesmos. [...] O jovem: [...] O esperar é

---

509. Ibid., p. 227.

510. Cf. ADORNO, T.W. *Minima moralia*, p. 98 [Gesammelte Schriften, vol. 4]: "O olhar longo e contemplativo, todavia, para o qual os seres humanos e as coisas se desdobram primeiramente, é sempre aquele que é rompido, refletido no ímpeto para o objeto. A observação sem violência, da qual vem toda a felicidade da verdade, está ligada ao fato de que o observador não incorpora o objeto". Handke também fala da "arte do longo olhar". Esse olhar se afunda, por assim dizer, em um *entre pacífico*, "no tudo e nada", ou seja, não seria nenhum "objeto" (cf. *Phantasien der Wiederholung* [Fantasias da repetição], p. 62).

511. *Feldweg-Gespräche* [Diálogos do caminho de floresta], p. 228.

512. Ibid., p. 227.

uma capacidade que ultrapassa toda força de ato. Quem se encontra no poder esperar supera todo desempenho e seus resultados [...]"[513]. A "pobreza" representa a contrafigura da apropriação, do interesse e do querer. Ela é livre daquele luto que trabalha na posse. Assim, Heidegger caracteriza a disposição [*Stimmung*] que de-*fine* [*be-stimmt*] a "pobreza" como "alegria que enluta"[514]. A alegria clareia o luto, toma dele o seu peso opressor. E o luto aprofunda a alegria [*Freude*] em jovialidade [*Heiterkeit*]. Assim "se consuma" primeiramente, no "frescor do dia do outono", o "fogo do verão" "no alegre". A serenidade medeia entre o luto e a alegria, encerrando, assim, o trabalho de luto. Apenas a pobreza sem trabalho de luto consegue ver a "pequenez da abundância"[515].

O "esperar" também pertence ao vocabulário fundamental do pensamento de Lévinas. Como em Heidegger, ele é contraposto à intencionalidade da objetificação. Ele caracteri-

---

513. Ibid., p. 226s.

514. HEIDEGGER, M. Die Armut [A pobreza]. *Heidegger Studies*, 1994, p. 10.

515. Cf. *Feldweg-Gespräche* [Diálogos do caminho de floresta], p. 184.

za uma relação com o "infinito" que "não pode ser presentificado"[516], a "paciência", a saber, a ênfase da passividade de "se curvar ao infinito sem jamais poder apreendê-lo ou entendê-lo"[517]. O "suportar" (*endurer*) dessa passividade temporaliza a "duração do tempo" (*la durée du temps*)[518]. Trata-se de um tempo que escapa a toda presentificação, a todo presente a ser representado. Essa duração que se furta inteiramente ao eu é o tempo do outro. Como um acontecimento ético, a passividade do esperar caracteriza uma "entrega" "que é codificada no outro"[519], a "não-indiferença", a inquietude do para-o-outro, que "assusta o coração tranquilo", a aceitação da "intimação" "sem fugir para a presentificação a fim de distrair da urgência"[520]. O particular da ética de Lévinas consiste em que ela situa o ser-para-o-outro em uma passividade que é exatamente tão passiva como a passividade da idade. A menor inicia-

---

516. *Gott, der Tod und die Zeit* [Deus, a morte e o tempo], p. 126.

517. Ibid., p. 32s.

518. Ibid., p. 33.

519. Ibid., p. 128.

520. Ibid., p. 122.

tiva do eu, a menor atividade da consciência anula, em contrapartida, o outro.

Falta ao coração de Lévinas uma certa tranquilidade e serenidade. Apenas a perturbação da batida do coração, a inquietação contínua do coração, a "diástole"[521] faz justiça ao ser-para-o-outro, que é "antinatural", "involuntário" e "anárquico". A menor contração do coração, em contrapartida, levanta novamente a cabeça do eu. É certamente estranho a Lévinas aquele coração que se des-interioriza pacificamente, se desprende, aquele coração alegre *sem desejo*, que não é "possuído" nem pelo eu nem pelo outro, que consegue justamente assim ser *amável*.

Segundo Lévinas, só pode haver compaixão, participação, renúncia e proximidade porque o eu é, com todo o seu ser, "refém" do outro[522]. Dever-se-ia objetar a ele que o eu não é, com todo o seu ser, refém, mas sim *amigo* do outro, que ele é *fundamentalmente amável*,

---

521. *Gott, der Tod und die Zeit* [Deus, a morte e o tempo], p. 122.

522. LÉVINAS, E. *Die Spur des Anderen* – Untersuchungen zur Phänomenologie und Sozialphilosophie [O rastro do outro – Investigações sobre fenomenologia e filosofia social], Freiburg/Munique, 1983, p. 290s.

que, por causa dessa amabilidade profunda pode haver compaixão, participação, renúncia e proximidade no mundo. Trata-se de uma amabilidade que, certamente, também não está inscrita no pensamento de Heidegger. A contrafigura do ser-para-o-outro "anárquico" de Lévinas representaria aquela *amabilidade arcaica* que surge de uma singular *in-diferença* entre o eu e o outro. Ela tem menos querer ou mais naturalidade do que aquela "benevolência *natural*". Ela aponta para a naturalidade de uma ordem inteiramente diferente, que não se baseia na assim chamada "inclinação"[523]. Ela é natural porque falta a ela toda autoafecção, porque ela não é iniciada e administrada por nenhum eu. A sua expressão é o espelhamento alegre do outro. Ela não aponta, portanto, para aquele "sentimento" em que eu me sentiria, em que ocorreria um constante autocontato. Dela partiria, se algo, então um calor sem "sentimento", uma proximidade sem "carinho". "Sem nome, sem posto, sem título"[524] esse nin-

---

523. Cf. *Jenseits des Seins oder anders als Sein geschieht* [Outro que o ser ou além da essência], p. 273.

524. *Wenn Gott ins Denken einfällt* [Do Deus que vem à ideia], p. 247.

guém[525] amável também certamente é. Mas ele é, ao mesmo tempo, sem dor, sem luto, sem desejo, sem culpa, sem coação e sem inquietação. Ele não é nem "perseguido", nem "acusado", nem "intimado".

Daquela "passividade do acusativo (*accusatif*), do caso de acusação, do trauma de uma acusação (*accusation*) sob a qual um refém tem de sofrer até o ponto da perseguição"[526], se distingue a amabilidade profunda do *aditivo*. Em oposição ao acusativo, ele não representa nenhuma declinação [*Fall*], nenhum caso [*Kasus*]. Ele se manifesta como um amável *E*. ele é aberto a todo participante [*Hinzukommende*] ou chegante [*Ankommende*], de modo que nada é pressionado, ou seja, é deixado em seu ser-assim. Por causa dessa amabilidade se abre um *mundo amplo, múltiplo*. Ele não faz nenhum total, não traz nenhuma totalidade consigo, na qual o indivíduo teria de renunciar à sua singularidade. O amável E resguarda a pluralidade. Assim, ele é fundamentalmente dife-

---

525. Cf. HAN, B.-C. *Philosophie des Zen-Buddhismus* [Filosofia do zen-budismo]. Stuttgart, 2002.

526. *Jenseits des Seins oder anders als Seins geschieht* [Outro que o ser ou além da essência], p. 50.

rente daquela "adição do total" ou "adição da totalidade"[527]. Ele se volta tanto contra aquele "pensamento aditivo"[528] que curva o particular à condição de súdito da totalidade, como também contra o pensamento da refenidade, que curva o eu à condição de refém do outro. Ele não curva nada, ou seja, ele é amável.

Falta inteiramente ao pensamento de Lévinas a dimensão do mundo. Evidentemente, Lévinas não conhece aquela inteireza [*Ganzheit*] múltipla, aquela *unidade [feita] de pluralidade* que não é uma totalidade, a saber, o *mundo amável*, no qual ninguém é neutraliza-

---

527. Cf. *Humanismus des anderen Menschen* [Humanismo do outro ser humano], p. 133: "Essa adição do total é, certamente, a vida econômica. Portanto, justamente lá, onde o rosto não desempenha nenhum papel, onde seres humanos são termos, onde eles vêm a uma assembleia, onde se adicionam. Essa concretude da totalidade é a vida econômica e o estatal – da vida econômica se torna também concreta no Estado. Sim, e então a busca por justiça, também como conhecimento dos termos que se encontram nessa assembleia. Eu penso que não se pode apenas criticar, mas também se deve observar o momento onde algo assim talvez tenha originariamente sentido. A totalidade, portanto, vem a ser nessas relações. E tudo que eu tentei foi encontrar uma relação que não seja adição. Estamos tão ligados ao conceito de adição, que frequentemente parece que a duplicidade do ser humano é uma degradação, não verdadeira, tudo tem de ser um, para um [...]".

528. Ibid., p. 141. Em seu artigo "O segredo do 'E'" (in: *Die Kreatur* [A criatura], 1927/1928, p. 419-425), J. Wittig também critica, no espírito da assim chamada filosofia do diálogo, o pensamento aditivo.

do em um mero termo outro elemento, [ninguém] é nivelado, no qual, além disso, nada se impõe ao outro. O "peso do mundo"[529], que, por assim dizer, como soma total da responsabilidade, é um fardo para mim, me curva à condição de refém do outro, é também sem mundo ou pobre de mundo no sentido de que ele é sem som e cor, sem paisagem e coisas, sem terra e [sem] céu. A responsabilidade não esgota a estadia no mundo. A amabilidade profunda, que vale não apenas para outros seres humanos, mas para o outro em geral, a saber, para aquilo que não é o eu, tem mais amplitude e profundidade, sim, mais de mundo do que a responsabilidade.

O E é, ao mesmo tempo, uma abertura. Ele suspende o fechamento e a substância e a fechadura do sujeito em um *entre*, em um entre *sem interioridade dialógica*, a saber, no amplo espaço da in-diferença, na abertura e amabilidade sem-*limites*[530], que se estende para além tanto da "relação" de "eu" e "tu" como também para além do "para-o-outro".

---

529. *Die Spur des Anderen* [O rastro do outro], p. 318.

530. Sobre a amabilidade sem-*limites*, cf. HAN, B.-C. Philosophie des Zen-Buddhismus. Stuttgart, 2002.

Esse entre *vazio* desinterioriza a identidade que teima em si mesma ou que persiste em si mesma. Desse modo, ele cria amabilidade. Nem a "substância" nem o "sujeito" são afáveis. No mundo disposto amavelmente, nada se isola para si, nada se fixa ou se eleva ao nominativo, e nada se curva à condição de acusativo. Nem o nominativo nem o acusativo são capazes de uma amabilidade profunda. Ela se estende aquém do "eu" e do "refém"[531].

---

531. Cf. *Gott, der Tod und die Zeit* [Deus, o tempo e a morte], p. 122: "Antes de tudo, colocar todo nominativo no acusativo".

IV
Morte e transformação

Céu completo: em sua
materialidade grandiosa
se encontram, como
pressentimento, sem
observação, todas as paisagens
da terra. Eu precisava apenas
de energia altruísta o bastante
e sobreviveria nele: no eterno
atrair, irradiar, azular, brilhar,
em seu movimento contrário
à ideia de vida e morte.
Em sua vista eu queria me
transformar. Em que? Apenas
[me] transformar, desembarcar
de mim mesmo, exceder a mim
mesmo, tornando-me gigante
e leve, dominado por mim
mesmo, dominador dominado.
E em minha vontade de me

> transformar em paisagem, me
> desdobrar e, por assim dizer,
> combater a verticalidade de vida
> e morte, senti repentinamente,
> com a ideia de que poderia
> mesmo conseguir isso, nesse
> momento, e de fato com um
> corpo vivo, uma angústia de
> que eu poderia ir embora, ser
> desencarnado.
> HANDKE, P. *A história do lápis.*

Canetti dedicou à morte uma reflexão intensiva como poucos outros escritores. Escrever não teria sido, para Canetti, senão escrever para a morte: "Escrever sem compasso? Tenho sempre a agulha em mim, ela sempre aponta para o seu polo norte magnético, o fim"[532]. Para a presente investigação, os seus pensamentos sobre a morte são significativos sobretudo porque ele reflete sobre ela a partir de sua dimensão interpessoal.

Falta à pesquisa de Canetti até agora um olhar diferenciado do problema da morte. Em

---

532. CANETTI, E. *Das Geheimherz der Uhr* [O coração secreto do relógio]. Munique, 1987, p. 84.

uma monografia, dedicada à problemática da morte em Canetti, se diz: "Elias Canetti escolheu para si um poderoso adversário. Seu inimigo é a morte. Ele odeia a morte. A negação da morte e sua recusa incondicional estruturam a ordem de sua obra"[533]. A escrita de Canetti não seria, desse modo, senão escrita contra a morte. Mas que morte foi realmente "odiada" por Canetti? Não há apenas uma morte, mas sim mortes diferentes. Minha morte não é idêntica com a morte do outro. A recusa da própria morte pode vir acompanhada de uma produção em massa da morte do outro, que Canetti tentou combater tão energicamente: "Do esforço do indivíduo de evitar a morte surgiu a estrutura monstruosa do poder. Incontáveis mortes foram demandadas para a continuação da vida de um indivíduo"[534]. Não se pode deduzir da preocupação com a própria morte nenhuma preocupação com a morte do outro. No temor pela morte do outro, em contrapartida, a própria morte não tem nenhum peso.

---

533. RUPPEL, U. *Der Tod und Canetti* [A morte e Canetti], Hamburgo, 1995, p. 13.

534. CANETTI, E. *Die Provinz des Menschen* [A província da morte]. Munique, 1973, p. 356.

A recusa da morte por Canetti tem, antes de tudo, um fundamento propulsor moral[535]. Ela não é dominada pela preocupação com *minha* duração, pela angústia diante da *minha* morte.

A fórmula "Canetti odeia a morte" reduz a pluralidade de camadas de sua relação com a morte. Canetti colocou a sua postura frente à morte continuamente em questão. Assim, ele também percebe aquele "fim" de maneiras diferentes. Ele conhece a serenidade em relação ao fim: "Não se pode fazer nenhuma essência do fato de que ela chega ao fim [juntamente] com alguém. Já se fez há muito tempo uma essência do fato de que ela chega ao fim em geral, para alguns, estes, aqueles, todos"[536].

O que significa exatamente a afirmação: "A negação da morte e sua recusa incondicional estruturam a ordem do seu trabalho"? Estaria Canetti, como alguns acreditam, incessante-

---

535. Cf., p. ex., CANETTI, E. *Aufzeichnungen 1973-1984* [Anotações de 1973-1984]. Munique, 1999, p. 89: "*Todos* podem se tornar assassinos, também aqueles que foram assassinados, esses ainda mais, e contra essa vingança sangrenta das massas que se chama história só há um único meio: o banimento da morte".

536. *Das Geheimherz der Uhr* [O coração secreto do relógio], p. 140. Cf. tb. *Die Provinz des Menschen* [A província do ser humano], p. 41: "Esses romanos amam a duração e se preocupam com a sobrevivência de seu nome na pedra, mas que vida é essa que quer durar nisso!"

mente dedicado a empilhar o [que foi] escrito em uma pirâmide textual, de modo a erguer um monumento imutável, indestrutível à unicidade de seu eu, a *se recolher* através de todo o escrito, a incorporá-lo como *minha* obra? Se entregaria Canetti a esse delírio-do-Eu? Em *O coração secreto do relógio*, ele escreve: "Ele quer ser *sem si* sem recusar o seu trabalho. Quadratura do poeta"[537]. A unicidade não teria sido o *télos* da escrita canettiana: "Nada é mais pavoroso do que a unicidade, ó, como esses sobreviventes todos se enganam!"[538].

Seria simples demais a afirmação: Canetti se esforçaria por uma ordem textual que deveria assegurar a sobrevivência de seu *eu*[539]. Canetti certamente não é estranho ao "espanto do fragmentário"[540][541]. A obra fechada em si

---

537. *Das Geheimherz der Uhr* [O coração secreto do relógio], p. 161 [destaque do autor].

538. Ibid., p. 65.

539. Cf. *Der Tod und Canetti* [A morte e Canetti], p. 88s. Essa monografia, como muitas outras literaturas sobre Canetti, não faz justiça às muitas camadas e à complexidade do discurso de Canetti.

540. *Das Geheimherz der Uhr* [O coração secreto do relógio], p. 211.

541. O "fragmento" é, segundo Adorno, a "A invasão da morte na obra" (*Ästhetische Theorie* [Teoria estética], p. 537 [Gesammelte

mesma não é, porém, o objetivo último de sua escrita[542]. Sobretudo as *Anotações*, que constituem uma parte essencial de seus textos, trabalham contra aquela ordem fechada[543] na qual o eu *se* preservaria, permaneceria igual a *si mesmo*. Elas colocam justamente em questão a fixidez e a autoaprazimento do eu, fazendo que o eu se desvie da "obra". "Seu amor por si mesmo exclui uma alegria por anotações. Elas são diferentes demais e [anotações] demais para ele, ele perde entre elas o objeto de seu amor tenro, *si mesmo*"[544]. Também os seus textos au-

---

Schriften, vol. 7]). Cf. tb. CANETTI, E. *Aufzeichnungen 1973-1984* [Anotações 1973-1984], p. 15: "Toda morte rasga o contexto do mundo estendido em rede".

542. Cf. *Die Provinz des Menschen* [A província do ser humano], p. 236: "O mais difícil é encontrar um buraco por meio do qual se possa sair da casca de seu próprio trabalho. Você quer estar novamente em um mundo livre e sem regras, que não foi violentado por você. Toda ordem é excruciante, mas a própria ordem é a mais excruciante. Você sabe que nem tudo *pode* fazer sentido, mas não deixa que isso destrua a sua criação. Você poderia tentar miná-la; mas, então, ainda estaria você mesmo dentro dela. Você quer estar lá fora, livre. Você poderia, como um outro, escrever um ataque temível contra ela. Mas você não quer aniquilá-la. Você apenas quer se transformar".

543. Cf. CANETTI, E. *Nachträge aus Hampstead* [Notas de Hampstead]. Munique, 1994, p. 154: "O pulular é o mais importante, tudo se resume ao pulular, confusões fazem parte disso, abraços e infiltrações". Canetti reconheceu, certamente, que o *amor* e a ordem e identidade rígidas se excluem [reciprocamente].

544. *Aufzeichnungen 1973-1984*, p. 100 [destaque do autor]. Nas observações prévias às suas primeiras *Anotações*, Canetti

tobiográficos não se encontram sob o signo de um eu *massivo*: "Todos os fatos da minha própria vida, bons ou maus, têm, para mim, algo de *perturbador*"[545].

Canetti sabe o que é o luto, o que é o trabalho de luto. Ele sabe que o trabalho de escrita não é livre do trabalho de luto, da intriga da sobrevivência. Certamente não se pode negar que há textos de Canetti nos quais ele, consciente ou inconscientemente, balança dentro de sua interioridade. Ao mesmo tempo, porém, ele se mantém frequentemente aberto para uma ou-

---

escreve: "Talvez se devesse ainda enfatizar que essas anotações não são um diário. Pois diários tratam acontecimentos e seres humanos concretos, que são nomeados com nomes e que sempre retornam. Diários servem para exibir a continuidade de uma vida. Eles se movem de bom grado entre figuras familiares. Faz-se um relato, e o tom do relato deve ter algo de simétrico. As anotações, em contrapartida, vivem de sua oposicionalidade e espontaneidade, nada é previsto, nada é aguardado, nada deve ser completado ou arredondado. Os saltos entre elas são o mais importante: elas surgem de partes completamente dispares do ser humano, visam a diversas direções ao mesmo tempo e acentuam a sua incompatibilidade" (*Aufzeichungen 1942-1948* [Anotações 1942-1948]. Munique, 1965, p. 9). Uma leitura adequada de Canetti terá de dar conta da oposicionalidade e incompatibilidade que é imanente a elas. Quem as evita, quem totaliza apenas uma direção faz com que o autor consista "apenas ainda das poucas palavras" "que ele repetiu demasiado frequentemente" (cf. CANETTI, E. *Fliegenpein* [O sofrimento das moscas]. Munique, 1992, p. 143).

545. *Fliegenpein* [Tormento de mosca], p. 27. Cf. tb. *Aufzeichnungen 1973-1984* [Registros 1973-1984], p. 89: "Em todas as autobiografias, buscar os rastros de estranhas histórias de vida".

tra escrita, que não é incorporação, não é trabalho de luto, que, antes, tenta dispensar o eu do escrito. Ele sabe o que é *escrever-cego-a-si--próprio* [*Sich-blind-Schreiben*]. Ele não se entrega à linguagem do trabalho de luto: "Em um ser humano muito pessoal o impessoal se torna, então, o mais estimulante, como se ele, tivesse, pois de resto há tanto aí, procurado por todo o mundo e, ao fazê-lo, *deixado a si mesmo de fora*"[546].

A – Vísceras do ser

> Entre os seres humanos nunca
> se desenvolveu um estômago
> comum, o que teria possibilitado
> a muitos deles comer como uma
> única criatura.
> CANETTI, E. *Massa e poder.*

Em *Totalidade e infinitude*, Lévinas escreve, sobre o desfrute: "Desfrutar sem finalidade, sem qualquer utilidade, sem fundamento,

---

546. Ibid., p. 109 [destaque do autor]. Cf. tb. *Nachträge aus Hampstead* [Notas de Hampstead], p. 202: "Considerar *algo outro*, não sempre o próprio".

sem apontar para algo outro, puro gasto – isso é o humano"[547]. Não a "preocupação com a existência", não a "preocupação com a preservação", mas sim a "despreocupação" caracteriza o desfrute. A carência por sustento não está direcionada à existência, mas sim ao próprio sustento, que é livre de toda finalidade, ou seja, que não é nenhum *meio*-de-sustento [*Lebens--Mittel*]. "Viver significa [...] viver de algo, sem que esse algo tenha o sentido de um objetivo ou de um meio ontológico, puro jogo ou gozo da vida, despreocupação em vista da existência, despreocupação que tem o sentido positivo"[548]. O eu-do-desfrute "jubila" no "*outro*"[549]. Ele se estende confortavelmente nas "vísceras do ser"[550]. Essa vida sem preocupação e sem culpa desconhece, então, a sobrevivência. O sustento não é uma presa. Ele chega, antes, "como um acaso feliz"[551]. Problematicamente, Lévinas situa o "vazio do apetite já instalado

---

547. LÉVINAS, E. *Totalität und Unendlichkeit* [Totalidade e infinitude], p. 189.

548. Ibid., p. 189s.

549. Ibid., p. 236.

550. Cf. ibid., p. 187.

551. Ibid., p. 202.

no desfrute"[552] além da violência do *appetere* (esforçar-se, atacar e ameaçar).

Em oposição à fenomenologia do gozo de Lévinas, Canetti representa as vísceras do ser como "vísceras do poder": "Tudo que é comido é objeto do poder"[553]. A "mordida"[554] já ilustra, assim Canetti oporia a Lévinas, o fim da "condição inicialmente paradisíaca do desfrute"[555]. Em *Massa e poder*, Canetti investiga os fenômenos do poder e da sobrevivência. Também o riso é trazido em conexão com o poder. Ele expressa, a saber, a alegria ligada com um homicídio simbólico: "Certamente, o riso contém, em sua origem, a felicidade de uma presa ou prato que parece a alguém como certo. Um ser humano que cai lembra um animal que se seguia e que foi derrubado por si mesmo. Toda queda que estimula o riso lembra do desamparo do caído; poder-se-ia, se se quisesse, tratá-lo como presa. *Não* se riria, se se continuasse

---

552. Ibid., p. 206.

553. CANETTI, E. *Masse und Macht* [Massa e Poder]. Hamburgo, 1960, p. 250; cf. tb. ibid., p. 254s.: "Come-se com garfo e face: dois instrumentos que facilmente poderiam servir ao ataque".

554. Ibid., p. 255.

555. *Totalität und Unendlichkeit* [Totalidade e infinitude], p. 193.

na sequência dos processos relacionados e se os incorporasse realmente. Ri-se, *em lugar* de comê-lo"[556]. Quem ri consome o outro simbolicamente. Assim, o riso tem uma "origem animal". Canetti aponta para o fato de que o riso coloca em movimento aqueles músculos que também são usados para o engolimento. "Apenas o ser humano aprendeu a substituir o processo inteiro da incorporação por um ato simbólico. Parece que os movimentos que partem do diafragma e que são característicos do riso substituem como um todo uma sequência de movimentos de engolimento feitos pelo corpo"[557]. O jogo harmônico entre vísceras e diafragma transmite, para falar com Kant, um "sentimento de saúde", que nada mais seria senão um sentimento-do-eu ou um sentimento-de-poder.

A fenomenologia do corpo que Canetti desenvolve em *Massa e poder* faz de partes do corpo instrumentos do poder. A sequência ordenada dos dentes, por exemplo, representa "a primeira *ordem* em geral", que "apa-

---

556. *Masse und Macht* [Massa e Poder], p. 255.

557. Ibid.

rece como uma ameaça para fora"[558]. Sobre a boca, escreve Canetti: "Os dentes são os guardiões armados da *boca*. Nesse espaço é tudo realmente estreito, ele é a imagem originária de todas *prisões*. O que cai aí é perdido; muito cai aí ainda vivo. [...] A prontidão de se abrir com o focinho ou com a boca, quando ela já não está aberta e à espreita, o modo definitivo com que ela, uma vez fechada, permanece fechada, lembra a temida [e] principal propriedade da prisão"[559]. A "amalgamação íntima de todos os sons" "com lábios, dentes, língua, garganta", que servem ao "negócio do sustento", expressam "que a linguagem e a bodega estão para sempre juntos", "que nós, fundamentalmente, em todas os trajes, na verdade dizemos o mesmo assustador e sanguinário"[560]. O fixar-se a-*ferrado* [*ver-bissene*] como traço essencial da mão determina, também, o *comércio* [*Handel*]: "Uma mão se segura tenazmente ao objeto com que ela quer seduzir o colega ao comércio. A outra se estica exigente para o

---

558. Ibid., p. 236.

559. Ibid., p. 238.

560. Ibid., p. 138.

segundo objeto, que ela de bom grado gostaria de ter para si mesmo. Assim que ela o toca, a primeira mão solta a sua posse; não antes, caso contrário ela poderia ser morta unicamente por isso. Essa forma grosseira de enganação, na qual se tira algo de alguém sem nenhuma contrapartida, corresponde, nos processos de escalada, à queda da árvore. [...] Em nada o ser humano está ainda hoje tão próximo ao macaco como no comércio"[561]. A economia do poder e da apropriação que domina a fenomenologia do corpo de Canetti ignora a ambivalência do corpo, que não seria uma dupla-*resolutividade*. Já a mão amável daquele que cumprimenta, a mão doadora do anfitrião, as mãos juntas de quem ora colocariam em questão a sua *Polemologia* do corpo. Não seria apenas a mão humana capaz de amabilidade, do cumprimento amável? Não seria apenas a língua humana capaz da palavra amável?

Massa e poder de Canetti apresenta uma patologia da sobrevivência, que domina a existência até o cotidiano. O "Se" heideggeriano seria, para Canetti, um sobrevivente. Como

---

561. Ibid., p. 242.

um desejo ou como uma paixão, a sobrevivência vai além da preocupação com uma preservação passiva da vida. Falta à expressão "autopreservação", segundo Canetti, o traço fundamental da existência humana: "Há uma representação que seria mais inadequada ao ser humano, mais errônea e risível? [...] O ser humano quer se preservar, certamente, mas há outras coisas que ele quer ao mesmo tempo e que não podem ser separadas disso. O ser humano quer matar para sobreviver aos outros. Ele não quer morrer, e não quer que os outros vivam mais do que ele. Se se pudesse apreender a ambos como autopreservação, então a expressão teria um sentido. Não se pode compreender, porém, por que se deveria manter um conceito tão impreciso, se outro apreende mais da coisa"[562]. A sua tese é alicerçada por Canetti em vista do material histórico ou etnográfico que trata dos detentores de poder ou dos guerreiros: "Como *mana* se caracteriza, no oceano pacífico, um tipo de poder sobrenatural e impessoal que pode passar de uma pessoa para a outro. Ele é muito cobiçado, e se deixa concentrar em indivíduos

---

562. Ibid., p. 286.

singulares. Um guerreiro corajoso pode adquiri-lo de modo inteiramente consciente. Ele o deve, porém, não à sua experiência em combate ou à sua força corporal, mas esse poder passa para ele como como o mana do inimigo abatido. [...] Ao ter matado o outro ele se tornou mais forte, e o crescimento do mana o torna capaz de novas vitórias"[563]. Canetti generaliza essa sobrevivência à condição de traço essencial da existência humana. Em oposição à autopreservação passiva, a sobrevivência se manifesta como uma paixão do poder. O sobrevivente mata para fazer com que o poder cresça nela, para *crescer* em *eu*. Ele capitaliza a morte do outro. Mais de poder é experimentado como menos de morte. O sobrevivente acumula o poder como um capital, a fim de escapar à própria morte, à finitude. Morte, poder e capital estruturam a economia da sobrevivência: "A morte como ameaça é a moeda do poder. É fácil colocar moeda em cima de moeda aqui e coletar um capital enorme"[564].

---

563. CANETTI, E. *Das Gewissen der Worte* [A consciência moral das palavras]. Frankfurt a.M., 1982, p. 26s.

564. *Masse und Macht* [Massa e poder], p. 543.

A patologia do poder colide com a sua contrafigura moral, que é igualmente estruturada patologicamente, a saber, com a patologia da culpa[565]. O comido, que era um "objeto de poder", abandona as vísceras, agora, como uma massa de culpa: "O excremento que de tudo resta é carregado com a nossa inteira culpa de sangue. Por meio dele se deixa reconhecer o que assassinamos. Ele é a soma comprimida de todos os indícios contra nós. Como nosso pecado diário, contínuo, nunca interrompido, ele fede e grita para o céu. [...] É claro que nos envergonhamos de nós mesmos. Ele é o selo ancestral do processo de poder da digestão, que ocorre ocultamente e que, sem esse selo, *permaneceria* oculto"[566]. Canetti retrata para si uma terra da culpa, onde se come às escondidas. Nessa terra imaginária, quem come se mantém escondido, por um sentimento de vergonha e de culpa: "Uma terra em que nunca se vê as pessoas comerem. Ocultação do comer. O que entre nós é apenas a ocultação da evacuação, é lá, do início ao fim, ocultação de todo o pro-

---

565. Cf. *Das Geheimherz der Uhr* [O coração secreto do relógio], p. 179: "A *culpa* de sobrevivência que você sempre sentiu".

566. *Masse und Macht* [Massa e poder], p. 240.

cesso"[567]. O comer lento pertence ao exercício moral: "Se ele come lentamente se tem uma melhor impressão dele, como se ele sentisse tristeza e luto sobre o destino do comido"[568]. Sem dietética moral, que seria mais patológica do que a kantiana, também a eliminação da morte permanece sem sentido e sem legitimação. A superação da morte tem de, então, ser mediada moralmente. A superação da sobrevivência é prioritária: "Um ser humano que não precisasse comer e, todavia, florescesse, que se comportasse espiritualmente e com sentimento como um ser humano, por mais que nunca comesse, – isso seria o experimento moral mais elevado que pode ser pensado; e apenas se ele fosse resolvido de modo feliz se poderia pensar seriamente na superação da morte"[569].

O um ao lado do outro ou um contra o outro não-conciliado de sobreviventes e culpa emaranha Canetti novamente em aporias: "A saturação do vencedor, o devorar excessi-

---

567. *Nachträge aus Hampstead* [Notas de Hampstead], p. 162.

568. *Die Provinz des Menschen* [A província do ser humano], p. 311; cf. tb. ibid., p. 181: "Uma terra em que as pessoas choram ao comer".

569. Ibid., p. 137.

vo, a satisfação, o seu longo prazer de digestão. Algumas coisas não se deve ser, mas a única coisa que *nunca* se é permitido ser é um vencedor. Mas se é [um vencedor], acima de todo ser humano que se conhece bem e ao qual se sobrevive. Vencer é sobreviver. Como se poderia fazer isso: continuar a viver e, todavia, não ser vencedor? – A quadratura moral do círculo"[570]. A palavra mágica que deve resolver a tensão aporética é a "imortalidade literária". Essa quadratura moral do círculo não é, porém, sem ingenuidade: "Se elege para si a sociedade daqueles aos quais se quer pertencer si mesmo: todos aqueles de tempos passados cuja obra ainda vive hoje, que falam com alguém, de quem nos nutrimos. [...] Matar para sobreviver não pode significar nada para uma tal mentalidade, pois não se quer sobreviver *agora*. Entra-se primeiramente em uma centena de anos nas estantes, quando não se vive mais você mesmo e, assim, não se pode ser morto. É obra contra obra, o que, então, dá a medida, e é tarde demais para fazer algo a respeito. A rivalidade autêntica de que se trata para alguém, começa quando os rivais não estão mais aí. Eles

---

570. Ibid. p. 47.

não podem nem sequer assistir o combate levado a cabo por suas obras. [...] Não apenas se desdenhou de matar, mas se levou todos que estavam consigo para aquela imortalidade em que tudo é efetivo, o menor assim como o maior. [Isso] é o exato oposto daquele detentor do poder, na morte do qual os seus arredores também têm de morrer, a fim de que eles sejam encontrados novamente, em uma existência dos mortos no além, onde eles costumavam estar. [...] Quem, porém, folheia Stendhal, o encontra e encontra novamente a tudo que o circundava, e o encontra agora, nesta vida. Assim, os mortos se apresentam aos vivos como o prato mais nobre. [...] A sobrevivência perdeu o seu aguilhão, e o reino da hostilidade chegou ao fim"[571]. O projeto da "imortalidade literária" se encontra, de maneira característica, ainda sob a coação da sobrevivência. Uma "rivalidade" sem rivais provoca uma guerra de representantes entre obras. A luta é, por assim dizer, recuperada no arquivo dos mortos. E a metáfora do "prato" emaranha o literário na esfera da digestão e da apropriação. Como o eu escrito se comporta, nesse projeto li-

---

571. *Masse und Macht* [Massa e poder], p. 319.

terário, em relação ao outro, que deve ser salvo diante da morte e trazido junto para a imortalidade? Ele não se emaranhará de novo na intriga de sobrevivência, no trabalho de luto que consistiria em *interiorizar* os outros como *meus* outros, em se apropriar novamente deles desse modo e *se recolher* através do outro descrito? E no que consistiria propriamente o literário do "trabalho" que, porém, não pode ser nenhum índice de pessoas? Deve-se ressaltar, todavia, que o modelo canettiano de imortalidade é sobretudo motivado moralmente. Ele se baseia na preocupação com o outro, com a sua morte, preocupação que não pode ser simplesmente derivada de *minha* sobrevivência, da preocupação com a *minha* duração. O que importa é que preservar tudo que estava ao meu redor da morte definitiva, "o menor como o maior". Em Canetti, raramente nos deparamos com a ênfase do eu que estrutura o drama da *minha* sobrevivência. A sua escrita se encontra, muito antes, no signo da salvação que vale para o *outro*.

Canetti compreende a prática de luto confuciana como uma tentativa de "dissolver a cupidez da sobrevivência". Ela seria um outro exercício moral: "Em uma ligação de ternura e tenacidade que é difícil de encontrar em outro lugar, ele [Confúcio] se esforça para ampliar o sentimento de veneração para certos mortos. Prestou-se pouca atenção no fato de que ele, assim, tenta diminuir o prazer de sobrevivência, uma das tarefas mais delicadas que, até os dias de hoje, não está de modo algum resolvida. Quem fica de luto por três anos pelo seu pai, interrompendo o curso de sua atividade tão inteira e longamente, não pode sentir nenhuma alegria de sobreviver, nenhuma satisfação com a sobrevivência, mesmo se ela ainda fosse possível, ela é erradicada desde o seu fundamento pelo percurso das obrigações do luto. [...] Assume-se a sua vida em todas as singularidades, *torna-se para ela*, mas pela veneração contínua. Não apenas ele não é suplantado, anseia-se pelo seu retorno e, em certos ritos, se consegue a sensação de tal retorno"[572]. Essa prática singular do luto obriga o sobrevivente a interromper o eu em nome do outro. Em vez de interiorizar o outro, exterioriza-se a si mesmo. É preciso quase que falecer no morto para que ele viva novamente.

---

572. *Das Gewissen der Worte* [A consciência moral das palavras], p. 194s.

É preciso *se* negar a ponto de se tornar o outro, a ponto de se viver como o outro. Contra o "prazer de sobrevivência", obriga-se o sobrevivente a uma "veneração contínua" pelo morto, que, para falar com Kant, não seria uma "inclinação", mas sim um "dever". A imperatividade do luto *objetivo pelo* outro morto inverte o modo de proceder do trabalho de luto usual, que é sempre um *luto-do-eu*. A prática de luto confuciana oferece um rigoroso aborto do eu. Canetti quer se *prescrever* mais tempo para esse trabalho de luto incomum, em que se trabalha *si mesmo* para a morte. Não por três, mas sim cinco anos ele quer, contra a "cupidez da sobrevivência", interromper, impedir a sua vida, retrair, por assim dizer, seu eu: "Teu tempo de luto mais longo que o dos chineses: cinco, não três anos"[573].

B – Paixão de transformação

> Ergui a mão para cumprimentar o pássaro no arbusto, e percebi a figura do saudado na superfície

---

573. *Aufzeichnungen 1992-1993* [Anotações 1992-1993], p. 96.

da minha mão (um outro estigma).

HANDKE, P. *Fantasias da repetição.*

Já a percepção é estruturada poderio-economicamente. O *appetitus* [apetite] que mantém em movimento a visita perceptiva não se esforça apenas por satisfação, mas também por dominação. A percepção se apodera do objeto inteiramente apenas quando nenhum lado do objeto permanece *oculto*. Uma ameaça viria do oculto[574]. Todo canto não descoberto já seria uma possível emboscada. O objeto da percepção tem de se entregar sem reservas, até o ponto de se tornar o seu *refém*. Inere à

---

574. Também o não-compreensível pode ser sentido como uma ameaça. Em *O jogo dos olhos*, escreve Canetti: "Ele também percebeu, porém, o quanto significa, para mim, *apenas* escutar pessoas, escutar as diferentes pessoas conversarem em uma língua que eu não entendia, sem que me fosse imediatamente traduzido o que eles diziam. Isso devia ser algo novo para ele, que alguém estivesse em busca do efeito de palavras não compreendidas, um efeito que tem um caráter inteiramente próprio, que não pode ser comparar com o da música, pois nos sentimentos *ameaçados* por palavras não compreendida, *nos viramos para lá e para cá em nós mesmos e tentamos amenizá-las*, mas elas se repetem e se tornam mais ameaçadoras na repetição" (*Das Augenspiel* [O jogo dos olhos]. Munique, 1985, p. 342 [destaque do autor]).

kinaesthesia[575] husserliana, a saber, aos movimentos corporais que tentam trazer o objeto da percepção o mais de todos os lados possível para a experiência, o esforço de se apoderar inteiramente do objeto. A "satisfação do interesse"[576] não resulta do se-ver-satisfeito, mas sim do ganho de poder.

O processo do conhecimento está completo lá, onde o eu tem o objeto, em sua *"determinidade idêntica"*, firme em seu punho. As transformações pelas quais o ente escaparia ao acesso do eu, à sua coação de identidade, teriam de ser impedidas em nome da mesmidade: "[...] a *vontade de conhecimento*, seja por

---

575. Cf. HUSSERL, E. *Erfahrung und Urteil*: Untersuchungen zur Genealogie der Logik [Experiência e juízo: investigações sobre a genealogia da lógica]. Hamburgo, 1972, p. 89: "Nesse sentido, todo objeto da percepção externa é dado em uma 'imagem', ele se constitui na passagem sintética de imagem a imagem, no que as imagens como imagens (fenômenos) do Mesmo vêm à cobertura sintética. Toda percepção que me oferece o objeto nessa orientação deixa as passagens para os outros fenômenos do mesmo objeto e, de fato, em certos grupos de fenômenos, abertas do ponto de vista prático; as possibilidades de passagem são possibilidades *práticas*, pelo menos quando se trata do objeto, que é dado como inalteradamente perdurante. Há aí, então, uma liberdade do percorrer, de modo que eu movo os olhos, movo a cabeça, mudo minha posição corporal, contorno, direciono a vista ao objeto etc. Chamamos esses movimentos que pertencem à essência da percepção e que servem para trazer o objeto da percepção o mais de todos os lados possíveis à condição de ser dado [*Gegebenheit*] de *kinaesthesia* [*Kinästhesen*]".

576. Ibid., p. 93s.

si mesma ou a serviço de um objetivo prático, diz respeito a ainda mais. [...] No interesse autêntico de conhecimento [...] há uma participação voluntária do eu no jogo de um modo inteiramente novo: o eu quer conhecer o objeto, manter o conhecido de uma vez por todas. Todo passo do conhecido é conduzido por um impulso da vontade de manter o conhecido como esse mesmo e como substrato de suas características determinantes no curso de vida futuro, por em relação etc. O conhecimento é ação do eu, o objetivo do querer é a apreensão do objeto em sua *determinidade idêntica*, a fixação do resultado da percepção observadores *de uma vez por todas*"[577]. A mesmidade do conhecido dá ao eu conhecedor um sentimento de segurança e poder. A transformação, em contrapartida, que ocorreria no interior do objeto a ser conhecido, ameaça o eu. O conhecimento é uma prática de "autopreservação": "[...] O julgador é *atingido pessoalmente*, quando ele é obrigado a [...] renunciar uma certeza do juiz. O *esforço pela consequência de*

---

577. Ibid., p. 232.

juízo e pela certeza é, assim, um traço no esforço do eu pela autopreservação"[578].

O sucesso do conhecimento se instala ali, onde toda possibilidade de transformação é tomada do outro. O conhecer já é uma sobrevivência, um desfrute sem mordida. A imobilidade do conhecido, que se igualaria à de uma presa morta, marca o caráter definitivo da posse: "No conceito conciso do objeto como objeto de conhecimento se encontra o fato de que ele é idêntico e identificável através do tempo de sua condição de ser dado na intuição, que aquilo que foi dado uma vez na intuição, mesmo se a intuição já passou, ainda pode ser preservado como *posse permanecente*"[579].

A proibição da transformação não afeta apenas o objeto de apropriação, mas também o próprio sujeito apropriador. Já um leve tremor, que talvez anteceda a toda transformação, diminui a força do golpe do acesso apropriador. O eu também proíbe a si mesmo a transformação para se apoderar *de si mesmo*: "Ele coloca sua ambição em uma obstinação da essência.

---

578. Ibid., p. 351.

579. Ibid., p. 232s. [destaque do autor].

Não apenas um mês, não um ano, sua vida inteira ele permanece igual a si mesmo"[580].

A identidade é uma forma de expressão essencial do poder: "O poder, em seu núcleo e em seu cume, despreza a transformação"[581]. Em seu esforço para perceber igual a si mesmo, o detentor do poder se recusa a envelhecer: "Ele (o rei) tem de permanecer tão igual a si mesmo que não lhe é permitido nem mesmo envelhecer"[582]. Mas essa proibição da transformação leva a uma rigidez mórbida: "Naquele, o xamã, ela (a transformação) é ampliada até o extremo e utilizada até o fim, no outro, no rei, ela é proibida e impedida, *até que ele enrijeça inteiramente*"[583].

A transformação do *se*-tornar-outro faz justiça à *vivacidade* da expressão. Onde toda ocasião para a transformação é impedida, a expressão se enrijece em uma máscara. É primeiramente o consentir à transformação que *aviva* o rosto, faz dele um rosto *habitado*. Canetti escreve sobre o jogo de expressões: "A

---

580. CANETTI, E. *Blendung* [Cegamento]. Frankfurt a.M., 1965, p. 14.

581. *Masse und Macht* [Massa e poder], p. 235.

582. Ibid., p. 438.

583. Ibid. [destaque do autor].

máscara se distingue por meio de sua rigidez de todos os estados finais da transformação. No lugar de um jogo de expressões que nunca chega ao repouso, que sempre se encontra em movimento, ela põe o exato oposto disso, uma rigidez e constância completas. No jogo de expressões se expressa especialmente a interminável prontidão do ser humano para a transformação. Entre todas as criaturas, ele tem, de longe, o jogo mais rico de expressões; ele também tem a vida de transformações mais completa. É inapreensível o que acontece no curso de uma única hora no rosto do ser humano. Se alguém tivesse mais tempo para observar mais exatamente todos os estímulos e disposições que planam em uma face, então ele se espantaria com as incontáveis ocasiões para a transformação que se deixam conhecer e especificar aí. [...] A vontade de poder que se manifesta como como vontade de identidade reprime toda ocasião para a transformação. Ela tem um efeito de máscara: [...] ela (a máscara) é um estado final. [...] Uma vez que ela está aí, não se mostra nada que *comece*, nada que ainda seja ocasião inconsciente ainda sem forma. A máscara é *clara*, ela expressa algo inteiramente determinado, nada mais, nada mesmo. A máscara é *rígida*: esse determinado não muda"[584]. Canetti distingue a figura da máscara. Em oposição a esta, a "figura" (p. ex., a figura divina com uma forma dupla humana-animal), como resultado da transformação, faz da sua "fluidez" ainda mais visível. Ela deixa que os rastros da transformação ocorrida ainda apareçam: "Também para nós é importante obter clareza sobre esse tipo mais antigo de figura. É importante compreender que a figura começa com algo que de modo algum é simples, que aparece a nós como complexo, que, em oposição àquilo que imaginamos hoje como figura, expressa o *processo* de uma transformação ao mesmo tempo que expressa o seu *resultado*"[585]. Em oposição à máscara, a "figura livre" aparece complexamente. A máscara é, em contrapartida, o produto de uma simplificação total. Ela oculta a complexidade. O poder cobiça o sempre igual, o *claro*. Assim, falta à máscara, que permanece sempre igual a si mesmo, toda vivacidade da expressão. Ela parece vazia.

---

584. Ibid.

585. Ibid., p. 429s.

Também o conceito rígido que persiste, como um estado final, na mesmidade, tem, certamente, a estrutura da máscara clara, mas vazia. Ele tem toda a fluidez e complexidade do corpo linguístico retirada. Como uma máscara, sem vida é, portanto, o escrito conceitual. Em contrapartida, a *figura* preserva em si ainda vivacidade, fluidez e maleabilidade.

A proibição da transformação leva à diluição e ao empobrecimento do mundo: "O detentor do poder conduz uma batalha incessante contra a transformação espontânea e incontrolável. O desvendamento, o meio do qual ele se vale nesse combate, é oposto exatamente ao processo de transformação e se deixa caracterizar como *destransformação* [*Entwandlung*]. [...] Pertence à essência do destransformação que se saiba sempre exatamente o que se encontra depois dela. [...] Pode-se fazê-la frequentemente, e ela pode, por fim, se tornar uma paixão. O destransformação acumulada leva a uma *redução do mundo*. A riqueza de suas formas fenomênicas não vale nada para ela, todo múltiplo é suspeito a ela. Todas as folhas são iguais e secas e cinzas, todos os raios se apagam em uma noite de hostilidade"[586]. A "destransformação" medúsica, como exercício do poder, rouba o mundo de todo múltiplo, de toda vivacidade. Em sua redução do mundo, ela o faz calculável. Essa proibição da transformação remete a uma "hostilidade". Ela tira do olhar toda *amabilidade*. O olhar amável é aquele que devolve ao mundo o seu *ser-assim*. Ele não reduz a pluralidade e a complexidade. A amabilidade promove o múltiplo, produz o um ao lado do outro pacífico dos diferentes. Ela se manifesta como uma in-diferença e equi-*valência* que permite-ser [*zu-lassende*] e deixa-ser [*sein-lassende*].

A transformação perturba o curso linear de uma produção. Assim, ela prejudica a sua eficiência. A eficiência é aumentar por meio da formação de unidades que permanecem sempre iguais a si mesmas: "Em um mundo que tende ao desempenho e à especialização, que não vê nada como ápice, pelo qual nos esforçamos em um tipo de limitação linear que volta todas as forças para a solidão fria dos cumes, desprezando e apagando, po-

---

586. Ibid., p. 434 [destaque do autor].

351

rém, o que jaz aí do lado, o múltiplo, o próprio, que não se oferece a auxiliar com o ápice, em um mundo que proíbe mais e mais a transformação, pois ela atua contra o fim universal da produção, que multiplica irrefletidamente os meios para a sua autodestruição e, ao mesmo tempo, tenta sufocar o que ainda estava presente em qualidades anteriormente obtidas do ser humano e que poderia atuar contra ela, em um tal mundo que poderia ser descrito como o mais ofuscante de todos os mundos, parece ser justamente de significado cardinal que haja [pessoas] tais que ainda exercitem esse dom da transformação apesar dele"[587]. A transformação seria *amável* na medida em que ela se aconchega do que jaz aí o lado, do inaparente, do pequeno e do fraco. Desempenho e produção, em contrapartida, são maximizados por meio da redução do "múltiplo". O "autêntico", porém, se articula multiplamente. Assim, a economia direcionada à eficiência de produção deixa que ele fique de lado. Por preocupação [*Sorge*] com a eficiência, ele é eli-

---

587. CANETTI, E. "Der Beruf des Dichters" [O ofício do poeta]. In: *Das Gewissen der Worte* – Essays [A consciência moral das palavras – Ensaios]. Frankfurt a.M., 1994, p. 285s.

minado [*entsorgt*]. Essa eliminação reduz, porém, o mundo e a percepção. Contra o poder do simples, que permanece sempre igual a si mesmo, importa trazer o múltiplo novamente ao ser. Esforça-se por aquele saber que, à parte da linha retilínea, surge "de lado". Será preciso, portanto, olhar *para o lado*, a fim de abandonar o saber retilíneo. O novo seria envergado, viria de lado: "O saber, ao crescer, muda a sua forma. Todos os saltos autênticos ocorrem *de lado*. O movimento do cavalo do xadrez. O que continua a crescer linear e previsivelmente é sem significado. O decisivo é o saber envergado e, especialmente, o saber lateral"[588].

Canetti vê a tarefa do poeta no curso no sentido contrário ao ciclo econômico. Ele liga com o poético não aquela sublimidade que se encontra, por exemplo, em Heidegger. O poeta de Canetti traz preocupação com o pequeno ou com o que jaz aí do lado, que cai para fora da totalidade como um construto do poder. Ele olha *para o lado*, ou seja, *amavelmen-*

---

588. *Die Fliegenpein* [O sofrimento das moscas], p. 129. Esse saber lateral é, ao mesmo tempo, um "saber hesitante". Cf. *Aufzeichnungen 1992-1993* [Anotações 1992-1993, p. 31: "Apenas o saber *hesitante* conta. É isso que escapa geralmente aos computadores: hesitação".

te, a saber, lá, para onde o poder não olha. Esse olhar amável "lateral" que é, ao mesmo tempo, um olhar longo, deixa que o menor e o múltiplo recebam *justiça*. Essa justiça é o *ethos* [caráter] do poético. O poeta se exercita naquele olhar lento, que se demora longamente no que jaz aí do lado, que se volta ao múltiplo, que o aumenta contra a violência do simples. O poético se coloca contra a estrutura de poder e de coação da identidade e da totalidade. O ser-poético é, em Canetti, carregado por uma preocupação moral, na qual habita uma "paixão da transformação": "Eles (os poetas) devem estar em condições de se tornar tudo, também o menor, o mais ingênuo, o mais impotente. A sua vontade [*Lust*] de experiência do outro por dentro não poderia nunca ser determinada pelos objetivos nos quais consiste a nossa vida normal, por assim dizer, oficial, eles têm de ser inteiramente livres de uma intenção de sucesso ou validação, [têm de ser] uma paixão por si [mesmos], justamente, a paixão da transformação"[589]. É trazida à fala, aqui, a estética da transformação, que, ao

---

589. *Der Beruf des Dichters* [O ofício do poeta], p. 286.

mesmo tempo, representa uma ética da transformação. A poesia se nutre de ocasiões para a transformação. O seu traço fundamental é a *mimesis*, que não é imitação, mas sim transformação. Ela pressupõe a *prontidão mimética* para se tornar outro, "também o menor, o mais ingênuo, o mais impotente". *Amabilidade* é a essência do poeta. O poeta, portanto, não olha apenas *para o lado*, mas também *para longe de si*, a fim de que a transformação ocorra: "Ele (o poeta) só encontra o caminho de volta para si mesmo quando foi puxado para longe muito fortemente pelos outros"[590]. "Poeticamente habita o ser humano" significa, desse modo, uma estadia amável no mundo, um amável ser-no-mundo.

O poder promete uma identidade indestrutível, que se afirma ao digerir o outro. Ele cobiça uma interioridade absoluta, na qual não ocorre nenhuma afecção-estranha, nenhum *contato*. Ele trabalha no absoluto para-si, que não se submete a nenhum efeito alheio. Se a mor-

---

590. *Das Augenspiel* [O jogo dos olhos], p. 31. Cf. tb. *Das Geheimherz der Uhr* [O coração secreto do relógio], p. 99: "Ser um outro, um outro, um outro: Como outro, se é permitido também se ver novamente a si mesmo".

te é percebida como o *inteiramente outro*, então o poder trabalha, em última instância, contra a morte. O desejo por mais poder, que proíbe a si e ao mundo toda transformação, representa aquela recusa a morrer. A morte não pode ser pensada separadamente do fenômeno da identidade. Na morte se inflama, a saber, o desejo pela identidade e pelo poder. "Destransforma"-se a si mesmo, até se "enrijecer inteiramente". Canetti sabe que o desejo pela identidade indestrutível endireita a alma em si mesma múltipla, que, a partir desse desejo, *nos simplificamos* [ver-*einfacht*] "em mortos". Canetti quer permitir rupturas e rasgos, a fim de escapar ao enrijecimento e à mutilação: "Nessa rasgadura, sou *inteiro*. Sem ela, seria mutilado"[591]. "Quero me quebrar até ser inteiro"[592].

A auto-preservação cega leva à rigidez mórbida. Ter-se-á, então, de se entregar à morte, de se abrir à morte, a fim de escapar à essa rigidez mórbida. Ter-se-á que *morrer de si mesmo*, a fim de permanecer *vívido*. Canetti sabe

---

591. *Das Geheimherz der Uhr* [O coração secreto do relógio], p. 78.

592. *Die Provinz des Menschen* [A província do ser humano], p. 174. Cf. tb. *Aufzeichnungen 1992-1993* [Anotações 1992-1993], p. 7: "Ele pensa em se desenraizar novamente".

que morte e transformação estão internamente interligadas: "O núcleo de minha natureza é que não posso me rebaixar e, todavia, tenho de me transformar. Eu não posso ir à transformação por meio da morte. Por isso, a vejo, com uma obstinação inalterável, como o fim. Eu sei que continuo ainda a não ter dito *nada* sobre a morte. Quando me suspendo definitivamente? Ou tenho de, justamente por raiva dela, me recusar a isso?"[593] Contra a "obstinação inalterável" Canetti, porém, irá "*passar através da morte*", ter de *se* entregar à morte, a fim de que a transformação ocorra, de modo que ela não se enrijeça em uma *transformação circular*, na qual se gira em torno de *si mesmo* ou se vagueia ao lado de si mesmo. Em uma anotação, escreve Canetti: "É possível que a rigidez de um ódio pela morte tenha te bloqueado para certas experiências do tempo. Poderia haver tempos que você não quer admitir, [e] que, por isso, oculta"[594]. A recusa da morte caminha lado a lado com uma necessidade de preservar tudo e de não esquecer nada. Ela leva a uma

---

593. *Nachträge aus Hampstead* [Notas de Hampstead], p. 155.

594. *Aufzeichnungen 1992-1993* [Anotações 1992-1993], p. 8.

memória obsessiva: "Busque enquanto houver ainda algo em você para encontrar, lembre-se, entregue-se à lembrança *voluntariamente*, não a desdenhe, ela é o melhor, ela é o mais verdadeiro que você tem, e tudo que você deixar passar nela está perdido e *para sempre* passado"[595]. Da lembrança ele promete para si uma imortalidade: "Eu não posso me envergonhar da lembrança: a única coisa imortal"[596].

A experiência do tempo voltada para trás bloqueia o olhar para o *novo*. Em vista do novo porvir, nos prendemos ao que foi: "Eu sei que tudo será *diferente*, e justamente porque sinto

---

595. *Das Geheimherz der Uhr* [O coração secreto do relógio], p. 76. Cf. *Die Fliegenpein* [O sofrimento das moscas], p. 109: "O que você disse contra a morte não é menos irreal do que a imortalidade da alma das religiões. É até ainda mais irreal, pois quer preservar *tudo*, não apenas uma alma. Uma insatisfatibilidade que quase não se pode compreender". Cf. tb. *Das Geheimherz der Uhr*, p. 104: "O que afinal na vida, que você certamente conheceu, te admirou? Que ela não se esquece".

596. *Aufzeichnungen 1973-1984* [Anotações 1973-1984], p. 50. A paixão canettiana pela memória não é determinada unilateralmente pela ênfase do eu: "E sempre ainda, mesmo que baixa, eu sentia a suspeita de que não é correto preferir aquilo que apenas foi a minha vida. Não se resume tudo por fim a *quem* é que se lembra. E seria a pura lembrança por si mesmo digna de existir, como se ela existisse em todos os casos também para os outros?" (*Nachträge aus Hampstead* [Notas de Hampstead], p. 99). Na "pura lembrança" o lembrado não é *interiorizado* no interior do eu. O luto de Canetti não gira meramente em torno do eu. Ele nutre a *lembrança sem interioridade*, a saber, a *memória* como *repetição do sido*.

o novo chegar inevitavelmente, me volto para o velho, onde quer que eu o pegue. Pode ser que eu apenas queira salvá-lo e transmiti-lo porque não suporto a efemeridade. Também poderia ser, porém, que eu o teste, para opô-lo à morte, que ainda é invulnerável"[597]. Canetti duvida porém, ao mesmo tempo, de sua consciência antiquário-retrospectiva que não se desprende de nada: "[...] eu não me despeço de nada, seja o que for, tão pouco, que mal pode se ver apenas com os olhos que eu não entrego nada, mas seria então tal avareza já vida? Não há mais na vida [do que isso]?"[598] Essa vida, como preservação e acumulação, se inverte – Canetti está bem consciente dessa dialética do apenas viver – no museico [*Museale*], no sem vida, no morto.

A incapacidade de se despedir leva a uma hipertrofia do passado. Assim, Canetti percebe o fardo insuportável do que passou "Passado *demais*, sufocante"[599]. O peso enfardador do passado faz da alma imóvel. A "fidelidade" ao que passou faz com que ele "*se petri-*

---

597. *Nachträge aus Hampstead* [Notas de Hampstead], p. 89.

598. *Aufzeichnungen 1992-1993* [Anotações 1992-1993], p. 10.

599. *Das Geheimherz der Uhr* [O coração secreto do relógio], p. 175.

fique"[600]. Assim, ela se torna incapaz de transformação: "Espante-se novamente, não conheça mais nada, desacostume-se do passado, ele é rico demais, você se afoga nele [...]. Torne verdadeira a palavra que você usou com mais frequência: transformação"[601]. A transformação pressupõe a capacidade de se despedir, o poder-esquecer, a saber, o fim do trabalho de luto. Há, em Canetti, numerosas anotações que formulam um elogio do esquecer: "Por meio do *esquecimento* [*Vergesslichkeit*] deparar-se com um novo, inteiramente estranho, magnífico mundo"[602]. "Graças ao seu esquecimento ele, por fim, se tornou algo"[603]. "Um espírito que floresce novamente de tempos em tempos do seu esquecer. Pálido do tempo como Schopenhauer: nele *nada* era esque-

---

600. Cf. *Aufzeichnungen 1992-1993* [Anotações 1992-1993], p. 15.

601. *Das Geheimherz der Uhr* [O coração secreto do relógio], p. 206. Cf. *Die Provinz des Menschen* [A província do ser humano], p. 100: "O aprendizado tem de permanecer uma aventura, caso contrário, ele é natimorto. O que aprendes no instante deve ser dependente de confrontos contingentes e deve se prolongar de confrontação a confrontação, um aprendizado em transformações, um aprendizado em prazer".

602. *Die Fliegenpein* [O sofrimento das moscas], p. 45.

603. *Die Provinz des Menschen* [A província do ser humano], p. 339.

cido"[604]. "O esquecido aquece ocultamente"[605]. "Ele não aprende mais nada. Ele aprende apenas a melhor esquecer"[606]. "Desde que ele tudo esqueceu, sabe muito mais"[607]. "Ele ri por esquecimento"[608]. O espírito floresce com transformações. Elas o mantêm vivo. A "destransformação", em contrapartida, produz algo de sem vida. Certamente, faz parte da amabilidade aquele "esquecimento".

A consciência antiquária "destransforma" o tempo, não permite nenhum fluir. Ela se represa em uma massa imóvel: "Agora a recusa tenaz do tempo se vinga. O seu curso nunca existiu para mim. Eu nunca o senti como um rio que poderia secar. Ele estava inesgotavelmente ao meu redor, um mar. Assim, flutuei para lá e para cá, e me pareceu natural que eu sempre continuaria a flutuar assim. [...] Não reconheci o sacrifício de nenhuma vida. Para o que não havia espaço neste mundo denso,

---

604. *Die Fliegenpein* [O sofrimento das moscas], p. 92.

605. Ibid., p. 102.

606. *Das Geheimherz der Uhr* [O coração secreto do relógio], p. 93.

607. Ibid., p. 73.

608. *Nachträge aus Hampstead* [Notas de Hampstead], p. 44.

criei espaço em mim mesmo. Assim, não sou agora menos amplo do que o mundo, sinto como se me estendesse por todo ele. [...] Mas alcançado esse objetivo, reconheço meu esquecimento. Eu fiz troça do tempo, agora ele sai de mim"[609]. O congestionamento-do-tempo reprime o repentino, o inesperado ou o incalculável. Em Canetti, incita-se continuamente a resistência contra aquela massa-de-tempo inerte: "Deixar o repentino [ser]"[610]. "Melhor obedecer, obedecer ao inesperado, não saber mais a que se obedece"[611]. Em vista do enrijecimento do tempo, Canetti anseia por um outro tempo, pelo tempo do qual não é possível se apoderar: "Não é, portanto, apenas o futuro que você quer, mas sim um futuro mais nobre. Bem, por que não, mas o que

---

609. Ibid., p. 30s.

610. *Das Geheimherz der Uhr* [O coração secreto do relógio], p. 62; cf. ibid., p. 167: "A natureza planejadora do ser humano é uma natureza erigida posteriormente, que violenta a sua natureza autêntica, a sua natureza de transformação". Cf. tb. *Nachträge aus Hampstead* [Notas de Hampstead], p. 57: "Toda notícia de uma vida planejada, regulada, registrada me preenchia de culpa, e pareces para ti como se tivesse desperdiçado a sua vida inteira *ao olhar para o relógio*". Em transformações, confrontações e eventos, em contrapartida, bate o "coração secreto do relógio" (cf. *Das Geheimherz der Uhr* [O coração secreto do relógio], p. 168).

611. *Das Geheimherz der Uhr* [O coração secreto do relógio], p. 116.

você faz a esse respeito? Tenta contrabandear suas palavras para ele, tocar o futuro consigo mesmo! Que empresa risível, que pretensão, que subestimação perplexa, desavergonhada, cega do futuro!"[612] Esse "futuro mais nobre" é inteiramente comparável com aquele "futuro" de Lévinas que, em vista da "situação da morte, na qual o sujeito não pode apanhar mais nenhuma possibilidade", cresce, a saber, para além do *tempo do si*. Trata-se do *tempo do outro*, que se furta a toda possibilidade de apropriação, do "futuro" que é "absolutamente surpreendente". A passividade do não-poder--apanhar, do não-poder-poder, do qual nos apercebemos em vista da morte, jaz no fundamento dessa experiência do tempo: "[...] O futuro é aquilo que não pode ser apanhado, que recai sobre nós e se apodera de nós. O futuro, isso é o outro. A relação com o futuro, essa é a relação autêntica com o outro. Falar do tempo apenas em um sujeito, falar de uma duração puramente pessoal nos parece impossível"[613].

---

612. *Nachträge aus Hampstead* [Notas de Hampstead], p. 44.

613. LÉVINAS, E. *Die Zeit und der Andere* [O tempo e o outro], p. 48.

O desejo por *duração* exige uma contabilidade consequente, de modo que nada se perca: "Esse desejo de *permanecer*, um tipo de contabilidade"[614]. Essa contabilidade sobre o ser e o tempo não permite, porém, o novo, os "movimentos bruscos, abruptos, que nunca são calculáveis"[615], a saber, o "futuro que se transforma a cada instante"[616]. Ele persiste no mesmo. O se

---

614. *Die Fliegenpein* [O sofrimento das moscas], p. 140 [destaque do autor].

615. Ibid., p. 63. Esse pensamento calculador, "econômico" (cf. *Nachträge aus Hampstead* [Notas de Hampstead], p. 129) também é incapaz do doar. Canetti frequentemente opõe ao cálculo a dádiva, que apenas em sua "ausência de sentido" seria *dotada de sentido*. O "sentido" a enreda novamente no cálculo: "É preciso também poder dar *sem sentido*, caso contrário se desaprende o doar" (*Die Provinz des Menschen* [A província do ser humano], p. 200). E uma outra anotação, se diz: "[...] eu nunca faço uma troca; mesmo quando compro algo, gostaria de ter o sentimento de que duas pessoas presenteiam uma à outra, por acaso ao mesmo tempo" (ibid., p. 101). O gasto se opõe à contabilidade: "Ele se furta ao curso do tempo, ele não o registra, relógios lhe são tão estranhos quanto calendários, e não há, para ele, nenhuma história. Ele é uma contrafigura digna daquele homem que tenta se salvar diante dos elogios. Sempre pensei a estes como desperdiçadores. Mas não seria o homem que vive sem tempo também um tipo de desperdiçador? Já que ele sempre teria tempo, ele se tornaria distinto de todos os outros, e talvez a sua história devesse se chamar: o homem que sempre tem tempo" (*Nachträge aus Hampstead* [Notas de Hampstead], p. 157). Cf. tb. Die Fliegenpein [O sofrimento das moscas], p. 8: "Os seres humanos apenas amam um poeta porque ele é dispendioso com o tempo. Assim que ele começa a economizá-lo, eles o tratam como qualquer outro".

616. *Die Provinz des Menschen* [A província do ser humano], p. 32.

segurar no mesmo é o espírito do administrador da casa [*Haushalters*], a saber, do "econômico" [*Haushälterische*][617]: "Em uma família se empurra um nome de lá para cá, em vez de ele pular, em vez de ele voar"[618].

C – Nudez da alma

Entre as pessoas de We vivia um homem de nome Wu de Osttor. Quando seu filho morreu, ele não ficou triste. Seu senhorio falou com ele então: "Não havia no mundo nenhum homem que amasse seu filho como o senhor. Agora o seu filho morreu, e você não está triste com isso?" Wu de Osttor

---

617. Aqui, o autor joga com o fato de que, em alemão, *Haushalter* ("administrador da casa") e *Haushalterisch* ("econômico") são ambos derivados do verbo "*haushalten*", que significa literalmente "manter (ou administrar) a casa", mas que também significa "economizar", de modo que economia e manutenção da casa estão intimamente ligados – o que, vale lembrar, também vale da própria raiz grega da palavra "economia", οικονομία, que significa, justamente, "administração da casa" [N.T.].

618. *Nachträge aus Hampstead* [Notas de Hampstead], p. 39. Essa passagem lembra do conto de Kafka "A preocupação do senhor da casa" (cf. HAN, B.-C. *Todesarten* [Tipos de morte], p. 167-171).

> respondeu: "Houve um tempo
> em que eu era inteiramente sem
> filho, e naquele tempo, como
> eu não tinha nenhum filho, eu
> não estava triste. Agora o meu
> filho morreu, e é exatamente
> como antes, quando eu não
> tinha nenhum filho. Por que eu
> deveria estar triste?"
> LIÄ-DSI. *O verdadeiro livro do*
> *fundamento originário de que*
> *tudo jorra.*

Há uma voz em Canetti que articula um ser sem proteção e um ser exposto diante ao outro, uma inquietude que alcança a intensidade de um sofrer. Trata-se de uma nudez que se exterioriza como sensibilidade para o outro. Onde fala essa voz, Canetti se dirige à proximidade de Lévinas. A passividade da fragilidade e do estar exposto é, a saber, para Lévinas, a pressuposição para que o eu não seja "*posto para si mesmo*". Se o eu não se mantém "já sempre à margem de uma dor já absurda", surge, assim, o instante "no qual ele é substância, no qual ele tem orgulho, no qual ele é imperialista e no qual ele tem o outro como objeto"[619]. A "nudez da alma" da qual Canetti fala em *O coração secreto do relógio* é avizinhada daquele "desnudamento" no qual nos "despimos ainda de nossa pele", daquela "supersensibilidade que se expõe até o sofrimento"[620]. Canetti nota, na voz do "ele": "Ele pensa na sua companhia lastimável e em sua vida interior, também em que, com a idade, ele ama cada vez mais importuna e fortemente, *na sua morte de modo algum, com a qual a sua amada se ocupa incessantemente*, ele pensa que ele pode ser cada vez menos 'pragmático' e nunca indiferente frente a esse próximo; que ele despreza tudo que não é respirar, sentir e compreender. Ele também pensa em que ele não quer ver outros, que cada novo ser humano o agita na profundidade mais profunda, que ele não pode se defender contra essa agitação nem por aversão nem por desprezo, que ele está completamente *entregue a todos sem [nenhuma] proteção* (por mais que eles não percebam), que ele não pode, contra a

---

619. LÉVINAS, E. *Wenn Gott ins Denken einfällt* [Do Deus que vem à ideia], p. 102.

620. LÉVINAS, E. J*enseits des Seins oder anders als Sein geschieht* [Outro que o ser ou além da essência], p. 51.

sua vontade, chegar à tranquilidade, não pode dormir, não pode sonhar, não pode respirar – que todo novo ser humano é para ele uma personificação de tudo que é importante, que é o mais importante, e quando ele compara isso com a útil e não menos sonolenta tranquilidade que outros obtiveram com a idade, ele não sabe o que prefere, ele se envergonharia de tal tranquilidade, como ele se envergonha de sua nudez da alma, e seria de bom grado como o tranquilo e não seria de bom grado como ele, e tem certeza de uma coisa: que ele não trocaria de lugar com ele"[621]. A tranquilidade da idade seria confortável demais para Canetti. Nessa, ainda nos aprazeríamos com nós mesmos, o que levaria a uma indiferença frente ao outro. Apenas a inquietude dolorosa da exposição impediria o eu de aprazer-se consigo mesmo. É primeiramente a nudez da alma que manteria desperta a *não-indiferença* pelo outro: "Em toda relação individual da sua vida ele tem de lutar por uma medida minúscula de indiferença. Ele ama seus seres humanos tanto, que ele recebe os seus pensamentos mais rapidamente

---

621. *Das Geheimherz der Uhr* [O coração secreto do relógio], p. 191.

do que eles mesmos. O perigo em suas ações o tortura antes de que eles tenham ideia do que vão fazer. [...] Seus objetivos, ainda desconhecidos a eles mesmos, o perseguem até em sonho. Não se pode dizer que ele se enfia em seus seres humanos, isso seria confortável demais. Ele *é* seus seres humanos, mas mais do que eles são eles mesmos"[622].

A angústia de que Canetti fala frequentemente não é referida à *minha* morte. Ela mantém desperta, de fato, um eu. Mas, nesse estado de vigília, o eu se volta para o outro: "Como ocorre que eu seja eu mesmo apenas na angústia? Fui criado para a angústia? Eu me conheço apenas na angústia. Uma vez resistida, ela se torna esperança. É, porém, angústia pelo *outro*. Amei pessoas, por suas vidas tive angústia"[623]. "A mesma angústia, desde setenta anos, mas sempre pelo outro"[624]. Em oposição a Heidegger, a angústia não segura aquele "instante" "no salto", no qual o ser-aí apanha enfaticamente o seu "si mais próprio". Ela de-

---

622. *Die Fliegenpein* [O sofrimento das moscas], p. 77.

623. *Das Geheimherz der Uhr* [O coração secreto do relógio], p. 44.

624. Ibid. p. 152; cf. tb. p. 137: "Livre da angústia ele não era, mas não era mais *sua* angústia".

termina, antes, a não-indiferença, o ser para o outro. A angústia é a angústia diante da morte do outro. O traço essencial da morte seria, para Canetti, não aquela "irreferencialidade" na qual "todo ser-com com outros fracassa", mas sim uma *referencialidade* explícita na qual começa primeiramente o ser para o outro. Canetti sublinharia sem mais essa tese de Lévinas de que a morte é primariamente a morte do outro, de que a morte *significa ser para o outro*. Por preocupação com o outro, por sua morte, Canetti quer ser inteiramente ouvidos, ouvir *desmedidamente*, como se a própria fala já significasse uma traição com o outro: "O mais importante é o conversar com desconhecidos. É preciso, porém, organizar tudo, de modo que *eles* falem, e tudo que se faz você mesmo aí é trazê-*los* à fala. Se isso não for possível a alguém, então começou a morte"[625]. A morte de que se fala aqui não é a *minha* morte, mas sim a morte dos outros. Pertence à ética da morte de Canetti um mandamento-da-escuta. Assim que *eu* falo, começa a morte. *Minha* fala sempre faz com que algo no outro morra: "Deixe

---

625. *Die Provinz des Menschen* [A província do ser humano], p. 307.

todos falarem: você não fala; as suas palavras tomam das pessoas a sua figura. Sua admiração apaga as suas fronteiras; elas não se conhecem mais, se você fala; elas são *você*"[626].

Quem nega enfaticamente a própria morte se enreda necessariamente em uma sobrevivência selvagem, que acumula a morte de outros. A recusa da morte por parte de Canetti se relaciona primariamente à morte do outro, ao matar: "Tão duro quanto é o matar, tão dura tem de permanecer a rejeição da morte"[627]. A própria morte se retira, em Canetti, para o pano de fundo. Ela nunca é considerada tão intensivamente quanto a morte do outro. A preocupação enfática com a *minha* duração, com o *eu* só aparece em Canetti sob uma luz grotesca[628]. A própria morte claramente não é

---

626. *Die Fliegenpein* [O sofrimento das moscas], p. 64.

627. *Aufzeichnungen 1992-1993* [Anotações 1992-1993]. Munique, 1996, p. 14. Cf. *Aufzeichnungen 1973-1984* [Anotações 1973-1984], p. 68: "Por que desperta tanto ódio nas pessoas se eu ataco a morte? Elas foram convocadas a serem seus defensores? Sabem elas tanto sobre a sua natureza assassina, que elas se sentem a *si mesmos* atacadas, se eu ataco a morte?"

628. Em uma anotação, Canetti conta, por exemplo, de um homem que conta diariamente os seus cabelos: "Aparece um homem que conta os seus cabelos. Ele os conta diariamente. Eles não se tornam menos, ele não pode perder nenhum cabelo. Sua missão consiste em que ele tenha sempre a mesma quantidade de cabelos. Ele cumpre essa missão e tem orgulho disso. Deve-se ver apenas

levada em consideração: "Talvez não fosse de modo algum ruim se se morresse alegremente, desde que nunca se tenha vivenciado alegremente a morte de um outro"[629].

Em uma anotação, Canetti escreve: "Isso depende de que nunca se *engane* aos outros como a si mesmo sobre a morte, nunca se torne fraco diante dela e mesmo na dor se a abomine *moralmente*"[630]. A palavra "moralmente" é destacada pelo próprio Canetti. Aqui, ele condena a tentativa de vestir a morte na aparência do em si mesmo dotado de sentido: "Como deveria não haver assassinos, enquanto seja *adequado* ao ser humano morrer, enquanto ele não se envergonhar por isso, enquanto ele tiver *embutido* a morte em suas instituições, como se ela fosse o seu fundamento mais seguro, melhor e mais dotado de sentido?"[631] Canetti desaprova

---

como ele se comporta, com a sua boa consciência sob o braço e um olhar de desprezo para todos que circulam com cabelos não contados" (*Nachträge aus Hampstead* [Notas de Hampstead], p. 180). Cf. tb. *Das Geheimherz der Uhr* [O coração secreto do relógio], p. 181: "Uma terra onde quem diz 'eu' rapidamente afunda na terra".

629. *Die Provinz des Menschen* [A província do ser humano], p. 201.

630. *Aufzeichnungen 1992-1993* [Anotações 1992-1993], p. 83.

631. Cf. *Die Fliegenpein* [O sofrimento das moscas], p. 66.

aqueles professores que embelezam a morte. Eles produzem uma falsa aparência que destrói o viver-aqui: "É difícil não condenar os professores que abominam a vida, que retiram dela todo valor. Do maior perigo para o futuro, em décadas cada vez mais perigoso, caiu-se em um presente indizivelmente vil. Na alta idade tudo que se abominou o mais profundamente está ampliado. Sempre se falou *em favor* da vida, ela deve se tornar mais e mais longa, ela deve se tornar uma vida eterna. Condenou-se aqueles que queriam escapar. Desprezou-se aqueles que advogavam por um paraíso vazio. Olhava-se e ouvia-se, respirava-se: nunca foi o suficiente. Agora, a respiração congestionada está empesteada do assassinato próximo. [...] O ser humano uma acha que lança a si mesmo no fogo. Segure-a! Tire-a dali! Quem pode ainda saber tudo sobre ela? Talvez ela queira ser tirada dali. Talvez ela queime por *expectativa*"[632]. Quem sanciona a morte é, para Canetti, um assassino. O que leva Canetti à recusa da morte não é, portanto, o temor diante da própria morte, mas sim a *responsabilidade* frente ao *viver-aqui* e frente

---

632, *Aufzeichnungen 1992-1993* [Anotações 1992-1993], p. 57.

ao outro. Também em seus surtos mais intensos contra a morte se tem de ouvir a sua intenção moral: "Mas eu amaldiçoo a morte. Não posso fazer diferente. E se eu dever me tornar cego assim, não posso fazer diferente, eu empurro a morte de volta. Se eu a reconhecesse, seria um *assassino*"[633]. Canetti imagina uma religião que consistiria inteiramente do temor pela morte do outro, uma "religião do desespero sempre agudo", na qual não se "olha *nenhuma* morte nos olhos", uma religião da nudez da alma, na qual não se "dorme, pois durante o seu sono algo não desperta novamente", "não [se] come, porque durante a mastigação algo é comido", "não se ama, porque durante o amor outro é despedaçado"[634].

Em *Confúcio em seus diálogos*, Canetti escreve que ele não conhece nenhum sábio que leve a morte tão a sério quanto Confúcio. Confúcio sempre se recusou a responder perguntado sobre a morte, e, de fato, com a advertência: "Se ainda não se conhece a vida, como

---

633. *Das Geheimherz der Uhr* [O coração secreto do relógio], p. 200 [destaque do autor].

634. *Die Provinz des Menschen* [A província do ser humano], p. 167.

se deveria conhecer a morte?"[635] Toda resposta a perguntas que diriam respeito ao tempo depois da morte se põe "de um salto só para além da morte" e "escamoteia" a sua incompreensibilidade. A morte como tal perde, assim, o peso. Confúcio não se entrega a essa "mais indigna de todas as prestidigitações". A proibição de imagens de Confúcio, segundo a interpretação de Canetti, deixa a morte em sua alteridade. Na recusa a se manifestar positivamente sobre a morte a vida é restituída, naquilo que se havia tirado dela de seriedade e brilho, "ao se instalar uma boa, talvez a melhor parte de sua força *atrás* da morte". A proibição de imagens zela pela fronteira que separa a vida da morte: "Assim a vida permanece inteiramente o que ela é, e também a morte permanece intacta, elas não são intercambiáveis, não são comparáveis, elas não se misturam, elas permanecem distintas"[636]. Em sua recusa obstinada a reconhecer qualquer intersecção entre a vida e a morte, todavia, Canetti frequentemente perde de vista a mortalidade humana.

---

635. *Das Gewissen der Worte* [A consciência moral das palavras], p. 193s.

636. Ibid., p. 194.

Dever-se-ia se perguntar se Canetti teria contradito com a mesma veemência a morte natural. Talvez ele apontasse para o fato de que não há nenhuma morte natural, de que toda morte é fatidicamente uma morte prematura, violenta[637], de que nenhum ser humano morre enquanto ele for amado, de que toda morte carrega o sobrevivente com culpa: "Sobre o culto dos mortos muito cedo não se deve se maravilhar. É-se *culpado* pelos seus anos perdidos"[638]. Em vista da morte do outro, sente-se a culpa como se ela fosse causada pelo fato de que não se amou o bastante: "Seria possível amar *mais*? Resgatar um morto por meio de mais amor, e teria ninguém ainda amado o bastante?"[639] Seria possível amar o outro *pelo*

---

637. Também sob esse aspecto há uma comunalidade entre Lévinas e Canetti. Cf. *Gott, der Tod und die Zeit* [Deus, a morte e o outro], p. 83: "Tem de se considerar que a morte é sempre também assassinato: toda morte é assassinato, é prematura, e há a responsabilidade do sobrevivente".

638. Cf. *Aufzeichnungen 1992-1993* [Anotações 1992-1993], p. 81.

639. *Das Geheimherz der Uhr* [O coração secreto do relógio], p. 12. Cf. *Die Provinz des Menschen* [A província do ser humano], p. 136: "Uma cidade na qual as pessoas eram tão velhas quanto elas amavam. Aversão e inclinação se equilibram uma à outra exatamente e o resultado é decisivo para a duração de uma vida". Cf. tb. *Nachträge aus Hampstead* [Notas de Hampstead], p. 16: "Há apenas um único poder, que é mais poderoso do que o do matar: a ressurreição dos mortos. Por esse poder eu me

outro? Haveria um amor pós-mortal, que seria inteiramente livre da interioridade do eu, que não tenta ressuscitar o morto *para si mesmo*?

Na última cena de sua autobiografia vigora o luto que trabalha na eliminação da morte, na ressurreição dos mortos. Esse trabalho de luto especial lembra aquela "obrigação à imortalidade apesar da certeza de que todos os seres humanos são mortais"[640]. Canetti descreve, aqui, uma voz do desejo, a saber, a voz de seu irmão, que tenta invocar de volta à vida por força do amor a mãe morta: "Ele não queria abandonar a casa em que ela estivera doente. Ele se sentava na cadeira em que ele comia de noite ao lado de sua cama, e continuava sempre a falar. Ele não queria confessar para si mesmo que ela não ouvia mais. [...] Ele queria que nada terminasse, todos os afazeres continuavam nas palavras. Suas palavras a despertaram e ela, que estava sufocada, tinha novamente respiração. Sua voz era íntima e baixa, como outrora, quando ele a convocou a

---

consumo. *Por ele eu daria tudo, também a minha própria vida. Mas eu não o tenho, então não tenho nada*" [destaque do autor].

640. LÉVINAS, E. *Humanismus des anderen Menschen* [Humanismo do outro ser humano], p. 7.

respirar. Ele não chorou; para não perder nenhum de seus instantes; quando ele se sentava nessa cadeira, onde ele a tinha diante de si, ele não se permitia nada que se degeneraria em uma perda para ela. A evocação não parava, eu ouvia essa voz, que eu não tinha conhecido, pura e alta, como a de um evangelista, eu não deveria ouvi-la, pois ele queria estar sozinho, mas eu a ouvia, por preocupação sobre se eu podia o deixar sozinho, como ele teria querido para si, e eu testei a voz por muito tempo antes de me decidir, ela permaneceu em meu ouvido por todos esses anos. [...] Ouve-se a fala baixa dos mortos, que ele não quer abandonar sem a seguir; ele fala a ela, com se ele ainda tivesse forças em si para mantê-la, e essa força pertence a ela e ele a dá a ela, ela tem de senti-lo. Ouve-se como se ele fosse cantar baixo para ela, não de si, nenhuma reclamação, apenas dela, apenas ela sofreu, apenas a ela é permitido reclamar, ele, porém, a consola e a evoca e promete repetidamente que ela está lá, ela apenas, com ele apenas, mais ninguém, todos a perturbam, por isso ele quer que eu o deixe sozinho com ela, dois ou três dias, e por mais que ela esteja enterrada, ela jaz lá, onde ela sempre estava doente, e em palavras ele a pega e ela não pode o abandonar"[641]. Seria seu luto de fato pelo outro? É possível de algum modo ficar de luto pelo outro? Ou todo luto se enredaria na interioridade do eu, que, através do outro, toca a si mesmo? A sua voz evocadora não obrigaria o outro novamente ao interior do eu? O seu luto soa estranhamente angustiante. Como uma presilha, como uma garra, ela se prende ao outro. Incapaz de se despedir, ela não consegue soltá-la. Ela se nutre do desejo "de que nada termine", daquele amor que, para falar com Lévinas, obriga à imortalidade.

Em uma anotação, escreve Canetti: "Ela o recebe e se despede dele com lágrimas; ela lhe dá lágrimas para comer. Ela o veste em lágrimas. Ela lê para ele em voz alta lágrimas"[642]. Desse luto *digestivo*, extremamente narcisista, distingue-se, certamente, aquele luto sublime que, em vez de reclamar, em vez de chorar, "canta" com a pura e elevada voz de um evangelista. Ele é certamente mais sutil do que aquele luto-do-eu sem mediação. Ele não derrama

---

641. CANETTI, E. *Das Augenspiel* [O jogo dos olhos]. Munique, 1985, p. 352s.

642. Cf. *Die Fliegenpein* [O sofrimento das moscas], p. 68.

aquelas lágrimas nas quais o outro se afoga. Ele dá continuidade, porém, em uma forma modificada, ao trabalho de luto. Ele trabalha, além disso, obstinadamente em matar a morte. Falta a ele o *decoro*. Canetti se pergunta: "Se um luto *comportado, casto* não poderia salvar mais do morto?"[643] O decoro conseguiria salvar mais do outro, do morto, ao deixá-lo ser e, de fato, não por indiferença, mas sim por respeito. O decoro surge de um outro trato com a finitude humana. Assim, ele possibilita uma despedida sem luto e sem trabalho de luto. O decoro efetivo é alcançado primeiramente lá, onde o luto, por assim dizer, se desprende em uma alegria. Talvez todo luto seja predatório. Canetti escreve: "Predador do luto, ser humano"[644].

D – Dialética da ferida

A MELANCOLIA SE APRESSA
PASSANDO
por brancos

---

643. *Aufzeichnungen 1973-1984* [Anotações 1973-1984], p. 59.

644. *Die Provinz des Menschen* [A província do ser humano], p. 277.

espelhos de feridas;
lá as quarenta
árvores descascadas da vida são
fluídas.

Única nadadora contra
a corrente, tu
a contas, a tocas
inteiramente.
CELAN, P. *Virada da respiração.*

O olhar do luto é apanhado.
Apanhado por quem? Apanhado
(16 de abril).
HANDKE, P. *Na manhã da
janela rupestre.*

Canetti colocou repetidamente a sua posição frente à morte em questão. Com certa ironia, ele escreve, por exemplo: "O quão longe você – depois de todos os avisos – chegou com os preparativos no livro contra a morte? Tente o oposto: a sua glorificação, e você chegará rapidamente a si mesmo e ao seu verdadeiro desejo"[645]. Não seria melhor ou mais inteli-

---

645. *Das Geheimherz der Uhr* [O coração secreto do relógio], p. 202.

gente, em vez de recusar cegamente à morte, se abrir a ela? O reconhecimento da mortalidade humana não é nenhum consentimento ao matar. Ele também não produz nenhuma indiferença frente à morte do outro. Ele não demanda o morrer. Ele é, antes, a contrafigura daquela sobrevivência cega, que se inverte no fatal. Canetti se desespera repetidamente em sua reclamação contra a morte: "O que porém tu ganhas por meio da vigília incessante dessa consciência da morte? Tornas-te mais forte assim? Podes assim melhor proteger os ameaçados? Transmites a *alguém* coragem, por que tu pensas sempre sobre isso? Esse enorme aparato inteiro que erigistes não te serve para nada. Ele não salva ninguém. Ele dá uma falsa aparência de força, nada senão um alardeio e do início ao fim tão sem amparo como qualquer outro. A verdade é que tu ainda não encontraste o que seria *a postura correta, válida, útil ao ser humano*. Tu não a trouxeste mais adiante do que a dizer não"[646].

Em seu rigoroso não à morte, permanece, de fato, fechada a Canetti uma experiência

---

646. Ibid., p. 199s. [destaque do autor].

positiva da mortalidade humana. Mas nos raros instantes em que ele ainda teria acesso a uma *sabedoria*, ele suspeita, pelo menos, que o simples não não é a "postura correta, válida, útil ao ser humano". Canetti se detém continuamente em meio ao não, distancia-se de uma postura rígida. Assim, encontram-se entre as rigorosas recusas da morte[647] palavras ou confissões que formulam hesitantemente uma afirmação da finitude humana[648]. Em uma anotação,

---

647. Cf. *Das Gewissen der Worte* [A consciência moral das palavras], p. 15: "Enquanto houver morte, toda luz é um fogo-fátuo, pois leva a ela. Enquanto houver morte, nada de belo é belo, nada de bom é bom. As tentativas de se conformar com ela, e o que mais seriam as religiões, fracassaram. O conhecimento de que não há nada depois da morte, um conhecimento pavoroso e que nunca pode ser esgotado, lançou uma nova e desesperada divindade à vida". Em uma outra anotação, todavia, ele observa: "Se chegaste à tua prestação de contas, então também deves considerar isto. A transformação pela proximidade da morte, mesmo quando ela é apenas suposta, a intensidade, a seriedade, o sentimento que se trata apenas do mais importante, o que se é, e que tem de fazer sentido, que nada pode ser dito erroneamente, pois não se tem mais ocasião para corrigi-lo. Se realmente se conseguisse se adiar tanto a morte, de modo que não se pudesse mais perceber a sua proximidade – onde ficaria então *essa* seriedade? O que poderia ainda ser o mais importante, e haveria algo que alcançaria esse mais importante, que se igualaria a ele?" (*Das Geheimherz der Uhr* [O coração secreto do relógio], p. 56s.).

648. Cf. *Das Geheimherz der Uhr* [O coração secreto do relógio], p. 170: "É difícil de escrever uma vida e não reconhecer em nada a impermanência". Em certo sentido, Canetti está bem próximo de Adorno. Por recusa a toda tentativa de idealizar a morte ou de enfeitá-la com a aparência do em si mesmo dotado de sentido, também Adorno repete frequentemente a sua reclamação

Canetti avalia positivamente, por exemplo, o prazo do tempo de vida. Ele constata, a saber, um Mais do Menos: "Da preciosidade do seu tempo, que chega ao seu termo [*befristet*] de uma vez, o ser humano se eleva, mas apenas se foi a sua natureza se dar muito tempo. O fracasso de sua grande riqueza faz, de repente, mais dele, como se ele tivesse agora realmente presentado tudo até o fim e fosse, como mendigo, hóspede em suas próprias sobras"[649]. A finitude eleva o ser humano. Ela o possibilita uma experiência singular do tempo como dá-

---

contra a morte. Nisso, o seu olhar para a mortalidade humana se estreita. Com um tom canettiano, ele escreve: "Não apenas o prazer que, segundo a palavra iluminada de Nietzsche, quer a eternidade, se eriça contra a transitoriedade. Se a morte fosse aquele absoluto que a filosofia evocou positivamente em vão, então tudo seria absolutamente nada, também todo pensamento pensado no vazio, nenhum [pensamento] se deixaria pensar com verdade" (*Negative Dialektik* [Dialética Negativa]. Frankfurt a.M., 1973, p. 364 [Gesammelte Schriten, vol. 6]). Adorno não pode, porém, se furtar ao conhecimento de que uma recusa fanática da morte se inverte em uma autopreservação cega, que toma da vida toda vivacidade. Em uma conversa com Canetti ele nota, já se apontou anteriormente para isso, que o princípio de autopreservação da razão tornado selvagem "se transforma em uma força destrutiva, em um destruidor e sempre também, ao mesmo tempo, autodestruidor". Assim, se terá que ensinar à razão a mortalidade, a fim de que ela se torne racional. A filosofia de Adorno se deixa pensar inteiramente a partir da figura de pensamento que leva, afinal, em conta a finitude da existência humana (cf. HAN, B.-C. *Todesarten* [Tipos de morte], p. 9-37).

649. *Die Provinz des Menschen* [A província do ser humano], p. 235.

diva. O que chegou a seu termo resguarda o resto do tempo não como *seu* bem precioso, pois ele presenteou tudo até o fim, esvaziou *a si mesmo*. Ele não está *em casa* consigo mesmo, mas sim *como hóspede*. Essa figura singular do ser-hóspede-consigo-mesmo coloca a economia da manutenção usual da casa, a saber, da economia da posse, radicalmente em questão.

Em uma anotação, escreve Canetti: "O ser humano não é frágil o bastante. Com a sua mortalidade ele não está feito. Ele teria de ser frágil"[650]. A fragilidade não pode, porém, ser pensada separadamente da mortalidade. Elas têm a mesma origem. Deseja-se, a saber, mais poder e mais eu, prende-se a si mesmo, não se permite nenhuma alteração, nenhuma transformação justamente por revolta contra a morte. A rigidez do eu à qual aquele desejo leva seria a contrafigura da fragilidade. Em vista da morte, porém, essa figura rígida do eu e do poder se desvela como uma aparência: "No pavoroso engrandecimento do eu posso muito bem falar algo. Mas eu também sei que ele não é *nada*, engano miserável sobre a morte, con-

---

650. Ibid., p. 315.

tra a qual ele não ajuda em nada"[651]. Para existir fragilmente, será necessário adotar uma outra postura frente à morte. A recusa cega da morte leva a um "pavoroso engrandecimento do eu", engrandecimento que o sufoca. "Quero me tornar mais sossegado", assim escreve Canetti em uma anotação, "nada respira ao meu redor, eu tenho um mundo próprio, mas como ele é estreito, se é sufocado nele"[652]. O eu estreita o mundo, reduz o espaço para respirar. Afrouxar as presilhas do eu faz parte, certamente, da arte canettiana de respiração: "Ele se diz para se desprender de *si mesmo* e respira"[653]. Ao engrandecimento doentio do eu se opõe um esvaziamento-de-si, que preenche o

---

651. *Nachträge aus Hampstead* [Notas de Hampstead], p. 185.

652. Ibid., p. 36.

653. *Das Geheimherz der Uhr* [O coração secreto do relógio], p. 213 [destaque do autor]; cf. ibid., p. 49: "Ele é velho demais para se amar. Ele olha para longe de si. Ele vê todo o resto". Cf. tb. ibid., p. 74: "O que menos entendo sou eu mesmo. Eu não quero de modo algum me entender. Quero apenas me usar para entender tudo que, abstraído de mim, exista". O engrandecimento do eu faz de alguém cego frente ao outro: "Lá cada um vê a si mesmo quando ele fala com o outro, como se, com exceção de sua própria imagem, se fosse *cego*. [...] É enfeitiçador ver como eles se curvam diante de cada um, quando se sabe como eles se veem uns nos outros" (*Nachträge aus Hampstead* [Notas de Hampstead], p. 11). Cf. tb. *Die Fliegenpein* [O sofrimento das moscas], p. 32: "Se se aferra a si mesmo até que não se conheça mais nenhuma direção do céu".

olhar com amplitude: "Ele sabe algo de amplitude e trouxe a amplitude exterior para a interior. Poder-se-ia chamá-lo aquele preenchido pela amplitude. Preenchido ele permanece tão leve, como se ele fosse *vazio*, se é que ele poderia ser *vazio*"[654]. O olhar que se torna tão transparente, tão leve como o vazio, que não força a nada, surge de uma ausência de si: "A sabedoria do despertar. Depois do sono[655], imediatamente depois, ele se pensa diferentemente. Oscilante, menos pesado, transparente, sem si, [falando] baixo"[656]. Essa vigília sem si, leve, [de voz] baixa, na qual a vontade dá lugar a uma ausência de interesse ou de intenção, se aproxima de uma serenidade: "Eu não era senão uma vontade, agora sou um tom"[657].

---

654. *Das Geheimherz der Uhr* [O coração secreto do relógio], p. 123 [destaque do autor]. Cf. *Die Provinz des Menschen* [A província do ser humano], p. 214: "O coração tem de bater no sentido da amplitude". Cf. tb. *Aufzeichnungen 1992-1993* [Anotações 1992-1993], p. 47: "Ele se nutre de tudo (apenas) por dentro. Seu descuido".

655. Não raramente, Canetti fala do sono como um tipo de morte. Assim, ele se deseja uma vida em que não seja mais necessário dormir: "Dormir exaustivamente previamente, por uma segunda metade da vida em que não se durma nunca mais" (*Das Geheimherz der Uhr* [O coração secreto do relógio, p. 105).

656. *Die Fliegenpein* [O sofrimento das moscas], p. 115.

657. *Nachträge aus Hampstead* [Notas de Hampstead], p. 56.

Canetti fala em muitas vozes. A tranquilidade [*Gelassenheit*], a serenidade [*Serenität*] é, certamente, uma de suas vozes, embora uma muito fraca. Ela é frequentemente abafada por outras vozes, que fazem com que um desejo, um luto indigesto torne-se audível.

Em *O jogo dos olhos*, Canetti fala de uma "quebrantabilidade muito bela". Com essa expressão, Canetti caracteriza aquela "fraqueza" que ele pensa ter encontrado em Hermann Broch[658], o "primeiro 'fraco'". Essa quebrantabilidade do eu caminha lado a lado com uma "sensibilidade" que se manifesta como sensibilidade sismográfica para "eventos, relações, oscilações entre os seres humanos"[659]. Canetti interpreta aquela "fraqueza" na qual Broch parece completamente entregue ao outro como "qualidade" e "virtude". Como contra-força à economia universal do "ambiente comercial", que é direcionada à apropriação e ao poder,

---

658. De Hermann Broch, aliás, vem a expressão: "Ao solitário está fechada a morte, dual é o saber sobre a morte" (*Der Tod des Vergil* [A morte do Virgílio]. Zurique, 1958, p. 364). De acordo com essa ideia, a morte é uma experiência interpessoal, a saber, uma experiência especial do outro.

659. *Das Augenspiel* [O jogo dos olhos]. Munique, 1985, p. 28.

ela aponta para um mundo não desfigurado[660]. Em oposição ao olhar apropriador, que a-*fasta* [ent-*fernt*] a alteridade do outro, ou seja, desfaz a distância em nome de uma proximidade apreensível, o olha preenchido pela "incerteza *adquirida*"[661] resguarda a distância na proximidade: "Por mais que sua cabeça se assemelhasse à de uma grande ave, seus olhos nunca visavam ao apanhar, ao capturar. O olhar ia a uma distância que continha geralmente consigo a proximidade do frente a frente, e aquilo que era o mais íntimo naquele que olhava na mesma proximidade e distância"[662].

Em Broch, Canetti constata, além disso, um silenciar-se hospitaleiro, que convida o outro a falar: "Se estende-se em seu silêncio, em nenhum lugar se depara-se com obstáculos. Era

---

660 Em *Humanismo do outro ser humano*, também Lévinas fala de uma "fraqueza". "O-um-pelo-outro", essa "proximidade" especial ocorre lá, onde a intencionalidade presentificada, objetificada, cujo ato é direcionado à apropriação do outro, recai, por assim dizer, em impotência, "como quando o *inatual* quer derrubar em desordem a concordância das representações presentificadoras", "como se uma fraqueza estranha deixasse ver o *presente* ou o Ser-in-actu e o estremecesse" (p. 5s.). Essa singular fraqueza marca a "inversão do discurso na voz 'do fino silêncio', que dá ao outro um signo – o próximo [*Nächsten*], ou seja, o não-incorporável" (ibid., p. 6).

661. *Das Augenspiel* [O jogo dos olhos], p. 32.

662. Ibid., p. 37.

possível dizer tudo, ele não recusava nada, percebia-se repulsa apenas enquanto não se tivesse dito nada de modo algum. Enquanto em tais diálogos se chega geralmente a um ponto onde se diz, com um solavanco repentino, 'pare', 'Até aqui e não mais adiante!', uma vez que a entrega que se queria se torna perigosa – pois como se encontra o caminho de volta para si e como se pode depois disso estar sozinho novamente? –, esse lugar e esse instante nunca ocorriam em Broch, nada clamava para que se se parasse, em nenhum lugar se trombava com sinais de alerta ou marcações, tropeçava-se adiante, mais rapidamente, e se estava como que embriagado. É avassalador vivenciar o quanto se tem para dizer sobre si mesmo, quanto mais se arrisca a si mesmo e se perde a si, tanto mais se flui, de sob a terra surgem fontes quentes, se está em um terreno de gêiseres"[663]. O silêncio convidativo estende um espaço amável de ressonância, no qual se fala livremente de si. Ele libera o falante para si mesmo. Em silêncio, um vibra junto com o outro. A amabilidade do silenciar-se consistiria nesse vibrar desprovido de si juntamente com o

---

663. Ibid., p. 36.

outro. Assim, o se silenciar realiza um ser-com para além do poder e da apropriação: "Não era um se silenciar frio ou sedento de poder, como se conhece da análise na qual se trata de que um ser humano se entrega sem salvação ao outro que não pode se permitir qualquer sentimento pelo ou contra o outro"[664].

Aquele silenciar-se amável é interrompido por "pequenas, audíveis respirações, que atestavam que não apenas se ouvia, que se era *gravado*, assim como se com cada sentença que se dizia se entrasse em uma casa e se deixasse a si mesmo lá de modo prolixamente humilde"[665]. Esses pequenos sons de respiração seriam repetições de *Sim*, um sinal audível da hospitalidade. A "bela quebrantabilidade" transforma o eu em uma "casa hospitaleira": "Os pequenos sons de respiração seriam as honras que revelariam a alguém o anfitrião: 'Seja quem você for, o que quer que você diga, entre, você é o meu hóspede, fique o quanto quiser, venha de novo, fique sempre!' Os pequenos sons de respiração seriam um mínimo de reação, pa-

664. Ibid., p. 37.

665. Ibid.

lavras e sentenças completamente formadas teriam significado um juízo e equivaleriam a uma tomada de posição, antes ainda de já se ter trazido tudo que se arrasta consigo para dentro da casa hospitaleira. O olhar do anfitrião estava sempre direcionado ao próprio [convidado] e, ao mesmo tempo, ao interior dos espaços aos quais ele convidava alguém"[666]. Hospitalidade é descrita aqui como arte da respiração. "A gravação misteriosa" do outro é um tipo de inspirar, que, todavia, não incorpora o outro, mas sim o abriga: "Onde quer que seu olhar recaísse – ele puxava tudo para si, mas o ritmo desse puxar não era o do enlaçar, mas sim o do inspirar. Ele não *empurrava* nada, tudo permanecia como era, inalterável, e mantinha a sua aura particular de ar. Ele parecia gravar o distinto a fim de protegê-lo"[667]. O respirar hospitaleiro erige em si mesmo espaços e, de fato, espaços de estadia, nos quais o outro é recebido como hóspede. Ele resguarda os ares como espaços de respiração do outro, deixa ele em sua *nominalidade própria*, em sua

---

666. Ibid.

667. Ibid., p. 32.

"aura particular de ar"[668], que, porém, despedaçaria a *determinidade* do eu. O respirar de Broch resguarda a alteridade do outro, o "distinto", em vez de a igualar a si, de interiorizá-la e se apropriar dela. Canetti constata em Broch, além disso, um "ponto fixo" característico, que se manifesta como "suspensão do juízo". Ele se abstém do "juízo", como se isso já significasse uma apropriação e dominação do outro. Ele vive no escutar[669]. Ele *se* retira em nome do ou-

---

668. O nome real seria, para Canetti, uma "aura", que desapareceria sob as coações da "destransformação". Em *Nota sobre nomes*, escreve Adorno: "[...] Salva as auras que envolvem os nomes reais [...]" (Gesammelte Schriften, vol. 20, p. 534; cf. HAN, B.-C. *Todesarten* [Tipos de morte], p. 32 e p. 140-171).

669. Cf. *Nachträge aus Hampstead* [Notas de Hampstead], p. 43: "É um grande prazer escutar a pessoas quando elas não têm absolutamente nada a dizer. Elas devem ser o que elas são, e não se deve julgar a respeito delas e ainda menos tentar influenciá-las. Abra os ouvidos novamente amplamente e deixe tudo fluir para dentro, o sem sentido, o não inserido em lugar algum, o em vão". Cf. *Aufzeichnungen 1992-1993* [Anotações 1992-1993], p. 40: "Determinidade, dom assustador". Cf. tb. *Das Geheimherz der Uhr* [O coração secreto do relógio], p. 132: "Ele os entende [os outros] tão bem que ele não condena ninguém. Ele não diz nada, porque está desperto. Ele entende e escuta". O sábio é um ouvinte: "É possível uma figura dramática do *sábio*, e como ela teria de ser? Visto dramaticamente, o sábio seria o único que conhece os outros; que nunca fala de si mesmo; que não tem nada a dizer sobre si mesmo; que vive no ouvir, no escutar, que se torna sábio pelo ouvido e não sabe nada antes de ter ouvido; que se pode fazer de uma tábula rasa para cada pessoa, mas que preserva todas as outras tábulas descritas em si, sem pensar nelas" (*Die Provinz des Menschen* [A província do ser humano], p. 249).

tro[670]. A sua "postura responsável"[671] frente ao outro consistiria na passividade e na paciência de uma escuta ilimitada, que não é interrompida por nenhum juízo.

A passividade da paciência e da espera ouvinte, porém, não concorda, em Broch, com aquela serenidade que, por sua vez, também renuncia ao poder e à apropriação. Antes, a inquietude do desejo e o estar exposto dominam sua respiração pelo outro, [respiração] que ele não pode "parar". A sua "sensibilidade" se aproxima daquela "supersensibilidade" de Lévinas, "que se expõe até o sofrimento". Na sua exposição, Broch não consegue escapar do outro, não consegue "livrar-se" dele: "Na rua, um estranho poderia ter se dirigido a ele e o pego pelos ombros que ele o seguiria sem resistência. Eu não tinha vivenciado isso, mas eu o imaginava e me perguntava, *para* onde tal estranho teria o levado: até um espaço que era determinado pela respiração deste [estranho]. O que se chama comumente de curiosidade [*Neugier*] tinha, nele, uma for-

---

670. Cf. *Das Geheimherz der Uhr* [O coração secreto do relógio], p. 64: "Ele sempre diz mais do que quer dizer. Como ele deve fazer? Deve *se* reduzir ou reduzir as sentenças?"

671. *Das Augenspiel* [O jogo dos olhos], p. 32.

ma especial, que se poderia chamar de respiriosidade [*Atemgier*]. Que a separação da atmosfera, a sua isolação seja algo em que não se pensa, que se pode passar uma vida sem se tornar consciente dela, compreendi isso então nele. Todo respirador, qualquer um, portanto, podia aprisionar Broch. O *estar exposto* de um ser humano que já estava há tanto tempo vivo, que já teria se debatido sobre sabe-se lá quantas coisas com o sábio Deus, era algo estupendo. Cada confrontação era, para ele, um perigo, pois ele não podia mais escapar dela"[672]. Broch é, aqui, descrito como uma espécie de "refém do outro", como um "perseguido"[673], o qual qualquer um poderia, por causa de seu estar exposto, "prender". A "respiriosidade" de Broch mostra os traços de um "ser possuído pelo outro", a saber, do "desejo", da "inquietação do *mesmo* pelo *outro*"[674], que o arranca de si mesmo, que faz com que ele saia de sua identidade. Como um refém do outro, Broch não está em condições de repousar em si

---

672. Ibid., p. 38.

673. Cf. *Jenseits des Seins oder anders als Sein geschieht* [Outro que o ser ou além da essência], p. 170.

674. *Wenn Gott ins Denken einfällt* [Do Deus que vem à ideia], p. 99.

mesmo. Ele está, por assim dizer, sempre a caminho para o outro. A sua "*nudez* da *respiração*"[675] aponta para a sua "nudez de espírito", que o entrega inteiramente ao outro[676]. Ela não é dessemelhante daquele "desnudamento" de Lévinas, na qual nos "despimos até de nossa pele", e, de fato, até das "mucosas do pulmão"[677].

Em *A província do ser humano*, escreve Canetti: "Dois tipos de espírito tais, que se instalavam em feridas, e em tais feridas que se instalavam em casas"[678]. O ser exposto às feridas representa uma contra figura à interioridade e intimidade da casa (*oikos*). O interior da casa resguarda o eu, o protege da invasão do outro. Os espíritos que se instalam em casa administram a *si* e à [sua] posse cuidadosamente. Eles não são capazes de nenhuma dádiva. Em uma existência caseira, econômica, eles se fecham ao outro, tocam ainda apenas a si mesmos. As

---

675. *Das Augenspiel* [O jogo dos olhos], p. 38.

676. Cf. ibid.: "Logo compreendi que ele não conseguia se livrar de ninguém. Nunca ouvi um não dele. Era mais fácil para ele escrever um não, se aquele para quem esse não valia não estava sentado diante dele não enviava a ele a sua respiração".

677. *Jenseits des Seins oder anders als Sein geschieht* [Além do ser ou algo além do ser ocorre], p. 238.

678. *Die Provinz des Menschen* [A província do ser humano], p. 314.

feridas arrancam o eu para fora da tranquilidade caseira, para fora da interioridade autoerótica e da satisfação consigo mesmo, o expõem ao lá fora, ao outro. Elas escancaram o eu, produzem, para falar com Lévinas, uma "alienação (*alienátion*) ininterrupta do eu (isolado como interioridade)"[679]. Elas fazem do eu um "corpo que sofre pelo outro"[680]. Instalar-se em feridas significaria, aqui, espalhar esse ser exposto, essa dor das feridas. Apenas uma alienação infinita abre o eu ao outro. Essa abertura é a ferida que escancara, que vira como uma porta por meio da qual o outro é recebido ou penetra em minha interioridade. É preciso, então, estar saturado de feridas, a fim de ser para o outro. O "sangrar pelo outro" de Lévinas dá testemunho desse *heroísmo da ferida*. A figura da ferida não é livre de violência. A "alienação" que ela prolonga ao infinito se encontra irreconciliada e não-mediadamente oposta à interioridade e identidade do eu que se fixa em si mesmo.

---

679. *Jenseits des Seins oder anders als Sein geschieht* [Outro que o ser ou além da essência], p. 178.

680. Ibid., p. 179.

Também a morte é ligada por Canetti com as feridas: "Quem se abriu à experiência da morte demasiado cedo não pode nunca mais se fechar a ela, uma ferida que se torna como um pulmão pelo qual se respira"[681]. A ferida é de respiração curta. A respiração da ferida se aproxima de um ofegar. Ela não alcança a amplidão do mundo. Também o trabalho de luto obstinado, que tenta costurar violentamente aquela ferida atingida pela morte, estreita o espaço de respiração. A ferida dolorosa permanece uma contrafigura imediata daquele sujeito que trabalha, por sua vez, sem respirar na aparência da invulnerabilidade. Nem o eu que se imagina invulnerável nem o refém saturado de feridas do outro é capaz de uma longa e profunda respiração. Falta à respiração da ferida aquela serenidade em que se respira para além de si mesmo, até que *isso* respire, até que o mundo respire, até que o *entre* respire. A serenidade como despertar para a mortalidade remodela, reanima o eu, abre-o para aquilo que não é o eu. Ela cria *amabilidade*. Ela não se nutre do sentimento de ferida. Também se

---

681. *Das Geheimherz der Uhr* [O coração secreto do relógio], p. 57.

deixará a ferida para trás de si, terá de encerrá-
-la atrás de si, pois ela ainda traz luto.

Referências

I

ADORNO, T.W. *Philosophische Terminologie* [Terminologia Filosófica]. Vol. I. 3. ed. Frankfurt a.M., 1974 [ed.: R. zur Lippe].

_____. *Jargon der Eigentlichkeit* – Zur Deutschen Ideologie [Jargão da Autenticidade – Sobre a ideologia alemã]. Frankfurt a.M. 1973, p. 413-526 [Gesammelte Schriften, vol. 6].

_____. *Negative Dialektik* [Dialética Negativa]. Frankfurt a.M., 1973, p. 1-412 [Gesammelte Schriften [Escritos selecionados], vol. 7].

_____. *Ästhetische Theorie* [Teoria estética]. Frankfurt a.M., 1970 [Gesammelte Schriften, vol. 7].

_____. *Minima Moralia* – Reflexionen aus dem beschädigten Leben [Minima Moralia – Reflexões a partir da vida danificada]. Frankfurt a.M., 1951.

ADORNO, T.W. & HORKHEIMER, M. *Dialektik der Aufklärung* [Dialética do Esclarecimento]. Amsterdã, 1947.

BLOCH, E. *Spuren* [Rastros]. Frankfurt a.M., 1969.

_____. *Prinzip Hoffnung* [O princípio esperança]. Frankfurt a.M., 1959.

CANETTI, E. *Aufzeichnungen 1973-1984* [Anotações 1973-1984]. Munique, 1999.

_____. *Aufzeichnungen 1992-1993* [Anotações 1992-1993]. Munique, 1996.

_____. *Nachträge aus Hampstead* – Aufzeichnungen [Notas de Hampstead – Anotações]. Munique, 1994.

_____. *Die Fliegenpein* – Aufzeichnungen [O sofrimento das moscas – Anotações]. Munique, 1992.

_____. *Das Geheimherz der Uhr/Aufzeichnungen 1973-1985* [O coração secreto do relógio/Anotações 1973-1985]. Munique, 1987.

_____. *Das Augenspiel* – Lebensgeschichte 1931-1937 [O jogo dos olhos – História de vida 1931-1937]. Munique, 1985.

_____. *Masse und Macht* [Massa e poder]. Hamburgo, 1984.

_____. *Das Gewissen der Worte* [A consciência moral das palavras]. Frankfurt a.M., 1981.

_____. *Die Fackel im Ohr* – Lebensgeschichte 1921-1931 [A tocha no ouvido – História de vida 1921-1931]. Munique, 1980.

_____. *Die gerettete Zunge* – Geschichte einer Jugend [A língua resgatada – História de um jovem]. Frankfurt a.M., 1979.

_____. *Die gespaltene Zukunft* [O futuro dividido]. Munique, 1972.

_____. *Die Provinz des Menschen* – Aufzeichnungen 1942-1972 [A província do ser humano – Anotações 1942-1972]. Munique, 1970.

DERRIDA, J. *Aporien* [Aporias]. Munique, 1999.

_____."Den Tod geben" [Entregar a morte]. In: HAVERKAMP, A. (org.). *Gewalt und Gerechtigkeit* – Derrida-Benjamin [Poder e Justiça – Derrida-Benjamin]. Frankfurt a.M., 1994, p. 331-445.

_____. *Die Wahrheit in der Malerei* [A verdade nas pinturas]. Viena, 1992.

_____. "Economimesis". In: AGACINSKY, S. et al. (orgs.). *Mimesis des artikulations* [Mimese das articulações]. Paris, 1975, p. 55-93.

_____. *Grammatologie* [Gramatologia]. Frankfurt a.M., 1974.

FINK, E. *Welt und Endlichkeit* [Mundo e finitude]. Würzburg, 1990 [ed.: F.-A. Schwarz].

_____. *Metaphysik und Tod* [Metafísica e morte]. Stuttgart, 1969.

HANDKE, P. *Versuch über den geglückten Tag* – Ein Wintertagtraum [Ensaio sobre o dia bem-sucedido – Um sonho de dia de inverno]. Frankfurt a.M., 1994.

_____. *Versuch über die Jukebox* [Ensaio sobre o jukebox]. Frankfurt a.M., 1993.

_____. *Versuch über die Müdigkeit* [Ensaio sobre o cansaço]. Frankfur a.M., 1992.

_____. *Am Felsfenster morgens* (und andere Ortszeiten 1982-1987) [Na manhã da janela rupestre (e outras horas locais 1982-1987)].

_____. *Gedicht an die Dauer* [Poema à duração]. Frankfurt a.M., 1986.

_____. *Die Wiederholung* [A repetição]. Frankfurt a.M., 1985.

_____. *Das Gewicht der Welt* [O peso do mundo]. Frankfurt a.M., 1984.

_____. *Die Lehre der Sainte-Victoire* [A doutrina de Sainte-Victoire]. Frankfurt a.M., 1984.

_____. *Kindergeschichte* [Histórias infantis]. Frankfurt a.M., 1984.

_____. *Langsame Heimkehr* [Retorno lento à casa]. Frankfurt a.M., 1984.

_____. *Phantasien der Wiederholung* [Fantasias da repetição]. Frankfurt a.M., 1983.

_____. *Die Geschichte des Bleistifts* [A história do lápis]. Salzburg/Viena, 1982.

_____. *Wunschloses Unglück* [Infelicidade sem desejo]. Frankfurt a.M., 1974.

HEGEL, G.W.F. *Phänomenologie des Geistes* [Fenomenologia do Espírito]. Hamburgo, 1952 [6. ed., por J. Hoffmeister].

_____. *Jenenser Realphilosophie I u. II* [Filosofia real de Jena I e II]. Hamburgo, 1932 [ed. de J. Hoffmeister].

_____. *Schriften zur Politik und Rechtsphilosophie* [Escritos sobre política e filosofia do direito]. Hamburgo, 1913 [Sämtliche Werke [Obras completas], ed. por Lasson, vol. VII].

HEIDEGGER, M. *Gelassenheit* [Serenidade]. 8. ed. Pfullingen, 1985.

_____. *Sein und Zeit* [Ser e tempo]. 15. ed. Tübingen, 1979.

_____. *Der Satz vom Grund* [O princípio de razão]. 5. ed. Pfullingen, 1978.

_____. *Identität und Differenz* [Identidade e diferença]. 6. ed. Pfullingen, 1978.

_____. *Zur Sache des Denkens* [Sobre a questão do pensamento]. 2. ed. Tübingen, 1976.

_____. *Gesamtausgabe* [Obras completas]. Frankfurt a.M., 1975ss.

_____. *Was heisst Denken* [O que significa pensar?]. 3. ed. Tübingen, 1971.

_____. *Unterwegs zur Sprach* [A caminho da linguagem]. Pfullingen, 1959.

_____. *Vorträge und Aufsätze* [Conferências e artigos]. Pfullingen, 1954.

HUSSERL, E. *Cartesianische Mediationen* – Eine Einleitung in der Phänomenologie [Meditações cartesianas – Uma introdução à fenomenologia]. Hamburgo, 1977 [ed.: E. Ströcker].

_____. *Erfahrung und Urteil* – Untersuchungen zur Genealogie der Logik [Experiência e juízo – Investigações sobre a genealogia da lógica]. Hamburgo, 1972.

KANT, I. *Anthropologie in pragmatischer Hinsicht* [Antropologia de um ponto de vista pragmático]. Berlim, 1917, p. 117-333 [Akad.-Ausg., vol. VII].

_____. *Der Streit der Fakultäten* [O conflito das faculdades]. Berlim, 1917, p. 1-116 [Akad.-Ausg., vol. VII].

_____. *Die Religion innerhalb der Grenzen der blossen Vernunft* [A religião nos limites da mera razão]. Berlim, 1914, p. 1-202 [Akad.-Ausg., vol. VI].

_____. *Metaphysik der Sitten* [Metafísica dos costumes]. Berlim, 1914, p. 373-493 [Akad.-Ausg., vol. VI].

_____. *Kritik der praktischer Vernunft* [Crítica da razão prática]. Berlim, 1913, p. 1-163 [Akad.-Ausg., vol. V].

_____. *Kritik der Urteilskraft* [Crítica da faculdade do juízo]. Berlim, 1913, p. 165-485 [Akad.-Ausg., vol. V].

_____. *Grundlegung der Metaphysik der Sitten* [Fundamentação da metafísica dos costumes]. Berlim, 1911, p. 385-463 [Akad.-Ausg., vol. IV].

_____. *Kritik der reinen Vernunft* [Crítica da razão pura]. Berlim, 1911 [Akad.-Ausg., vols. III-IV].

_____. *Allgemeine Naturgeschichte und Theorie des Himmels* [História natural universal e teoria dos céus]. Berlim, 1910, p. 215-368 [Akad.-Ausg., vol. I].

LÉVINAS, E. *Gott, der Tod und die Zeit* [Deus, a morte e o tempo]. Viena, 1996.

_____. *Dieu, la Mort et le Temps* [Deus, a morte e o tempo]. Paris 1993.

_____. *Jenseits des Seins oder anders als Sein geschieht* [Outro que o ser ou além da essência]. Freiburg/Munique, 1992.

_____. *Totalität und Unendlichkeit* – Versuch über Exteriorität [Totalidade e infinitude – Ensaio sobre a exterioridade]. Freiburg/Munique, 1987.

_____. *Ethik und Unendliches* [Ética e infinito]. Viena, 1986.

_____. *Wenn Gott ins Denken einfällt* [Do Deus que vem a ideia]. Freiburg/Munique, 1985.

_____. *Die Zeit und der Andere* [O tempo e o outro]. Hamburgo, 1984.

_____. *Vom Sein zum Seienden* [Da existência ao existente]. Freiburg/Munique, 1983.

_____. *De Dieu qui vient à l'idée* [Do Deus que vem à ideia]. Paris, 1982.

_____. *De l'évasion* [Da fuga]. Montpellier, 1982.

_____. La realité et son ombre [A realidade e sua sombra]. *Revue des sciences humaines* 185, 1982, p. 103-117.

_____. "Gott und Transzendenz" [Deus e transcendência]. In: CASPER, B. (org.). *Gott nennen* [Nomear Deus]. Freiburg/Munique, 1981.

_____. *Le temps et l'Autre* [O tempo e o outro]. Montepellier, 1979.

_____. *De l'existence à l'existant* [Da existência ao existente]. Paris, 1978.

_____. *Autrement qu'être ou au-delà de l'essence* [Outro que o ser ou além da essência]. Haia, 1974.

PLATÃO. *Werke in 8 Bänden* [Obras em 8 volumes]. Darmstadt, 1990 [ed.: G. Eigler].

SARTRE, J.-P. *Das Sein und das Nichts* – Versuch einer phänomenologischen Ontologie [O ser e o nada – Ensaio de uma ontologia fenomenológica]. Hamburgo, 1991.

SPINOZA, B. *Die Ethik nach geometrischer Methode dargestellt* [Ética demonstrada segundo a ordem geométrica]. Hamburgo, 1994 [Sämtliche Werke [Obras completas], ed. por C. Gebhardt, vol. 2].

TOLSTÓI, L. *Drei Tode* [Três mortes]. Berlim, 1928 [Gesamtausgabe [Obras completas], ed. por E. Boehme, vol. 10].

_____. *Der Herr und sein Knecht* [O senhor e seu servo]. Jena, 1911 [Gesammelte Werke [Obras selecionadas], ed. por R. Löwenfeld, vol. 5].

_____. *Der Tod des Iwan Iljitsch* [A morte de Ivan Ilitch]. Jena, 1911 [Gesammelte Werke [Obras selecionadas], ed. por R. Löwenfeld, vol. 5].

II

BIRKENSTOCK, E. *Heisst philosophieren sterben lernen?* Antworten der Existenzphilosophie: Kierkeegard, Heidegger, Sartre, Rosenzweig [Filosofia significa aprender a morrer? Respostas da filosofia existencial: Kierkeegard, Heidegger, Sartre, Rosenzweig]. Freiburg i.Br., 1997.

BRÜSTLE, W. (org.). *Sterblichkeitserfahrung und Ethikbegründung* – Ein Kolloquium für Werner Marx [Experiência da mortalidade e fundamentação da ética – Um colóquio para Werner Marx]. Essen, 1988.

CASPER, B. (org.). *Gott nenen* – Phänomenologische Zugänge [Nomear a Deus – Entradas fenomenológicas]. Freiburg i.Br./Munique, 1981.

DASTUR, F. *La Mort* – Essai sur la finitude [A morte – Ensaio sobre a finitude]. Paris, 1994.

FERON, E. *Phénomenologie de la mort* – Sur les traces de Lévinas [Fenomenologia da morte – Sobre os traços de Lévinas]. Dordrecht/Boston/Londres, 1999.

FISCHER, N. & HATTRUP, D. *Metaphysik aus dem Anspruch des Anderen* – Kant und Lévinas

[Metafísica a partir da demanda do outro – Kant e Lévinas]. Paderborn, 1999.

HART-NIBBRIG, C.L. *Ästhetik des Todes* [Estética da morte]. Frankfurt a.M., 1995.

GUZZONI, U. *Identität oder Nicht* – Zur kritischen Theorie der Ontologie [Identidade ou não – Sobre a teoria crítica da ontologia]. Freiburg i.Br., 1981.

HAN, B.-C. *Philosophie des Zen-Buddhismus* [Filosofia do zen-budismo]. Stuttgart, 2002.

_____. Über die Freundlichkeit. Zur Ethik Martin Heideggers [Sobre a amabilidade. Sobre a ética de Martin Heidegger]. *Akzente* 1, 2002, p. 54-68.

_____. *Martin Heidegger* – Eine Einführung [Martin Heidegger – Uma introdução]. Munique, 1999.

_____. *Todesarten* – Philosophische Untersuchungen zum Tod [Tipos de morte – Investigações filosóficas sobre a morte]. Munique, 1998.

_____. *Heideggers Herz* – Zum Begriff der Stimmung bei Martin Heidegger [O coração de Heidegger – Sobre o conceito de disposição em Martin Heidegger]. Munique, 1996.

KLEIN, R. Antinomien der Sterblichkeit – Reflexionen zu Heidegger und Adorno [Antinomias da mortalidade – Reflexões sobre Heidegger e Adorno]. *Internationale Zeitschrift fur Philosophie* 1, 1999, p. 140-174.

KODALLE, K.-M. *Zeit-Verschwendung* – Ein Symposion [Desperdício de tempo – Um simpósio]. Würzburg, 1999.

KOJÈVE, A. *Hegel*: Eine Vergegenwärtigung seines Denkens [Hegel: uma atualização de seu pensamento]. Frankfurt a.M., 1975.

KRÜGER, M. (org.). *Einladung zur Verwandlung* – Essays zu Elias Canettis "Masse und Macht" [*Convite à transformação* – Ensaios sobre "Massa e poder", de Elias Canetti]. Munique, 1995.

LOSURDO, D. *Die Gemeinschaft, der Tod, das Abendland. Heidegger und die Kriegsideologie* [A comunidade, a morte, o ocidente. Heidegger e a ideologia da guerra]. Stuttgart/Weimar, 1995.

LÜTKEHAUS, L. *Nichts* [Nada]. Zurique, 1999.

MACHO, T. *Todesmetaphern* – Zur Logik der Grenzerfahrung [Metáforas da morte – Sobre a lógica da experiência limite]. Frankfurt a.M., 1987.

MARCEL, G. *Présence et Immortalité* [Presença e imortalidade]. Paris, 1959.

MARTEN, R. *Der menschliche Tod* – Eine philosophische Revision [A morte humana – Uma revisão filosófica]. Paderborn, 1987.

MARX, W. *Gibt es auf Erden ein Mass?* [Há na terra uma medida?]. Hamburgo, 1983.

MAYER, M. *Totenwache* [Vigias da morte]. Viena, 2001.

PATILLO-HESS, J. (org.). *Tod und Verwandlung in Canettis Masse und Macht* – Canetti-Symposion [Morte e transformação em Massa e poder, de Canetti. Simpósio de Canetti]. Viena, 1996.

RUPPEL, U. *Der Tod und Canetti* [A morte e Canetti]. Hamburgo, 1995.

SCHLIEPER, U. *Die "andere Landschaft"* – Handkes Erzählen auf den Spuren Cézannes [A "outra paisagem" – A narração de Handke no rastro de Cézanne]. Münster/Hamburgo, 1995.

SCHMID NOERR, G. *Das Eigedenken der Natur im Subjekt* – Zur Dialektik von Vernunft und Natur in der Kritischen Theorie Horkheimers, Adornos und Marcuses [A inserção da natureza no sujeito – Sobre a dialética de razão e natureza na teoria crítica de Horkheimer, Adorno e Marcuse]. Darmstadt, 1990.

STEGMAIER, W. (org.). *Die philosophische Aktualität der jüdischen Tradition* [A atualidade filosófica da tradição judaica]. Frankfurt a.M., 2000.

STERNBERGER, D. *Über den Tod* [Sobre a morte]. Frankfurt a.M., 1981.

STEUSSLOFF, A.G. *Autorschaft und Werk Elias Canettis* – Subjekt, Sprache und Identität [Autoria e obra de Elias Canetti. Sujeito, linguagem e identidade]. Würzburg, 1994.

THEUNISSEN, M. *Negative Theologie der Zeit* [Teologia negativa do tempo]. Frankfurt a.M., 1991.

WALDENFELS, B. & DÄRMANN, I. (orgs.). *Der Anspruch des Anderen* – Perspektiven phänomenologischer Ethik [A demanda do outro – Perspectivas de ética fenomenológica]. Munique, 1998.

WEBER, E. *Verfolgung und Trauma* – Zu Lévinas' Autrement qu'être ou au-delà de l'essence [Perseguição e trauma – Sobre o Autremente qu'être ou au-delà de l'essence de Lévinas]. Viena, 1990.

WIEMER, T. *Die Passion des Sagens* [A paixão do dizer]. Friburgo/Munique1988.

WIPLINGER, F. *Der personal verstandene Tod* – Todeserfahrung und Selbsterfahrung [A morte entendida pessoalmente – Experiência da morte e experiência de si]. Freiburg i.Br., 1970.

Para ver os livros de
BYUNG-CHUL HAN
publicados pela Vozes, acesse:

livrariavozes.com.br/autores/byung-chul-han

ou use o **QR CODE**

Conecte-se conosco:

- **f**   facebook.com/editoravozes
- 📷   @editoravozes
- 𝕏   @editora_vozes
- ▶   youtube.com/editoravozes
- 🟢   +55 24 2233-9033

www.vozes.com.br

Conheça nossas lojas:

www.livrariavozes.com.br

Belo Horizonte – Brasília – Campinas – Cuiabá – Curitiba
Fortaleza – Juiz de Fora – Petrópolis – Recife – São Paulo

EDITORA VOZES LTDA.
Rua Frei Luís, 100 – Centro – Cep 25689-900 – Petrópolis, RJ
Tel.: (24) 2233-9000 – E-mail: vendas@vozes.com.br